KiWi
Paperback

KiWi
689

Über das Buch:
Silvana ist ganz unten aufgewachsen. Ihre Mutter, tablettenabhängig und jeder Art von Drogen von LSD bis zu Heroin verfallen, häufig von Obdachlosigkeit bedroht und am Rande des völligen Absturzes balancierend, konnte der Tochter nicht die einfachste Geborgenheit bieten. Vielmehr fühlt sich schon das kleine Mädchen für die Mutter verantwortlich, versucht sie zu beschützen und vor den Schlägen der Stiefväter zu bewahren. So wächst Silvana auf, bemüht, sich einen minimalen Raum der Normalität zu bewahren und Schulfreunden gegenüber eine gewisse Fassade aufrechtzuerhalten. Erschütternd zum Beispiel der Moment, als dem Kind aufgeht, dass sein eigenes, zunächst doch ganz selbstverständlich angenommenes Leben wohl doch nicht so normal ist, dass die Eltern ihrer Klassenkameraden morgens keine Pillen zum Antörnen und abends keine zum Runterkommen einwerfen. Dann gleitet sie selbst ab, raucht zu Hause Joints, zweigt Heroin aus den für die Mutter bestimmten Lieferungen ab und nimmt zusammen mit ihr harte Drogen. Es folgen Beschaffungskriminalität, Babystrich und zunehmende Verwahrlosung. Am Ende gelingt es ihr, nach Selbstmordversuchen und vielfältigen Abstürzen, eine harte Therapie erfolgreich zu absolvieren. Sie ist jetzt seit dreizehn Jahren clean, hat sich dem alten Milieu entzogen und eine eigene Existenz aufgebaut. Ein Wunder nach der Vorgeschichte. Doch das eigentliche Wunder ist, dass Silvana in ihrer Kindheit und Jugend so genau hingesehen hat und die Kraft besaß, die eigene Geschichte aufzuschreiben. Ein schockierendes, unsentimentales und anrührendes Buch, das authentisch aus einer vergessenen Welt berichtet.

Über die Autorin:
Silvana Klein, Jahrgang 1971, lebt in Hannover. Sie moderiert beim Radiosender »Flora« die täglichen »Mondnachrichten« und die Musiksendung »Zwischenwahn«. Für die Arbeit an ihrem Manuskript wurde sie mit zwei Stipendien des Landes Niedersachsen gefördert.

Silvana Klein

Affenliebe

Die Geschichte eines langen Entzugs

Kiepenheuer & Witsch

4. Auflage 2002

Umschlaggestaltung: Barbara Thoben, Köln
Umschlagmotiv: © photonica / Ian Tong
Gesetzt aus der Garamont Amsterdam BQ und der Futura Condensed
Satz: Greiner & Reichel, Köln
Druck und Bindearbeiten: Clausen & Bosse, Leck
ISBN 3-462-03111-2

Das erste Mal kam ich mit LSD in Berührung, als ich im Fruchtwasser meiner lieben Mama schwamm. Da war sie im vierten Monat. Erfahren habe ich es aber erst 15 Jahre später, als ich mit ihr den ersten - oder, wenn man so will, zweiten - Trip nahm. Und um noch mal vorzugreifen: Am 11. September 1989 setzte ich mir auf dem Raschplatzklo, wieder mit Mama, den letzten Druck. Seitdem bin ich absolut pillen- und pulverclean.

Ich wurde am 20. Geburtstag meines Vaters, dem 3. Dezember 1970, auf dem Teppich von hinten gezeugt. Vielleicht hat Mama mich deswegen nicht gleich bemerkt; sie dachte, man könne von hinten nicht schwanger werden. Als sie es dann mitbekam, wollte sie mich mit »heißem Wasser« wegmachen, auch mit einer Stricknadel hat sie es versucht. Papa trat ihr in den Bauch, als er es erfuhr.

Meine Ma hat also erst im vierten Monat gemerkt, dass ich bei ihr Einzug gehalten hatte - da war der Trip schon gegessen. »Meine erste Captagon«, schrieb sie in ihrem Tagebuch, »bekam ich von meinem Vater, weil ich nicht zur Arbeit wollte. Ich war 14. Ich bekam dann von ihm noch andere Tabletten, die mich alle Probleme vergessen ließen. Aber ich brauchte immer mehr, und Nachschub war immer da. Als ich erfuhr, dass ich schwanger bin, ließ ich sofort die Finger von den Tabletten, es ging auch ohne, zumal ich verliebt war.« Sie hörte auch auf zu rauchen und war total stolz auf ihren Bauch.

Zu der Zeit wurde sie auch aus dem Heim entlassen, in das man sie gesteckt hatte. Sie war als jüngstes von drei Kindern in Mittelfelde als Hausgeburt zur Welt gekommen, als Krebs, Aszendent Zwilling, 1954, im Jahr des Pferdes. Opa ist der Fromms geplatzt, erklärte sie mir später. Ich habe Konfirmationsfotos von ihr gesehen und sie kaum wieder erkannt: ein fröhliches Mädchen mit blondem Haar und grünen Augen, frei von jeder Schuld. Das waren so ziemlich die einzigen fröhlichen Fotos von ihr. Oder hatte Opa ihr an dem Tag die erste Captagon gegeben? Er war zu 80 Prozent hirngeschädigt, weil er von einem Baugerüst gefallen war, und auf Pillen angewiesen. Vielleicht hat er sich gedacht, damit das Kind morgens fit genug ist, gebe ich ihr mal 'ne Captagon. Und wenn sie von der Schule oder Arbeit kam, gab's die gegenteilige Version: Optalidon, mit 30 mg Codeinphosphat, damit sie wieder runterkam.

Mein Opa war pädophil veranlagt, er hat sich an seiner Tochter, meiner »Gruseltante« Darla, vergriffen. Sie wurde auch tablettensüchtig. Meine Oma hat das wohl nicht so mitbekommen wollen. Sie war zuckerkrank, törnte sich auch mit Alk und Tabletten an und techtelte mit dem Bruder meines Opas rum.

In Mamas Heimzeit machte ihre beste Freundin Silvana Selbstmord – von ihr habe ich den Namen; Papa nannte mich Nina. Mama war Brian-Jones-Fan, sie trug die Haare wie er, Papa auch. So lernten sie sich kennen – um mich zu zeugen.

Ich wurde pünktlich neun Monate später aus dem Bauch gepresst, am 1. September 1971 – meines Zeichens Jungfrau, mit Aszendent Skorpion, im Jahr des Schweines, als Wegbegleiter die Schlange und den Mond im Steinbock. Papa war nach meiner Geburt drei Tage besoffen. Ich bin seine zweite Tochter, genau ein Jahr zuvor war meine »ominöse« Schwester Daniela geboren worden, die ich bis heute nie gesehen habe. Dabei wuchs sie in einem Dorf ganz in der Nähe auf. Sie soll aussehen wie ich mit Brille.

Vage Erinnerungen an die frühe Kindheit

Wir wohnten in Alt-Laatzen in einem Abrisshaus in der Talstraße. Mein Vater hatte zu der Zeit noch zwei Schäferhunde; an Bronco erinnere ich mich noch, aber der andere war griffig, den

bekam auch Papa nicht mehr hin. Als sie beide zu unberechenbar wurden, gab er sie weg. Ich erinnere mich an ein Bild aus dem Fotoalbum, ich liege als Baby vor dem Haus auf der Wiese, und Mädchen aus der Nachbarschaft passen auf mich auf. Dieses Fotoalbum, es war aus rotem Lack, habe ich mir oft angesehen.
Sylvester 1972 schmiss mein Vater mit seinen Kumpels die gesamte Wohnungseinrichtung aus dem Fenster. »War eh alles nur Schund!«, meinte ein Kumpel später, als er mir die Story erzählte. Ich war bei ihm auf dem Arm, als alles aus dem Fenster flog.
Bei späteren Streitereien warf Papa meiner Mutter immer vor, dass sie mich damals fast verbrennen ließ, nur weil sie mal wieder »am Flattern« war. Neben meinem Gitterbett stand ein Kohleofen, und aus irgendeinem Grund fing mein Bett Feuer. Papa hat es bemerkt und mich da rausgeholt.
Es muss in dieser Zeit gewesen sein, sie war damals 18, dass er ihr die Kauleiste raustrat. *Wo war ich*, als er ihr die Zähne aus dem Gesicht trat? Trat er einmal zu, oder musste er seinen Fuß mehrmals in ihr Gesicht pflanzen? *Und wo war ich*, als er ihr auf die Füße schoss, damit sie tanzte?
Als ich ein Jahr alt war, wohnten Mama und ich für ein halbes Jahr allein, weil Papa eine Geldstrafe absaß. Ihre Mutter starb auch in dieser Zeit. Sie fütterte mich mit Milky Way, weil ich nichts anderes wollte, und wenn ich schrie, ließ sie mich schreien. Papa sei auf See, erzählte sie mir. Das habe ich natürlich geglaubt, schon weil er dann dicke bunte Steine »aus der Ostsee« mitbrachte und eine Riesen-Schützenfestpuppe mit kurzem braunem Haar. Sie war so groß wie ich. Das ist meine erste bewusste Erinnerung an meinen Vater: Er kommt lachend in den dämmerigen großen Raum, in dem nur ein rechteckiger Holztisch steht, drückt mir die Puppe in den Arm und zeigt mir die Steine. Das Nächste, an das ich mich erinnere: Ich sitze unter dem Tisch, die Riesenpuppe im Arm. Papa jagt Mama um den Tisch, er ist wütend, schlägt nach ihr und schreit: »Was hast du gemacht? Was hast du gemacht?«

Papa, seines Zeichens Schütze, mit Mond im Löwen, im Jahr des Tigers geboren, sah aus wie ein Rockstar, mit langem braunem Haar, einem Mephisto-ähnlichen Schnurrbart, Ohrringen und lustigen braunen Augen. Er benahm sich auch so – Sex & Drugs & Rock 'n' Roll –, wobei es statt Drugs bei ihm eher das Saufen war. Zweimal habe er gekifft, erzählte er mir später, das sei aber nichts für ihn gewesen. Er verachtete Kiffer. Deshalb gab es musikmäßig bei ihm auch alles außer Doors und Can. Papa meinte immer, das sei voll die Haschmusik.
Seit dem 1. Februar 1973 wohnten wir in der Hildesheimer Straße, direkt neben dem Laatzener Schwimmbad, das in den 90ern komplett abgebrannt ist. Die Miete betrug schlappe 87,44 Mark, und im Mietvertrag stand, dass das Haus spätestens Anfang 1974 abgerissen würde.
Ein paar Erinnerungen aus dieser Zeit: Ich bin mit Papa in einem hellen Raum, wahrscheinlich die Küche, die Sonne scheint, Mama ist in der Nähe. Ich habe inzwischen hellrote Schillerlocken, trage einen Ringelpulli und Jeans-Schlaghosen. Papa sagt: »Nina, komm mal her, mach Papa das mal nach.« Er spitzt den Mund und pfeift eine Melodie; ich mache es ihm nach, und wenig später klappt es. Vielleicht am selben Tag erzählte er mir: „Käse isst man nicht! Käse stinkt!» Daraufhin habe ich 18 Jahre lang keinen Käse gegessen.
Eine andere Sequenz: Wir sind im Wohnzimmer, stehen neben der roten, mit kleinen Enten beklebten Kommode, Mama zeigt mir irgendwas. Plötzlich fliegt ein Stein klirrend durch die Fensterscheibe. Mama reißt mich weg ins Nebenzimmer und schreit meinen Vater an. Der Stein hatte ihm gegolten. Mein Vater soll sich an Minderjährigen »vergriffen« haben, was auch immer das heißen mag, denn Mama war ja eigentlich auch noch minderjährig, als er sie schwängerte.
Die beiden waren immer sehr lieb zu mir, ich erinnere mich, wie sie mich liebevoll zu Bett brachten. Papa war eher der Lustige und Mama die Fürsorgliche. Er machte Scherze, während sie

mich zudeckte und mir das Kissen aufschüttelte, ich bekam von jedem einen Gute-Nacht-Kuss, und mein Stoffhund lag auf meinem Bauch. Es war wunderbar, ich fühlte mich sicher und hatte noch nicht viele Gedanken im Kopf.

Den zweiten Umzug bekam ich bewusst mit. Wir zogen zu Familie Kleierstorff in ein Haus in der Rathausstraße, das zwischen meiner späteren Grundschule und dem Obdachlosenasyl lag, wo wir uns auch mal aufhalten sollten. Hinter dem frei stehenden dreistöckigen Haus aus rotem Backstein standen kleine Kirschbäume in einem verwahrlosten »Garten«. In den 90ern wurde das Haus abgerissen, weil dort eine zweite Schulsporthalle entstand.

Ich kann mich noch an meinen ersten Besuch dort erinnern. Das Licht im Hausflur war kaputt, und überall lagen Sachen auf den Treppenstufen und in den Ecken: Spielzeug, riesige Wäschetonnen und andere Dinge, die man im Halbdunkel nicht erkennen konnte. Man musste höllisch aufpassen, wo man hintrat, und ich hoffte, dass wir hier nur jemanden besuchten und bald wieder gehen würden.

Wir betraten eine Wohnung, die voll gestopft war mit Leuten – eben Familie Kleierstorff, die damals schon mindestens zehn Kinder hatte. Sie grinsten mich alle an; ich traute mich nicht, irgendwen anzusehen, und sagte kein Wort. Ich war ein ziemlich stilles Kind, vielleicht spürte ich, dass ich Mama besser nicht noch mehr Stress machen sollte. Andrea, die eine Tochter der Kleierstorffs, war in meinem Alter. Ich fand es ziemlich gruselig, dass sich alle in den Gesichtszügen ähnelten. Aber immerhin waren die Kinder alle normal proportioniert, während Frau Kleierstorff mit ihren tiefschwarzen Haaren sehr groß und wuchtig war, Herr Kleierstorff hingegen klein, dünn und schmächtig; beide hatten kaum noch einen Zahn im Mund. Die ganze Familie sah ein bisschen hexenartig aus, nicht unsympathisch, aber doch ziemlich asig.

In diesem Haus hatte ich zum ersten Mal einen Albtraum, der mich bis heute heimsucht: Ich stehe auf dem Treppenabsatz vor der Haustür, will runtergehen – und falle und falle und falle … Bevor ich aufschlage, wache ich mit einem Ziehen in der Magengegend auf und starre ins Dunkel. Ich bin da wohl wirklich einmal hinuntergefallen, es waren nur vier oder fünf Stufen.

An einem sonnigen Tag saß mein Vater vor der Tür und tätowierte seine Kumpels, neben ihm unsere Langhaardackel-Dame namens Brandy. Mein Vater gab seinen Hunden immer Namen, die etwas mit Alkohol zu tun hatten; es folgten mit den Jahren Whisky, Pernod, Tutschi (das ist Weinbrand mit Cola) und Sherry. Ich kam gerade dazu, als Papa seinem Kumpel Herbert einen stinknormalen Flaschenöffner auf den Arm drückte und drum herum malte, darüber malte er noch einen Kronenkorken. Als er anfing, sein Werk auszustechen, fragte er mich: »Na, willst du auch ein Bild auf deinem Arm?« Es summte kurz, und schon hatte ich einen hellblauen Punkt auf meinem Kinderarm. Mama kam aus dem Haus gerannt und schrie ihn an, dass er nicht solchen Scheiß mit mir machen solle. Ich war ganz stolz auf den Punkt und zeigte ihn im Kindergarten herum, was nicht gerade dazu beitrug, dass die anderen Kinder mit mir spielen durften.

Mein Vater war auf beiden Armen tätowiert, und Mama hatte sich ihrer beider Initialen in den Oberarm stechen lassen, auf ihrem Unterarm stand noch mal »Addi«, der Spitzname meines Vaters. Bei ihrer Schwester Darla war es besonders krass, auf deren Arm stand in großen Buchstaben untereinander: »AB DAFÜR!« Eigentlich waren alle um mich herum tätowiert.

Am ersten Tag im Kindergarten saß ich – ich wollte mit niemandem spielen oder sprechen – allein vor einer alten Schreibmaschine und versuchte mich damit zu beschäftigen. Ich ärgerte mich, dass ich dafür noch zu klein war, setzte mich in das große

Fenster und wartete darauf, dass ich wieder abgeholt werden würde. Später habe ich mich dann dort etwas eingewöhnt, aber nie richtig wohl gefühlt. Die übrigen Kinder kamen alle aus anderen Verhältnissen, sie waren unbeschwerter, irgendwie lockerer und mit ihrer heilen Welt im Rücken auch dreister. Im Kindergarten habe ich zum ersten Mal etwas geklaut, aber Mama sagte mir, dass ich den Kram wieder zurückbringen solle. Ein paar Jahre später klaute sie selbst wie ein Rabe.
Ich freundete mich mit Ursula an, mit ihr spielte ich Mann und Frau - ich war der Mann und lag immer auf ihr -, bis uns die Kindergärtnerin einmal anmotzte: »Was macht ihr denn da? Steht auf!« Ich war bei ihr unten durch; dass ich ihr eine solche Peinlichkeit angetan hatte, in diesem Alter, in ihrem Kindergarten! Ich mochte die Kindergärtnerin auch nicht.

Der Umzug zu Opa

Im Winter 1975 zogen wir zu meinem Opa in die Hildesheimer Straße. An den Umzug habe ich keine Erinnerung; plötzlich wohnten wir da, neben den Straßenbahnschienen. Opa war eigentlich okay, er ließ uns bei sich wohnen, gab uns Geld und Mama die Pillen. Er war ein stiller Zeitgenosse, der den ganzen Tag im Sessel saß und vor sich hin starrte, oder er saß auf der Heizung und starrte auf die Straße. Später war es mir manchmal peinlich, wenn ich ihn im Beisein meiner Klassenkameraden aus dem Fenster schielen sah. Dann tat ich so, als würde ich ihn nicht sehen.
Ich teilte mir mit Opa das hintere schlauchartige Zimmer, im Durchgangs-Wohnzimmer hielten wir uns tagsüber auf, und das kleine Zimmer gegenüber der kleinen Küche bewohnten Mama und Papa. An der potthässlichen Mustertapete im Zimmer meiner Eltern hingen Gewehre, Säbel und Patronengürtel, im Flur gab es noch einen Morgenstern und einen ausgestopften Fuchs. Jeden Morgen berührte ich den Fuchs und den Morgenstern.

Papa hatte immer Nymphensittiche, immer mal ein neuer, und immer wollte er mir erzählen, dass es noch derselbe sei – sie hießen alle Coco. Ich musste öfter mit einem hässlich gekämmten Scheitel auf dem Sessel sitzen, in der geöffneten Hand Vogelfutter, und auf den Sittich warten, bis mir der Arm lahm wurde oder der doofe Vogel endlich ankam und Papa sein Foto machen konnte.
Eine von Mamas Freundinnen hieß Ilona. Wir haben sie mal besucht, da lag Ilona bei gedämpftem Licht mit ihrem Typen im Bett, alles war schmuddelig. Beim Weggehen sah ich auf dem Fußweg vor Ilonas Fenster einen benutzten Fromms liegen. Es war mir unangenehm, auch wenn ich nicht genau wusste, warum.
Das letzte Mal sah ich Ilona im Leine-Einkaufszentrum. Gegenüber der Eisdiele saß eine Gruppe von Leuten, die meine Mutter kannte. Sie sagte mir, ich solle an der Rolltreppe warten, sie käme gleich wieder. Im nächsten Moment lagen Ilona und sie sich in den Haaren, buchstäblich: Sie zogen sich gegenseitig an den Haaren und schrien sich »Fotze« und andere schlimme Wörter zu. Geschockt stand ich mit meinen vier Jahren an der Rolltreppe und weinte.

Papa hatte oft Besuch von seinen Kumpels. Sie saßen in dem kleinen Zimmer, soffen rum und redeten Stuss. Irgendwann war damit Schluss, und zwar an dem Tag, als ich zu Mama »Fotze« und zu Papa »Pimmel« sagte. Das hatten mir Papas Kumpel eingeredet. Mama sprach mit mir und bot mir an, dass ich sie und Papa auch beim Vornamen nennen könne, wenn ich nicht Mama und Papa sagen wolle. Sie ließ mir wirklich alle Freiheiten. Ich wollte aber lieber Mama und Papa statt Addi und Gitti sagen.
Kurze Zeit später zog mein Vater aus, wohl auch, weil er mal eine »Freundin« mit nach Hause – in dieses kleine Zimmer – brachte, obwohl Mama da war. Aber laut Papa soll sie auch nicht

besser gewesen sein. Ich kann mich noch an zwei, drei Situationen aus der Zeit vorher erinnern. Das eine Mal liege ich dösig und entspannt auf seinem Bauch, er ist gerade vom Bau gekommen und ruht sich aus. Mama kommt nach Hause und fährt ihn an: »Na, willst du jetzt auch schon deine Tochter bumsen?« Danach habe ich nie mehr auf seinem Bauch gelegen oder mich ihm irgendwie genähert, obwohl nichts Schlimmes passiert war. Das andere Mal komme ich mit Mama vom Einkaufen. Ich habe einen neuen roten Filzmantel mit Kapuze bekommen. Mama hat mir gesagt, dass Papa der Mantel bestimmt auch gefallen würde, deshalb gefiel er mir noch mal so gut. Als wir Papa die Überraschung präsentieren, sagt er nur: »Was is'n das für'n Flicken? Zieh den Nutten-Scheiß aus!« Ich bin wie vor den Kopf geschlagen. Eben noch voller Stolz, hasse ich den Mantel nun.
Und einmal will Papa mir meine Spinnenangst nehmen. Auf meiner Tür sitzt eine fette schwarze, und Papa will, dass ich sie selbst wegmache, damit ich die Angst verliere. Auf keinen Fall will ich dieses Tier anfassen! Was will er überhaupt von mir? Er greift meine Hand und zieht mich zur Tür. Ich wehre mich und schreie. Doch er versucht es so lange, bis ich völlig hysterisch und zitternd an seinem Arm hänge. Er lässt mich mit einem verächtlichen Blick los, macht sie selber weg und geht raus.
Ich weiß nicht, ob Papa noch bei uns wohnte, als ich diesen komischen »Flash« bekam. Ich bin vier Jahre alt. Wie ferngesteuert gehe ich in das Zimmer, das ich mit Opa bewohne. Genau in der Mitte des Raumes bleibe ich stehen – und stehe plötzlich neben mir, ich kann mich selbst sehen. Ich höre eine ältere Frauenstimme, sie spricht irgendwie schwebend: »Duuu leeeebst ... du leeebst *wirklich*! Siieehh nur ... dein Körper!« Und dann bin ich wieder »da« oder »drin« – und in diesem Moment kommt meine Ma ins Zimmer und fragt: »Ist alles o.k. bei dir?«
Einmal mussten Mama und ich vor meinem Vater flüchten. Wir sind bei Nacht und Nebel ins Taxi gesprungen und zu Charly gefahren, einem Freund und Geliebten von Mama. Charly war ein

netter Mann, mit schwarzem Haar und einer lässigen Art. Sieben Jahre später sollte er wieder auf der Bildfläche erscheinen.
Papa zog ein paar Häuser weiter. Ich fand das nicht schlecht, denn so konnte ich jederzeit zu ihm. Er bewohnte ein Ein-Zimmer-Apartment mit Miniküche und Minibad. Er hatte ein Ehebett in der Ecke, am Kopfende eine schwarzweiße Wald-Fototapete, und neben die Schrankwand hatte er eine Fotocollage geklebt, die heute noch da hängt. In der Mitte ein runder Tisch und zwei bunte Sofas mit einem Sessel. Dazu Vogelkäfige und ein Aquarium.
Wenn ich bei ihm war, sah ich mich immer neugierig um: In der Fensterecke stand ein Besenstiel, an dem er mit Klebeband ein scharfes Messer befestigt hatte – das war sein Speer! Ansonsten hingen da seine ganzen Gewehre, Säbel und Messer an der Wand und im Flur auch der Morgenstern. Ich fühlte mich absolut sicher bei ihm. Seine scharfe Knarre hatte er in der Nachttischschublade. Irgendwann einmal, ich glaube, ich war noch keine zehn, meinte er – er war schon etwas angetrunken –, dass wir jetzt schießen üben würden, denn *seine Tochter* müsse das können! Er pinnte eine kleine Zielscheibe an ein Sofakissen, das auf dem Bett lag. Ich sollte mich neben ihn auf den Boden legen; wir stützten uns auf ein andres Kissen. Dann drückte er mir das geladene Gewehr in die Hand und erklärte mir, dass ich durch den Strich gucken solle, bis der Strich genau auf der Mitte der Zielscheibe sei. Ich tat es und drückte ab. Es knallte nicht schlecht in seinem kleinen Apartment, und das Sofakissen löste sich in Federn auf! Ich musste dann nicht mehr schießen üben, er hatte gesehen, dass ich es kann.

Zähne

Statt Zähnen hatte ich nur braune Stumpen im Mund. Vielleicht lag es an ihrer rausgetretenen Kauleiste, dass Mama mir es nicht vorlebte und beibrachte, die Zähne zu putzen. Vielleicht wollte sie auch meinem Vater eins auswischen, indem sie meine Zähne verkommen ließ. Denn wenn ich ihn besuchte, er hatte übrigens gute Zähne, fragte er immer, ob ich mir auch schön meine Zähne putze. Man sah ziemlich schnell, dass ich es nicht tat. Für Hänselei und Spott brauchte ich nicht zu sorgen, ständig wurde ich gefragt: »Was hast'n da im Mund? « – »Sind das deine Zähne?« – »Putzt du dir denn nicht die Zähne?« Ich konnte nicht darauf antworten und wusste es nicht zu ändern.

Ein ganz normaler Abend. Ich bin etwa vier Jahre alt und stehe am Waschbecken in dem kleinen Bad, in das gerade mal die sanitären Anlagen reinpassen, und wasche mir das Gesicht. Mama steht hinter mir und macht wieder ihre »geheime« Sache. Sie sagt: »Warte! Dreh dich noch nicht um, Mama ist noch nicht fertig!« Und ich presse mir das Handtuch auf die Augen. Doch als ich mir die Augen freitrockne, sehe ich im Spiegel hinter mir eine alte Hexen-Oma stehen. Ohne Zähne, aber mit den Klamotten und der Haut meiner Mutter! Ein schockartiger Schreck durchzuckt mich. Wo ist meine *Mama* geblieben? Und *wer* ist diese Frau hinter mir? Sie lacht und stülpt sich das Gebiss mit einem »Klack« in den kahlen Mund. Da ist sie wieder – meine Mama! Wir lachen uns dann halb kaputt über das Gesicht, das ich gemacht habe – wie gut, denn sonst wäre ich mit der Sache nicht klargekommen.

In dieser Zeit ging sie das erste und einzige Mal mit mir zum Zahnarzt, weil einer meiner braunen Zähne wackelte. Und was soll ich sagen, der braune Wackelstumpen fiel mir direkt vor der Tür der Praxis aus dem Mund! Somit hatte sich der Zahnarztbesuch schnell erledigt, der Arzt konnte nur noch den sauberen Verlust feststellen und erzählte mir was von Milchzähnen, die jetzt alle rausfallen würden. Dann kämen neue weiße Beißerchen, und die müsste ich immer drei Mal täglich putzen, und immer schön zum Zahnarzt gehen und nicht mehr so viel Milky Way essen. Nach einem Griff in die Spielzeugkiste verschwand ich – um nie mehr wiederzukommen! Mama gab mir danach den Spitznamen »zahnlose Minna«. Als dann die neuen gewachsen waren, nannte sie mich nur noch Minna; am peinlichsten war mir das in der Pubertät. Die neuen weißen Beißerchen wurden allerdings auch ziemlich schnell braun in den Zwischenräumen – ich hatte keine Macht darüber.

Der Rest der Familie

Die Schwester meiner Mutter, Darla, zwei Jahre älter als sie, war auch auf Tabletten und Alkohol. Mir war meist unbehaglich in ihrer Gegenwart. Sie war ganz dürr und hatte billige blonde Locken um ein mageres, eingefallenes Gesicht, die Augen von verlaufener Wimperntusche umrahmt. Sie wirkte irgendwie wahnsinnig, wenn sie stoned durch die Wohnung rannte. Einmal hat sie meine Cousine Romana aus dem Badezimmerfenster des achtstöckigen Hochhauses gehalten, weil sie selbst in die Klapse eingewiesen werden sollte. Die Feuerwehr hat Romana dann von der Hausfassade geholt.
Mein Cousin Willy bekam von derartigen Ausbrüchen nichts mit. Als er zwei Jahre alt war – meine Tante lag gerade tablettenbreit auf dem Sofa und schlief –, hörte Klein Willy durch das offene Fenster den Lärm der Bauarbeiter von unten. Er kletterte auf die Fensterbank und schaute ihnen so lange zu, bis er neben ihnen auf dem Fußweg lag und sein Gehirn daneben. Er trägt seitdem eine Metallplatte im Schädel und muss im Sommer eine Mütze tragen, weil sonst wahrscheinlich sein Hirn brät wie Spiegeleier in der Pfanne. Er kam in ein Heim. Dumm ist er nicht, nur die eine Hand wuchs nicht mehr, dafür war der andere Arm doppelt so stark. Und sein Gang war auch ein bisschen hölzern. Heute wohnt er in einer eigenen Wohnung, und es geht ihm gut.
Von meiner Oma Hilde – Hilde die Wilde genannt – habe ich in meinen ersten acht Lebensjahren nichts mitgekriegt, höchstens mal Fotos gesehen. Sie wohnt in Hessen. Ihre drei Söhne, mein

Vater ist der mittlere, bekam sie von verschiedenen Typen. Meine Eltern machten es ihr nach: Sie bekamen ihre Kinder alle von verschiedenen Partnern.
Mein anderer Opa hieß Benno. Er war klein, hutzelig und Alkoholiker. Ich sah ihn ein paar Mal auf der Straße, aber auch wenn ich in seinem faltigen Gesicht einige Ähnlichkeiten mit meinem Papa erkannte, war er mir völlig fremd. Mein Opa zu Hause reichte mir.
Dann gab es noch meine Uroma Käthe, Papas Oma. Sie sah aus wie aus dem Bilderbuch, mit weißem Haar, liebem Gesicht und Dutt. Sie wohnte bei uns um die Ecke, aber ich war selten bei ihr. In ihrer Wohnung roch es ganz komisch. Wenn ich sie besuchte, war es immer dasselbe: Sie kniff mit voller Kraft in meine Wangen, säuselte, wie groß ich schon sei, und zog mich an der gekniffenen Wange in die Wohnung.

Allein mit Mama und Opa

Mama ließ ihr Zimmer von einem Kumpel neu streichen, an die große Wand kam eine Fototapete: schwarze Palmen vor rotorangefarbenem Sonnenuntergang. Phantastisch! Sie arbeitete in verschiedenen Läden an der Theke. In der Roten Kuh, in der Röhre, der Rotation und zuletzt in Mr. Drink's Beerhouse, wo sie dann dummerweise Zappel kennen lernte. Sie brachte mir Autogrammkarten von den Lords und Baccara mit. In Mr. Drink's Beerhouse nahm sie mich, da war ich fünf, eines Abends mal mit. Ich war das Highlight! Alle fanden mich süß, und alle wollten mich mal auf den Arm nehmen oder sonst wie anfassen. Man bot mir was zu trinken an, Süßigkeiten oder huckepack durch den Laden getragen zu werden. Ich entschied mich fürs Gläserspülen, kniete auf einem Barhocker und stülpte die Biergläser über die Spülbürsten.
Aus diesen Läden brachte Mama natürlich manchmal jemanden mit, z.B. so ein superblondes Käsegesicht, bei dem wir auch

mal übernachteten: Ich schlief in seinem Wohnzimmer auf einem Sesselelement, und die beiden vergnügten sich im Schlafzimmer. An einige Männer kann ich mich nicht erinnern, sie huschten wie Schatten über die Bildfläche, um gleich wieder aus meinem Gedächtnis zu verschwinden. An Tocky erinnere ich mich, er war öfter da, ein ruhiger Typ ohne Elan, aber mit Auto. Mit ihm, Mama und Romana war ich zum erstenmal im Autokino, es gab Susi und Strolch, eine Erinnerung, die sich heil anfühlt. Aber Tocky war so'n Ja-Sager, da stand Mama nicht drauf. Deshalb wurde er auch bald abserviert. Dann waren wir mal bei einem Typen, der einen Sohn hatte. Mama beschäftigte sich die ganze Zeit mit diesem Balg, ich stand irgendwo in der Gegend rum und war mir der Sympathie meiner Mutter nicht mehr sicher. Sie schenkte diesem doofen Kind auch noch eine Uhr, das war zu viel für mich. Wir waren eine Nacht da, ich schlief auf einem aus der Wand geklappten Schrankbett. Den Typ hatte sie zum Glück auch nicht lange.

Verlustangst

Mama bringt mich ins Bett. Es ist alles wie immer. Opa schläft schon. Sie verlässt die Wohnung, ich liege im halbdunklen Zimmer und höre Opa leise schnarchen. Plötzlich durchfährt es mich wie ein Blitz: Mama kommt nicht wieder! Ich gerate in Panik. In meinem rosa Nachthemd springe ich aus dem Bett und renne barfuß auf die Straße – mein Herz wummert mir in den Ohren – zur Straßenbahnhaltestelle. Und da ist sie zum Glück noch und staunt nicht schlecht, als ich barfuß im Nachthemd vor ihr stehe. Sie bringt mich wieder nach Hause, und ohne Angst schlafe ich wieder ein. In meinen abstrusen Gedanken stelle ich mir heute vor, dass sie vielleicht jemand Übles getroffen hätte, einen Triebtäter oder ihren Mörder, wenn ich sie nicht noch mal nach Hause gelotst hätte.

Meine Eltern kamen mir nicht schräg vor, ich hatte keine Vergleichsmöglichkeiten, denn auch meine seltsamen Verwandten kamen irgendwie gruselig rüber. Und die Kumpels meines Vaters, die konnte man auch vergessen. Wir waren mal bei einem von ihnen zu Besuch, da hingen noch andere rum, und alle hatten hohlwangige Gesichter mit viel Haar drum herum. Sie sahen aus wie Geister, ich gruselte mich vor ihnen. Ständig laberte mich einer grinsend an: »Na, kennst du mich noch? Ich hatte dich schon als Baby auf dem Arm. Du bist aber groß geworden!« Ich antwortete einsilbig, beschämt über die fertigen Gestalten, die sich »sonnig« geben wollten.

Wenn ich Papa besuchte, hatte er immer neuen Schnickschnack da. Einmal erschreckte er mich mit einer King-Kong-Maske; es war aber nicht so schlimm, weil seine Haare nicht viel anders aussahen als die, die an der Maske hingen. Als er aber plötzlich mit einer Fantomas-Maske hinter der Tür stand, blieb mir fast das Herz stehen. Ich erkannte ihn wirklich nicht wieder, ohne Haare und mit den fiesen Augen – eben Fantomas. Als er merkte, dass ich nicht lachte, sondern mit weit aufgerissenen Augen vor ihm stand, riss er sich die Maske vom Kopf und versuchte mich zu beruhigen. Im Nachhinein kommen mir diese Schrecksequenzen wie auf LSD vor.

Britta, eine Freundin meiner Mutter, passte öfters auf mich auf, sie nahm mich auch mit zum Konfirmationsunterricht. Dort brachte ich alle mit meinen kindlich-direkten Kommentaren und Fragen über Gott und das ganze Gewese zum Lachen und den Unterricht fast zum Erliegen. Nach dem dritten Mal war es mir aber langweilig. Ich war sowieso nicht getauft, Mama meinte immer, das sei alles Scheiße.

Als Mama 1978 mit ihrer Freundin Angela für zwei Wochen nach Spanien flog, wohnte ich bei Britta. Außer an die Teens- und Leif-Garret-Poster (Kotz!) kann ich mich nicht mehr groß erinnern. Mama schickte mir einige coole Postkarten, und da merkte ich erst, wie sehr sie mir fehlte. Ich ließ mir nichts anmerken.

Später lernte ich Angela ein bisschen kennen, ich fand sie nett. Eines Tages klingelte Angela bei uns, und da Mama noch nicht da war, machte sie sich in der Küche zu schaffen. Ich hatte etwas gebastelt und wollte es ihr zeigen. Als ich die Küchentür öffnete, sah ich, wie mein Opa ihr an die Titten packte. Mit der anderen Hand hielt er ihr einen Geldschein hin. Leise machte ich die Tür wieder zu. Später habe ich es Mama in einem albernen Moment erzählt. Ich fand es lustig, sie aber nicht. Angela sah ich nie wieder.

Was geschah noch, bevor der Schrecken in meine Kindheit trat? Meine Freundin Sandra war genauso schlecht gelaunt wie ich. Ich übernachtete einige Male bei ihr in Neu-Laatzen. Bei mir waren wir nur selten, später holte sie mich immer zur Schule ab. Ihre Eltern waren so weit normal, immer erpicht, ihre Tochter gut zu erziehen, ihr viele Informationen rüberkommen zu lassen. Irgendwann durfte sie nicht mehr mit mir spielen, vielleicht weil ich sie einmal gefragt hatte: »Nimmt deine Mutter eigentlich auch so viele Tabletten?« Erstaunt sah sie mich an, wusste gar nicht, was ich meinte. Mama schlief meistens – oder immer? –, wenn Sandra mich abholte, egal zu welcher Zeit, oder sie guckte voll dösig aus der Wäsche. Das hatte natürlich auch damit zu tun, dass sie nachts arbeitete.
Romana war öfter da, oder wir besuchten sie und meine Gruseltante. Sie wohnten in einem Hochhaus in Neu-Laatzen ganz oben, praktischerweise war die Praxis des Pillenarztes unserer Familie im gleichen Haus. Ich hatte immer ein mulmiges Gefühl, wenn wir zu ihnen gingen: Sind wieder alle gestört da oben? Oder wird es heute »normal« – soll heißen: sie hat Pillen, und es gibt kein Theater mit Gekeife, Gerangel, Gewalt, bis einer abhaut oder die Bullen kommen. Das war der Extremfall. Doch wenn sie dicht war, ging es, dann war sie albern und wuselte nett um einen herum. Dennoch saß ich meist still und nervös am Esstisch und beobachtete die Gestalten, manchmal kam es mir so vor, als sei ich unsichtbar.

Zu meiner Einschulung am 8. September 1978 kaufte Mama mir eine hellbraune Cordhose mit passender Cordweste und Hemd, dazu Stiefeletten, hellbraun mit einer Messingspitze, die ich hässlich fand. Mama sagte, als es um das Einschulungsfoto ging: »Dann lach aber auch mal!« Auf dem Foto bin ich zu sehen mit einem völlig falschen und dämlichen Grinsen. Wenn ich lachte, dann meistens aus Schadenfreude mit Romana oder wenn man mich kitzelte. Ein paar Mal quatschte ich Opa voll, fragte ihn Dinge, die auch er nicht wissen konnte. Mit ihm verbrachte ich den Großteil meiner Zeit im Wohnzimmer vor dem Fernseher. Um mir die Zeit zu vertreiben, schlug ich manchmal Fliegen halb tot, um sie dann in meinem aus einem Schuhkarton gebastelten »Fliegenkrankenhaus« mit Kleber, Nadel und Faden zusammenzuflicken. Das gelang mir natürlich nie, sie starben alle den erbärmlichen Fliegentod.

Wenn Romana uns besuchte, machten wir voll die Action. Sie nahm die Dinge in die Hand und zog mich mit. Ich fühlte mich sicher mit ihr. Wir machten Werberaten. In den 70ern hatte Werbung noch einen ganz anderen Wert, für uns waren es besondere kleine Filmchen – alles war gut und sonnig, und wir wünschten uns so eine Mutter wie die Jacobs-Kaffee-Tante!

Essen

Zu essen gab es meist nur Maggi-Tüten- oder Dosen-Fraß, oder Mama versuchte mir ihr Leibgericht anzudrehen: »Häckele«, ein grauer Pamps aus püriertem Fischabfall. Ich fand es widerlich! Es sah aus wie Kotze und stank nach muffigem Fisch. Das Einzige, was sie mal gekocht hat, außer Nudeln, war Milchsuppe, mit kleinen Nudeln drin! Romana und ich sind voll drauf abgefahren. Wenn ich zu Papa ging, konnte es sein, dass er gerade sein Lieblingsgericht zubereitete: Schweineohren – gekocht, schwabbelig und mit Knorpel! Er aß über seinen Teller gebeugt und zog mit den Zähnen an den Ohren, als ob es Schuhsohlen wären, aus den Mundwinkeln rann der Saft, er genoss es. Eines Tages war er gerade dabei, etwas in einem großen Topf zu kochen, etwas ganz Leckeres, wie er sagte. Er lüpfte den Deckel, und in dem kochendem Wasser sah ich weiße Plocken rumtanzen. »Das ist Hühnerhirn, schmeckt sehr lecker und ist sehr gesund! Das hat meine Mama schon gerne für mich gekocht.« Ich konnte es nicht fassen, was für eklige Dinge sich meine Eltern reintaten. Da aß ich lieber gar nichts oder griff auf Maggi und Dose zurück.

In der Schule lernte ich meinen Halbcousin Frank kennen, er wohnte um die Ecke. Dass ich einen Cousin habe, hatte mir niemand erzählt. Ich war öfter zu Besuch bei ihm, schließlich waren wir doch verwandt. Irgendwann ging das auseinander, vielleicht nachdem ich ihn und ein türkisches Mädchen aus unserer Klasse nackt gemalt hatte und der Zettel kichernd in der Klasse rumgereicht wurde, die Namen standen drunter. Unsere Lehrerin Frau Wurm war ziemlich außer sich, wir waren ja noch in der ersten Klasse. Jedenfalls wurde ich entlarvt, vielleicht wegen meines hochroten Gesichts. Die anderen Kinder hatten nichts geahnt und fragten erstaunt: »Silvana, du?« Ich schämte mich nur halbwegs, der Trotz war größer, denn wie die meisten Mädchen hatte ich mich in meinen Cousin verliebt und konnte es nicht ertragen, dass er sich mit diesem türkischen Mädchen so gut verstand. Nackte Körper habe ich so ziemlich als Erstes gemalt, heimlich, auf meinem Bett sitzend. Wenn ich genug »obszöne« Sachen gezeichnet hatte, zerknüddelte und zerriss ich das Papier in wilder Panik. Niemand sollte es sehen! Mit meinen sieben Jahren konnte ich doch noch gar nichts vom Geschlechtsakt wissen – und wusste es irgendwie doch.
Lesen und Schreiben zu lernen machte wirklich Spaß! Ich las die gesammelten Comics meines Vaters, Donald Duck und Gespenster-Geschichten, und das haufenweise. Zu Weihnachten spielten wir Theater, ich war der Stern von Bethlehem. Mama

fragte mich morgens oft: »Willst du heute nicht zu Hause bleiben, schön bei Mama?« Natürlich wollte ich, denn das Alleine-Wohnen mit Mama zählte zu den Highlights in meinem Leben. Und dass Opa da war, störte eigentlich nicht. Er saß ja nur im Sessel oder auf der Heizung, starrte vor sich hin, stundenlang. Oder er guckte Fernsehen: jeden Tag die Tagesschau, Derrick, Der Alte oder Dalli Dalli. Er bekam sein Essen vom Menü-Bringdienst und jede Woche eine Kiste Vorlo-Brause, das Gesöff meiner Kindheit ... Er wurde am 19.9.1919 auf diese Welt geschissen; sein Geburtsdatum kann sich sehen lassen, finde ich.

Ich schlief oft bei Mama. Wenn sie nachts von der Arbeit kam und niemanden mitbrachte, machte sie sich noch einen Snack: gebratene Jagdwurstscheiben. Ich aß mit ihr, mitten in der Nacht, und fand es wunderbar! Morgens lief das Radio, mit den ganzen melancholischen und hoffnungsvollen Hits der 70er Jahre, und die Sonne schien, während der Duft ihres Kaffees durch die Wohnung zog. Wenn ich die Schule schwänzte, lagen wir den ganzen Tag rum und ließen es uns gut gehen.

Romana fing gerade an zu klauen, mit neun! Sie klaute eine Puppe, die ihren Kopf hin und her schaukeln konnte, wenn man an einem Band zog. Mir brachte sie eine Sprechpuppe mit, bei der man auf dem Rücken eine Klappe aufmachen und kleine bunte Schallplatten reintun konnte. Sie funktionierte nicht richtig und leierte und krackste nur gruselig vor sich hin. Die Puppe landete bald auf dem Müll. Mit Romana veranstaltete ich nächtliche Fressorgien – »schmaddeln« nannten wir das. Im Dunkeln schlichen wir uns an Mamas Zimmertür vorbei zum Kühlschrank. Wir legten uns Wurstscheiben auf den Teller und die eine oder andere Leckerei, dann schlichen wir wieder zurück. Dass wir nicht schleichen mussten, wussten wir, Mama hätte nur gegrinst. Aber so machte es mehr Spaß.

Opa gab uns immer viel Geld für unser Alter – 50 Mark monatlich für jede, mit sieben und neun Jahren. Wir sind zu Realkauf gegangen und haben uns jeden Scheiß gekauft. Das war eine gute Zeit. Einmal klauten wir uns diese Brustimitate, so kleine Haftschalen. Wir packten sie unter unsere T-Shirts und gingen gnickernd zur Kasse, niemand bemerkte etwas. Als wir, plötzlich mit Tittis, fröhlich nach Hause kamen, nahm Mama uns die Teile gleich weg. Wahrscheinlich hätte sie es lustiger gefunden, wenn mein pädophiler Opa nicht nebenan gesessen hätte.

Musik

Musikmäßig wuchs ich zwischen Ekel und Faszination auf. Ramona fand immer das Neueste aus den Charts gut; mit ihr habe ich »Saturday Night Fever« und »Grease« im Kino gesehen, da war ich erst acht. Ihre Mutter fand dieselbe Musik gut. In ihrem Zimmer hingen auch entsprechend schlechte Poster. Mama hatte keinen richtigen Musikgeschmack. Nachdem Brian Jones den Abgang gemacht hatte, schaltete sie nur noch das Radio ein, ansonsten hörte Papa ja auch genug Musik. Ihm verdanke ich es, dass ich die Sex Pistols von Anfang an mitbekommen habe. Er drehte seine Anlage immer dermaßen auf, dass man sich nur noch schreiend unterhalten konnte. Er hörte viel Stones, Pistols, Ramones, Iggy Pop, die New York Dolls – die ganze Riege aus der Zeit der Zeiten schallerte mir um die Ohren, wenn ich ihn besuchte. Mit sieben Jahren fand ich Peter Maffay gut, auf den stand keiner außer meiner Gruseltante, aber die fand ja alles Schlechte gut. Mit Maffay ging Shakin' Stevens einher – genauso schlecht, aber bis zum elften Lebensjahr vertretbar. Ich lag auf dem alten Scheiß-Sofa, auf dem ich auch schlief, wenn Opa zu viel furzte, und presste mein Ohr an die einzelne Box des klassischen Kassettenrecorders aus den 70ern. Diese Musik gehörte in diesem Moment nur mir allein, nur mir wurden jetzt diese Sachen erzählt, wenn es Maffay war, und wenn Shaky rockte, dann rockte er nur für mich! Meine Mitschüler fanden, dass Papa aussah wie Peter Maffay, ich konnte es nicht abstreiten. Ansonsten bezog ich meine musikalische Bildung aus dem Fernsehen. Wenn es Disco gab, machte mir Mama das Sofa zurecht und stellte mir ein paar Snacks hin, und ich sah zu, wie Blondie »Heart of Glass« sang. Das ist das einzige Musikstück, das mir im Kopf geblieben ist, an andere Interpreten kann ich mich nicht erinnern. Aber an Ilja Richters blödes Gesicht erinnere ich mich noch gut. Die Hitparade machte Mama mir auch an, aber das war ja richtig schlecht!

Tiere

Papa hatte immer irgendwelche Tiere; außer an die Hunde aus den ersten Jahren erinnere ich mich noch an eine Schildkröte, die hatten wir nicht lange, weil es Papa genervt hat, dass sie weißen Schleim schiss. Ich fand sie interessant mit ihrem schrumpeligen Köpfchen und ihrer unendlichen Ruhe.
Als er noch bei uns wohnte, brachte er mir oft Tiere mit. Den Wellensittich gab ich bald wieder ab, ich brauchte ein Tier zum Anfassen. Ich bekam einen Hamster, dem ich eine Art Garten aus Barbie-Campingmöbeln baute. Einmal biss er mich, als ich ihn aus dem Käfig holen wollte, und ich schleuderte ihn voll Wut durchs Zimmer. Das Tiergeschäft von Jan, den mein Vater gut kannte, war in der Nähe, ich sah öfter etwas, das ich *unbedingt* haben musste. Einmal war es ein rundes Schildkröten-Becken mit Treppchen und einer Plastikpalme in der Mitte. Natürlich hat Papa es mir gekauft, samt Schildkröte. Er wollte mir die Welt der Tiere nahe bringen. Für die 5-Mark-Stück große Wasserschildkröte konnte ich mich wieder nur ein paar Tage begeistern: Sie stank erbärmlich!
Dann gab's da noch den weißen Eimer. Papa meinte eines Tages geheimnisvoll, dass ich mal mitkommen solle. Auf dem Balkon stand ein Kartoffelsalat-Eimer. Er machte den Deckel ein bisschen auf, und ich sah etwas langes Felliges im Kreis wetzen. »Das ist ein Frettchen, die sind total gefährlich!«, sagte er und machte den Eimer schnell wieder zu. Damals wusste ich nicht,

dass er dieses Tier total gequält hat, indem er es im Eimer einsperrte. Meine Suche nach dem richtigen Haustier war beendet, als ich mein Meerschweinchen Nancy fand – damit kam ich gut klar und später holte ich noch eins. Und auf Papas Hunde passte ich auch immer auf.

Damit endet schon fast meine Heile-Welt-Zeit. Denn die Zeit vor Zappel ist in meiner Erinnerung rosarot. Mama machte einen zufriedenen Eindruck, Romana war oft da. Ich entwickelte mich für mich selbst, ohne dass mir jemand sagte, was ich zu tun oder zu lassen, wie man sich z. B. als Mädchen zu benehmen hätte. Ich hätte auch ein Junge sein können, so geschlechtslos wuchs ich auf. Romana benahm sich auch nicht wie ein typisches Mädchen, sie war eher rüpelig. Bei Sachen, vor denen ich Angst hatte, lachte sie nur. Zum Beispiel, wenn Mama mit mir neue Klamotten »einkaufte«. Sie zog mir im Laden die alten Schuhe aus und neue an, dann ging ich mit stocksteifen Beinen nach draußen. Ich ahnte, dass es Ärger geben könnte, schon weil Mama sich so komisch benahm. Ärger wollte ich ihr auf jeden Fall ersparen – denn ging es ihr gut, ging es auch mir bestens, war sie traurig, war ich noch trauriger.

Ich erinnere mich, wie ich ein paar Mal, es war immer morgens nach dem Aufwachen, gekrümmt unter dem viel zu klcinen Telefontisch lag und mir den Brustkorb hielt. Es tat höllisch weh, alles zog und zerrte in mir, ich konnte vor lauter Druck kaum atmen. Mama schlief meistens noch. Aber einmal kam sie ins Wohnzimmer und sah mich in Embryonalstellung unter dem Tisch liegen. Sie meinte, dass ich wachsen würde, als ich sie fragte, ob sie vielleicht irgendwann mal eine Schluckimpfung vergessen hätte.

Zwischensequenz: Mama kommt ins Wohnzimmer. Ich sitze auf dem Sofa und habe meine Beine gespreizt, nuckle selbstvergessen am Daumen und sehe fern. Leise, sodass Opa es nicht mitkriegt, raunt sie mir zu: »Mach mal deine Beine zusammen!

Wie sitzt du denn da?« Und – klapp! – presse ich meine Beine zusammen und fühle mich, als ob ich was Schlimmes gemacht hätte. Opa hat davon nichts mitbekommen, ließ sich jedenfalls nichts anmerken.
Eine Freundin meiner Cousine, Birgit, passte auch mal auf mich auf. Das Aufpassen sah so aus, dass sie die eklige Vorlo-Brause aussoff und in einer Tour irgendwelchen Stuss mit Opa quatschte. Einmal gingen sie ins Badezimmer und machten die Tür zu. Ich blieb vorm Fernseher sitzen. Opa gab Birgit dann Geld. Als ich das Mama erzählte, durfte Birgit nicht mehr kommen. Jahre später wuchs ihr nur die eine Brust, sie zeigte es mir, und ich musste gleich an Opa denken.
Ich hatte was dagegen, Kleider anzuziehen. Als ich mich einmal dazu überreden ließ, ging gleich alles schief. Es war ein sonniger Tag, und ich wollte zur Bude über die Straße, Kippen für Mama und ein Eis für mich holen. Papa stand an der Mauer; die Mauer war ein beliebter Treffpunkt der Laatzener Alkis. Dort standen sie, laberten rum und glotzten Mädchen und Frauen auf den Schritt. Ich ging über die Straße und freute mich schon auf meinen geliebten Vater, da stolperte ich und schlug mir beide Knie auf. Mit blutigen Knien ging ich zu Papa, um mich trösten zu lassen. Er meinte aber nur: »Wenn du jetzt heulst, kriegst du von mir noch den Arsch voll dazu!« Ich zog erst mal kein Kleid mehr an.
Zigaretten musste ich ständig holen. Mama rauchte Gauloises ohne Filter, danach Gitanes ohne, zwei Schachteln am Tag. Ein Gestank, der meine Kindheit umnebelte.
Die Mauer fand ich praktisch, so wusste ich immer, wo ich Papa treffen konnte, und wenn nicht dort, dann war er im Park um die Ecke. Er sah auch am besten aus von den ganzen Konsorten, er war ein Frauentyp. Wie er wirklich war, davon wollte ich noch nichts wissen. Ich war immer erstaunt, wenn Mama mir in ihrer Wut erzählte, wie übel er sie behandelte. Zu mir war er lieb, ich war sein Ein und Alles. Die Leute, mit denen er herum-

hing, sagten immer: »Da kommt Klein-Addi. Guck mal, die sieht aus wie Addi!« Und dann bekam ich ein Eis oder was ich wollte. Mir war noch nicht klar, dass das der so genannte Abschaum von Laatzen war. Damals arbeitete Papa noch und ließ sich nicht so gehen. Er soff nur am Wochenende, zum Alltagstrinker entwickelte er sich erst im Laufe der Jahre, aus Gewohnheit und weil er irgendwann keine Arbeit mehr hatte.

Wie das Leben plötzlich zur Hölle wird

Die Zeit vor Zappel bezeichne ich auch deshalb als eine rosarote Zeit, weil alles so offen war. Mama brachte zwar mal wen mit nach Hause – sie war zu der Zeit 24 und ich sieben –, aber meist verschwanden die Typen wieder, vielleicht wegen mir oder wegen der Situation bei uns in der kleinen Wohnung, mit Opa im Nebenzimmer. Ein cooler Typ, das wär's gewesen, für Mama und mich.

Doch eines Tages, als ich morgens in ihr Zimmer kam, saß da dieser schwarzhaarige Typ auf Mamas Bett, er grinste verstohlen, weil er nur Stumpen im Mund hatte. Ich beachtete ihn erst mal gar nicht. Wahrscheinlich wieder nur irgendein Typ, den ich in ein paar Tagen nicht mehr sehen würde. Er war aber öfter da; sechs Wochen später heirateten sie. Mama hatte mich gefragt, ob ich was gegen die Heirat hätte. Ich traute mich nicht, was zu sagen. Was hätte ich mit sieben Jahren auch zu dem »Glück« meiner Mutter sagen sollen?

Zappel stammte aus Barsinghausen und war so alt wie Mama; seines Zeichens Steinbock mit Mond im Skorpion und als Aszendent Arschloch. Er war schlank, schwarzhaarig, mit Schnurrbart und dunkelbraunen, unergründlichen und unruhigen Augen. Er sah aus wie des Teufels Sohn. Auf dem Oberarm hatte er eine Schlangentätowierung und einen Donald Duck, auf dem anderen Arm einen Totenkopf und darunter eine Rose. Er hatte noch drei Geschwister; Zappel war der Älteste und voll aus der

Reihe. Sein Vater hatte Klein-Zappel in den Keller oder Besenschrank gesperrt; warum, weiß nur er. Der Vater hat auch nie viel gesagt, er war ein mürrischer Mensch, der eine innere Anspannung mit sich durchs Leben trug. Vielleicht hat er das schlechte Gewissen seinem Sohn gegenüber nicht verkraftet. Seine Mutter war die Liebenswürdigkeit in Person, ich mochte sie von Anfang an, bei ihr fühlten wir uns später einigermaßen sicher vor Zappels Ausbrüchen.

Dass er ein Junkie war, bekam Mama erst nach der Hochzeit so richtig mit. Das Hochzeitsfoto zeigt die beiden in breiter Eintracht. Ich musste eine rote Bundfaltenhose anziehen, die ich hasste, und ich hatte kurzes Haar, wie fast meine gesamte Kindheit über. Denn Mama wollte mir immer mit breitem Kopf den Pony schneiden, sie verschnitt sich, und ich musste morgens vor der Schule noch zum Frisör. Manchmal wurde ich gefragt, ob ich ein Junge sei.

Bei der Trauung im Standesamt war ich nicht dabei. Es war der 20. Juli 1979. Eines der Hochzeitsgeschenke war ein elektrisches Brotmesser. Nach altem Aberglauben bringt es Unglück, wenn man einem Ehepaar ein Messer schenkt: Es bedeutet, dass die Liebe der beiden zerschnitten wird. Und in dieser »Hochzeitsnacht« kriegte Mama das erste Mal was auf die Schnauze von Zappel. Davon bekam ich aber noch nichts mit, ich schlief woanders.

Wir flogen für drei Wochen nach Spanien – Flitterwochen –, und immer wenn ich »Sultans of Swing« von Dire Straits höre, denke ich an Spanien. Ich lernte schwimmen und sogar ein paar andere Mädchen kennen. Das war für mich ganz neu, in Laatzen hatte ich immer das Gefühl, von den anderen zurückgestoßen zu werden, und in Spanien war alles plötzlich ganz leicht, und ich hatte Freundinnen! Auf unserem Hotelbalkon waren Katzenbabys, so hatte ich immer gut Beschäftigung. Es blieb aber nicht so rosig. Ich bekam den ersten Krach zwischen Mama und Zappel mit. Wir waren spazieren gewesen, und Mama hatte den Geschäftsführer einer ihrer alten Kneipen wieder getroffen, sie redeten kurz. Zappel wurde eifersüchtig, ließ sich aber erst mal nichts anmerken. Nachdem die beiden mich im Hotel abgeliefert hatten und noch mal weggegangen waren, muss es zum Streit gekommen sein. Ich lag in ihrem Ehebett und wachte auf, weil ich Geschrei, Gezeter und Gerumpel hörte. Vor Angst kroch ich unters Bett und lauschte nach drüben. Ich hatte es noch nie erlebt, dass Mama angegriffen wird. Was hat Mama bloß gemacht, dachte ich ahnungsvoll, wen hat sie da geheiratet? Mein Bauch krampfte sich zusammen, und ich bekam dieses nervöse Kribbeln über dem Hintern – das sollte ich in den nächsten Jahren noch oft erleben.

In Spanien riss Zappel sich sonst noch zusammen, er flachste auch rum und war meistens ganz locker. Ich sah dort zum ersten Mal Riesenschildkröten und ritt auf einem Kamel. Morgens frühstückten wir fett und gingen dann zum Strand, dort lagen Zappel und Mama die ganze Zeit rum und sagten nur das Nötigste. Ich vertiefte mich in mein Donald-Duck-Buch und ließ nichts an mich ran. Wenn ich doch mal rumlief, ekelte ich mich vor dem abgestandenen Wasser, das schaumig zwischen den Dünen lag. Mein ganzer Körper war schon vom ersten Tag an verbrannt, und die Haut hing in Fetzen herunter, weil die beiden vergessen hatten, mich einzucremen. Vor dem Meer, dem unergründlichen, dich verschlingenden tiefen weiten Wasser, hatte ich Angst. Mama und Zappel mussten mich in die Mitte nehmen, dann stand ich mit ausgebreiteten Armen im Wasser und passte auf, dass es mich nicht wegriss. Geschwommen habe ich nur im Hotelpool.

Zappel zog zu uns in die Hildesheimer Straße, Erdgeschoss; zur Wohnung führte ein Laubengang. Durch eine Einfahrt, die immer offen war, konnte man über eine schmale Steintreppe auf die Wäschewiese kommen und von dort locker über das Gelän-

der klettern, direkt vor unsere Wohnungstür. Romana und ich versteckten uns manchmal unter dem Laubengang.
Mama und Zappel richteten ihr Zimmer in den für die 70er Jahre typischen warmen Brauntönen ein: eine helle Schrankwand im Ikea-Stil, ein braunes Cordklappsofa, zwei dazu passende Klappsessel und Zappels Anlage. Von der hässlichen Mustertapete im Wohnzimmer habe ich bis heute einen Schaden. Am Anfang ihrer Beziehung aßen wir richtig Abendbrot, mit aufgeschnittenen Tomaten und Gurken. So kannte ich das noch gar nicht. Die erste Zeit mit Zappel war fast harmonisch: Abends lagen wir alle vorm Fernseher, Opa saß auch noch ein bisschen im Sessel.
Weihnachten 1979 wünschte ich mir eine Gitarre und Dr. Wackelzahn, dem ich ständig neue Zähne bastelte, um sie ihm gleich darauf wieder rauszuziehen oder einzuschlagen. Matschige Knete vermischte sich, die Zähne wurden so braun wie meine eigenen, und die Knete trocknete ein. Dr. Wackelzahn landete bald auf dem Müll. Auf der Klampfe versuchte Zappel mir »Smoke on the Water« beizubringen, aber meine Hände waren noch zu klein.
Zappel machte an Heiligabend Stress, so wie es die nächsten Jahre auch sein sollte: Zu Weihnachten gibt's was aufs Maul! Es gab wohl immer einen Drogenengpass, und es war nicht genug da, um sich in die heilige Stimmung zu bringen. Dafür war Sylvester meist recht ruhig, denn das Geld der Verwandten reichte, um sich so richtig gut hinüberzuschießen ins neue Jahr.
Papa verhielt sich neutral zu Zappel, sie verstanden sich ganz gut. Für Papa war das wichtigste, dass Zappel mir nichts tat, auch nicht aus Versehen. Das hat er ihm auch öfter gesagt.

Umzug nach Barsinghausen

In der Hildesheimer Straße wurde es dann doch zu eng. Wir fuhren sowieso schon mehrmals in der Woche mit dem Zug nach Barsinghausen, und so zogen wir Anfang 1980 ganz dorthin, in mein erstes Hochhaus mit Fahrstuhl, ganz nach oben in den sechsten Stock. Ich hatte zum ersten Mal ein eigenes Zimmer. Die Wohnung war gut geschnitten; wir hatten ein großes Bad, dahinter war ihr Schlafzimmer, in dem nur Matratzen und Klamotten auf dem Boden lagen, davor stand ein Fernseher. Mein Zimmer war zwischen ihrem Schlafzimmer und der kleinen Küche. Ich hatte Ausblick auf die Bahnschienen und saß manchmal im Fenster und starrte raus.

Einmal lag ich mit meinem Stofftier unter dem Esstisch und beobachtete die beiden beim Poppen. Mama merkte es und grinste rüber, Zappel merkte es und wurde nicht fertig. Ich war albern, weil ich mich auch etwas schämte.

Für kurze Zeit versuchten sie ein normales Leben zu führen. Zappel war eigentlich gelernter Bäcker, fand aber keine Arbeit und machte erst mal bei der Müllabfuhr mit. Ein Kumpel von Zappel schenkte mir einen weißen Mischlingspudel, um den er sich nicht mehr kümmern konnte. Ich nannte ihn Kessi und freute mir ein zweites Loch in den Arsch, denn ich fühlte mich in Barsinghausen noch sehr allein. Meistens »spielte« ich allein am Bahndamm zwischen den Bäumen, gegenüber war eine Weide mit Schafen. Ich spielte, dass ich da wohne, hing meinen Gedanken nach und sah mir die Blätter von unten an. Manchmal kam Zappel vorbei, um mich abzuholen; er ging total schnell, und ich musste zusehen, dass ich Schritt hielt. Diesen Schnellschritt habe ich bis heute beibehalten. Zappel brachte mich zu seiner Mutter, die ganz in der Nähe wohnte, zum Essen oder weil er und Mama noch was »zu erledigen« hatten.

Zappel war ja hier aufgewachsen und hatte hier seine Connections, sodass Mama sich wie ein Anhängsel fühlte. Zu uns kam kaum mal jemand zu Besuch, Mama war eifersüchtig und misstrauisch, weil sie nicht auschecken konnte, mit wem Zappel mal was gehabt hatte und was seine Kumpels mit Shore zu tun hatten. Wenn die beiden sich zofften, versteckte ich mich in meinem Kleiderschrank und hielt die Tür von innen zu.

Ein paar Mal übernachtete ich auch bei Zappels Schwestern. Dort fühlte ich mich wohl, weil absolut keine Spannung im Raum lag. Mit Kessi spielte ich manchmal »abhauen«. Dann packte ich einen Korb mit »wichtigen« Dingen voll und ging zum Sandkasten oder an den Bahndamm. Da saß ich dann und fühlte mich allein, weil wieder mal niemand gemerkt hatte, dass ich abgehauen war.
Andere kennen zu lernen war plötzlich »magisch« geworden: Immer wenn ich dachte, das Mädchen würde ich gerne kennen lernen, sprach es mich kurze Zeit später an. Ob es an meinen Gedanken lag? Es klappte immer.
Eine Freundin hieß Bettina, sie wohnte in einem Einfamilienhaus, mit heiler Welt drum herum und einem Garten vor der Tür. Natürlich schwänzte ich auch in Barsinghausen die Schule. Ich streunte vormittags durch die Wohnung oder durchs Fernsehprogramm.

Der Unfall

Anfang Mai 1980 brachten Mama und Zappel mich übers Wochenende zu Opa nach Laatzen. Ich hatte Kessi dabei und schlief auf einer Matratze, mitten im Wohnzimmer vor dem hässlichen Schrank. Bei Papa übernachtete ich wohl nicht, weil er am Wochenende immer am Feiern war. Abends war ich auf dem Spielplatz mit ein paar Älteren zusammen, sie tranken Bier, und ich gab Kessi aus einer Bierpfütze zu trinken. Als es dämmerte, ging ich zu Opa, ich fühlte mich völlig frei – ich hatte kein Bier getrunken –, so ohne Mama oder irgendwelche Kontrolle – obwohl ich die sowieso nie hatte. Ich war allein und fühlte mich gut und sicher in der Stadt, in der ich aufgewachsen war.
Am nächsten Morgen sagte mir Opa, ich solle ihm mal die Zeitung holen. Ich hatte völlig vergessen, dass die immer im Briefkasten steckte, und ging mit Kessi zur Bude. Die Sonne schien. Die Ampel war abgestellt, und auf der anderen Straßenseite

stand Birgit (ja, genau die mit der halben Brust). Als sie rüberging, ging ich auch. Mit der Zeitung wartete ich dann wieder an der Ampel auf einen günstigen Zeitpunkt. Gegenüber stand eine der Hutzel-Omas, die mir schon seit frühester Kindheit unheimlich waren. Mit Kopftuch und einer Hakennase in einem faltigen hageren Gesicht ohne Zähne sah sie aus wie die Hexe aus Hänsel und Gretel und fixierte mich mit einem hämischen und hinterhältigen Grinsen, das nur ich sehen konnte.

Die Autos zur Rechten hielten alle, ein Müllwagen stand auch da, zur Linken war nichts, nur ein Motorrad, das mir noch ganz weit entfernt zu sein schien. Die Hexen-Oma sah mich an und setzte einen Fuß auf die Straße, ich vertraute auf ihre Menschlichkeit und machte es ihr nach. Mit Kessi an der Leine trat ich auf die Straße. Dann war alles schwarz.

Zwei Tage später erwachte ich aus meinem Koma, hatte beide Augen blau, eine Gehirnerschütterung, die Nase gebrochen, und das linke Bein war bis zum Oberschenkel eingegipst, mit einem Nagel durch den Hacken, damit der Knochen wieder zusammenwuchs. So lag ich da und erkannte mich kaum wieder, als man mir einen Handspiegel gab. Mama und Zappel saßen an meinem Bett. Sie erzählten mir, dass Kessi sich von der Leine gerissen hätte und über die Straße zu einer Freundin gelaufen sei, die sich jetzt auch um ihn kümmere. Die nächsten Wochen packte ich meinem geliebten Hund immer mein Krankenhausessen ein und steckte manchmal noch ein selbst gemaltes Bild dazu.

In Wahrheit war der Motorradfahrer meinem Hund übers Genick gefahren, sodass ich von der Leine mitgerissen wurde. Meine Uroma Käthe, die gerade beim Bäcker war, hatte den Unfall miterlebt, auch Klassenkameraden von mir, und mein Papa stand gerade auf dem Balkon und sah, wie sein geliebtes Töchterchen weggemettet wurde. SCHOCK AM MORGEN! Das Blutbad auf der Hildesheimer Straße! Christoph 4 kratzte mich von der Straße und flog mich in die MHH, die Bild-Zeitung kam auch vorbei und machte ein Foto.

Mama und Zappel kamen mich jeden Tag besuchen, ich hatte fast schon ein schlechtes Gewissen bei so viel Aufmerksamkeit. Sie hatten mich wahrscheinlich wegen irgendwelcher Drogengeschäfte bei Opa abgeliefert, daher *ihr* schlechtes Gewissen. Papa besuchte mich kein einziges Mal. Vielleicht machte er sich Vorwürfe, dass er mich nicht bei sich hatte schlafen lassen.
Nach sechs Wochen wurde ich im Rollstuhl entlassen, so musste ich das so genannte Leben mal aus einer anderen Perspektive betrachten. In Barsinghausen lag ich mit meinem »Gehgips«, mit dem ich keinen Schritt gehen konnte, im Bett und wartete darauf, meinen wuscheligen süßen Hund wieder in die Arme schließen zu können.
Mama beichtete mir dann, dass Kessi tot war. Drei Tage aß ich nichts und sagte ich nichts. Warum hatte sie mich angelogen? Ich kam mir total verarscht vor, schon wegen des Essens, das ich immer für Kessi eingepackt hatte.
Es gab noch eine Gerichtsverhandlung. Das Schmerzensgeld sackten Mama und Zappel ein, und der Motorradfahrer musste nur 500 Mark Strafe zahlen. Damit war der Fall erledigt.
Ich war den ganzen Sommer über mit Mama und Zappel zusammen in der Wohnung. Meine »Freundinnen« hatten bei dem schönen Wetter anderes zu tun als mich zu besuchen. Mama las mir zum ersten Mal ein Märchen vor, von Andersen, und ich trieb mich mit meinen Sindbad-Kassetten imaginär in Bagdad herum.

Es gab mal wieder schwer Krach. Mama hatte Angst vor Zappels Schlägen. Er war gerade weg, und sie hetzte in der Wohnung rum und packte Sachen zusammen. Sie war in Panik, und das färbte wie immer auf mich ab. Warum mussten wir flüchten? Wollte er uns umbringen? Konnte er das machen? Aber *warum*? Mama half mir in den Rollstuhl, und wir eilten in den Lift. Unten stellte sie mich an die Wand, wo ich einbeinig Halt suchte, und sie schob den Rollstuhl in die Ecke. Dann packte sie mich

unter die Achseln und schleifte mich die Stufen runter, die nach draußen führten. Es machte klackklackklack, so schnell war ich noch nie unten! Das Taxi wartete schon, der Fahrer trug mich ins Auto. Mama sagte die ganze Zeit, ich solle mich bücken, damit uns niemand sieht. Als ich kurz aufblickte, sah ich Zappel, wie er mit hassvollem Blick auf unser Hochhaus zulief. »Los, bück dich, runter!«, bellte Mama nach hinten. Sie lieferte mich bei Zappels Eltern ab und fuhr dann wieder in die Wohnung zurück. Was dann passiert ist, weiß ich nicht mehr.
Bei seinen Eltern fühlte ich mich halbwegs sicher, halbwegs deshalb, weil er da auch schon rumgewütet hatte. Irgendwann hatte er seine Mutter mit einer Knarre bedroht, wegen Geld für Shore. Das war aber vor unserer Zeit.
In dieser Zeit wurde Zappels Schwester schwanger. Als das Kind, ein Mädchen, dann da war, wurde ich zu Luft. Ich lag mit meinem Gipsbein bei Oma Ruth im Wohnzimmer, während sie in der Küche rumsülzten: »Gib sie mir doch mal!« – »Guck mal, was sie macht!« – »Ach, ist die süß!« Mama hatte immer betont, dass Oma Ruth zu allen gleich sei und niemanden vorziehen würde. Doch jetzt hatte die leibliche Tochter ein Baby gekriegt und nicht die angeheiratete, das wog natürlich schwerer.
Einen Tag vor der Gipsabnahme konnte ich mit dem Gehgips endlich gehen, das Auftreten tat nicht mehr weh. Der gestresste Arzt sägte mir dann auch noch ins Bein. Wenn der Gips ab ist, laufe ich direkt zu Bettina, hatte ich mir vorgenommen, aber mein linkes Bein kam total dünn und rot zum Vorschein – unbrauchbar!

Zappel hatte unbändigen Spaß daran, mich zu erschrecken oder zu ärgern. Einmal rief er mich in den Flur, er wolle mir etwas Superwichtiges zeigen. Er öffnete die Klotür, und weil es so unheimlich stank, wollte ich schnell wieder weg, aber er meinte aufgeregt: »Nein, bleib hier! Ich muss dir was ganz Wichtiges zeigen!« Er klappte den Klodeckel auf, und drin lag ein fetter

Flatschen, der aussah wie Spinat – aber es war der weiche, übelriechende Schiss von Zappel! Würgend lief ich weg, und er stand lachend in der Tür ... Meine Biene-Maya-Uhr hat er kaputtgemacht, nachdem er mir versichert hatte, sie sei auf jeden Fall wasserdicht. Daraufhin tauchte er sie in die Wanne, in der ich saß, und die Uhr kam beschlagen und voll Wasser wieder zum Vorschein. Manchmal versteckte er sich hinter der Tür und erschreckte mich, indem er wie der Glöckner von Notre Dame hinter mir herlief. Er sah dermaßen verzerrt aus, dass ich mir nicht mehr sicher war, wer nun der echte Zappel war: dieser verzerrte oder der, der sonst immer da war.
Mama neckte er immer damit, dass er ihr Gebiss verstecken wolle, wenn sie schläft. Sie nahm es nie raus, nur um neue Haftcreme draufzumachen. Irgendwann ließ sie sich ein komplett neues Gebiss machen, ihr altes hatte Zappel wahrscheinlich mit der Zeit zerstört – oft genug aufs Maul bekam sie ja von ihm. Sie fand, dass sie aussah wie ein Gorilla, wenn sie auch die Unterkiefer-Prothese reinmachte. Sie war es seit Jahren gewohnt, mit den oberen Zähnen auszukommen; ihr blanker Unterkiefer war schon so hart, dass sie auch weiterhin auf die untere Kauleiste verzichtete.

»Urlaub« bei Oma Hilde

Bald nach meiner Genesung war die Zeit in Barsinghausen auch zu Ende. Uns hielt dort nichts, vielleicht sind wir rausgeflogen. Wir zogen nach einem halben Jahr wieder zurück in die Wohnung von Opa. Nun wurde es richtig seltsam.
Während Mama und Zappel den Umzug organisierten, war ich zum erstenmal mit Papa bei Oma Hilde der Wilden zu Besuch. Sie wohnte in Bebra auf einem umgebauten Bauernhof in der unteren Etage, über ihr wohnte Willy mit seiner Mutter. Dass er körperbehindert war, hatte mir niemand erzählt – er hatte so eine komische Spasti-Stimme und presste seine Worte direkt

aus dem Kehlkopf. Er trug immer einen weißen Rolli und eine schwarze Hose, dazu hatte er angeklatschte fettige schwarze Haare. Vor Angst flüchtete ich in das hinterste Zimmer, in dem ich auch schlief, als ich ihn zum ersten Mal sah. Trotz der Spinnen, die es da zuhauf gab, krabbelte ich in wilder Panik unter das Bett. Vor mir tauchten mehrere Füße auf: Onkel Hermann, der jüngere Bruder von Papa, Oma Hilde und Willy. Onkel Hermann redete auf mich ein: »Komm, Silvie, du brauchst doch vor dem Onkel Willy keine Angst zu haben, der tut doch niemandem was!« Und dazu schwatzte Willy mit seiner Spasti-Stimme, und Oma Hilde versuchte, mich unter dem Bett hervorzulocken, indem sie mir zwei Mark hinhielt. Sie wollten mich mit den verschissenen zwei Mark von meiner Panik befreien! Nach einiger Zeit kam ich mir selber doof vor – denn würden meine Oma oder mein Onkel mir je etwas antun? – und kroch unter dem Bett hervor. Die zwei Mark nahm ich trotzdem.
In dem verwilderten Garten gab es Karnickelställe und kleine Katzen. In dem Haus lag ein komischer bitterer Geruch. Was Oma Hilde kochte, aß ich nur ungern, ich kaufte mir lieber selber was. Sie sammelte jeden Scheiß, hatte überall den übelsten Kitsch rumfliegen, meist solche Schützenfestsachen: angestaubte Plastikblumen, hässliche steife Lolita-Puppen, mit Reis gefüllte billige Stofftiere. Dann wollte sie mich immer mit ihren Klamotten einkleiden, solchen 70er-Jahre-Asi-Sachen; das einzige »Schöne« waren ihre durchsichtigen Nachthemden. Papa saß im Sessel, als ich in so einem Fummel ins Zimmer kam, und meinte lüstern: »Jetzt noch ein paar Jahre älter …« Oma lachte nur unbeholfen, und ich war schlagartig verlegen und zog mir was über. Abends saßen er und Oma mit irgendwelchen Kumpels im Garten und tranken und waren lustig oder diskutierten, wie Besoffene eben gern diskutieren.
Einmal saß Papa allein im Garten, es war Nachmittag, er war angetrunken, schwankte aber noch nicht. Er hielt eine Knarre in der Hand. »Hier, Töchterchen, hast du das schon mal gesehen?«

Und er schoss auf den Dachgiebel, auf dem Vögel saßen, schoss sie direkt weg! Er sah gar nicht mehr aus wie mein lustiger Papa. Aber ich wusste, das ich Einfluss auf ihn hatte: »Papa, lass das doch, die armen Vögel!« Er hörte auf zu schießen. Vor dem Haus lag ein toter Vogel.

Wieder in Laatzen

Dass Mama breit ist, habe ich zum ersten Mal bewusst wahrgenommen, als sie mir eines Abends etwas linkisch im Flur entgegenkam, sie wirkte irgendwie abwesend und sagte, dass ich jetzt schlafen gehen solle, sie wolle ihre Ruhe haben. Ich fragte: »Mama, was ist mit dir?« Ihre grünen Augen waren so hell und kalt, dass ich sie kaum wieder erkannte. Ein komisches Gefühl beschlich mich, heute kann ich es als eine aufsteigende Ohnmacht bezeichnen, weil ich keinen Einfluss hatte auf die Dinge, die sich hinter ihrer Tür und hinter ihrer Stirn abspielten.
Ein paar Tage später gab sie mir das Buch »Wir Kinder vom Bahnhof Zoo«. »Wenn du was wissen willst, kannst du uns fragen«, sagte sie und ging grinsend aus dem Zimmer. Ich las das Buch nicht – ich saugte es auf, vielleicht, um dahinter zu kommen, was bei uns ablief. Viel gefragt habe ich sie nicht, ich fing aber an, sie verstärkt zu beobachten.
Nach der Schule ging ich meist direkt zu ihnen ins Zimmer, um wenigstens noch ein bisschen von Mama mitzubekommen. Ich saß auf der Sofalehne und hatte alles im Blick. Leute waren immer da und haben gekifft und sich mit meinen »Eltern« unterhalten. Die Stimmung war gut.
Nachdem ich in Barsinghausen mein eigenes Zimmer gehabt hatte, wollte ich nicht mehr mit Opa in einem Raum schlafen, auch weil er nachts immer so rumfurzte. Ich habe dann immer meinen rosafarbenen Xylophonstab durchs Schlüsselloch geprokelt, damit Mama, die mit Zappel noch Fernsehen guckte, mich vor dem Gestank rettete. Sie machte dann vorsichtig die

schwere Tür auf, damit Opa nicht aufwachte, und ließ mich raus. Ich freute mich, mit den beiden noch vor dem Fernseher zu sitzen, aber irgendwann starrte ich nur noch düster vor mich hin, weil ich absolut keinen Platz für mich hatte.
Ich schlief nun im Wohnzimmer, Mama und Zappel schienen sowieso das Interesse am Fernsehen verloren zu haben. Sie hingen nur noch in ihrem Zimmer ab; ich könne ja anklopfen, wenn ich was wolle. Es machte mich rasend, wenn sie zusammen schliefen; sie stöhnte immer extralaut, und ich fand es widerlich. Dann riss ich schon mal die Tür auf und schrie rein: »Na, ihr Schweine!« »Liebe machen« nannten sie das. Mir war nur klar, dass ich damit nichts zu tun hatte. Vorher hatte ich einen Draht zu Mama, ich schlief bei ihr, und sie kraulte mir den Nacken. Jetzt hatte sie nur noch für Zappel Zärtlichkeit übrig; seit er da war, hatte ich gefühlsmäßig die Arschkarte gezogen. Sie versuchte die Sache aufzulockern, und holte mich einmal nach dem Fick in ihr Zimmer, Zappel lag nackt da. Mama meinte: »Hier, guck mal, fass mal an, oder schämst du dich?«, und zeigte dabei auf Zappels Schwanz, der schlaff an ihm herunterhing. Ich berührte mit meinem Zeigefinger die Haut und zog ihn gleich wieder zurück – so, als ob es mich ekelte, dabei war es mir nur tierisch unangenehm. Sie bestellten sich einen Vibrator; ich kam gerade ins Zimmer, als sie ihn auspackte, und fragte, was das sei. Sie hielt ihn mir eingeschaltet an den Schritt und lachte albern. Ich war schockiert über das Feeling und das plötzliche Wissen: Mit meiner Ritze kann ich viel mehr machen als nur zu pissen.

Zappel arbeitete kurzzeitig bei Meffert. Er erzählte mir, dass einige seiner Kumpel früher Popel in die Rumkugeln geschmiert hatten, daraufhin nahm ich erst mal Abstand von Rumkugeln. Nebenan wohnten Wolfgang und Angela. Er war Musiker bei der Gruppe Desirée und nahm Zappel öfter mit Songs hoch, die er auf ihn gedichtet hatte, z. B.: »Der Zappel ist wieder gut drauf, denn er hat viel Stoff im Haus!« Wolfgang war es auch, der ihm den Spitznamen Zappel gegeben hatte, weil er auf Captagon immer voll zappelig war. Wenn Wolfgang da war, riss Zappel sich zusammen. Ich war manchmal bei ihnen, sie bekamen ja jeden Krach brühwarm mit, waren sozusagen Verbündete. Ich mochte sie sehr und fühlte mich wohl bei ihnen. Wenn Mama und Zappel abends drüben waren und Karten spielten, gab es regelmäßig Krach, denn sobald Mama gewann, flippte Zappel aus – natürlich erst, wenn sie zu Hause waren. Es war so banal, dass Mama mit einem blauen Auge rumlief, nur weil sie bessere Karten gehabt hatte.

Es artet aus

August 1980, ich war in Neu-Laatzen auf der Zirkuswiese. Ein Taxi hielt, und Zappel stieg aus. Mich durchfuhr ein merkwürdiges Gefühl, und ich bekam dieses nervöse Kribbeln über meinem Hintern – das Gefühl der düsteren Vorahnung! Zappel meinte, ich solle mit nach Hause kommen. Die schlimmsten Dinge fielen mir ein; ich versuchte meine Angst auf Opa abzuwälzen, vielleicht war ihm etwas passiert, er war gestorben oder irre geworden. An Mama wollte ich gar nicht denken ... Zappel sagte kein Wort. Wenn Mama tot wäre, dann würde man es ihm doch bestimmt anmerken? Zu Hause sagte Zappel dann, dass Mama im Knast sei. Ich schrieb ihr sofort einen Brief, in dem ich meine Tränen umrandete. Ich fühlte mich dieser Erwachsenenmaschinerie machtlos gegenüber – und auch zu klein, um mit Zappel allein zu sein. Nicht dass ich Angst vor ihm gehabt hätte, mich hat er nie geschlagen.

Nach einer Nacht, die ich im Dämmerzustand verbracht hatte, besuchten wir sie in der Schulenburger Landstraße. Ich war total traurig, und in drei Tagen war mein neunter Geburtstag. Was sie gemacht hatte? Sic arbeitete in Neu-Laatzen, im Getränkemarkt, direkt bei meiner späteren Horror-Schule. Sie war so dämlich gewesen, den Markt ausräumen zu lassen, und weil sie

als Einzige einen Schlüssel hatte, ist man sofort auf sie gekommen. Bei der Razzia wurden Zigaretten und Spirituosen im Wert von 4.354 Mark gefunden.
An meinem Geburtstag kam sie nach Hause, aber sie beachtete mich kaum und verschwand sofort in ihrem Zimmer. Meinen Geburtstag schien sie ganz vergessen zu haben.
Am 3. September kam ein Brief von der Hausverwaltung. Man forderte Opa auf, dafür zu sorgen, dass wir aus der Wohnung, in der wir uns nur besuchsweise aufhielten, auszögen. Ich hatte immer gedacht, wir wohnten da ganz selbstverständlich. Ein paar Tage später wandten sie sich direkt an Mama und Zappel, sie sollten die Wohnung bis zum Ende des Monats räumen.

Der Tag ließ eigentlich keinen Ärger erwarten. Es war Opas 61. Geburtstag, Romana war da. Zappel wollte abends weggehen, das hieß, wir würden unsere Ruhe haben. Gegen sieben Uhr fuhr Zappel los, um sich mit einem Klaus am Bahnhof zu treffen. Kurze Zeit später klingelte es an der Tür – es war Klaus! Mama ging mit ihm in ihr Zimmer, wir sollten sie mal ein bisschen in Ruhe lassen. Sie hatte glänzende Augen und war ausnehmend gut drauf. Opa ging pennen, Romana und ich machten das Sofa schlaffertig. Zappel rief an und fragte, ob Klaus sich gemeldet habe. Mama sagte nein, obwohl er neben ihr saß. Dann rief Zappel noch einmal an, tat so, als sei er noch am Bahnhof, dabei war er nebenan bei Wolfgang. Mama log ihn wieder an, und keine zwei Minuten später knallte es an unserer Haustür. Zappel trat die Tür ein! Romana und ich schrien wie die Bekloppten, als Klaus an uns vorbeilief, die Balkontür aufriss und runtersprang. Ich flüchtete zu Opa ins Zimmer unter den Schreibtisch und zog den Stuhl vor mich – das war mein Lieblingsplatz, wenn ich Angst hatte. Von drüben drangen Mamas Schreie rüber. Romana kam immer zu mir gelaufen und berichtete, was gerade passierte: »Klaus ist mit ’ner Zaunlatte

wiedergekommen!« – »Zappel haut ihm gerade deine Gitarre um die Ohren!« Zwischendrin schrie Mama, Balkon- und Wohnungstür standen offen. Romana schien das alles überhaupt nichts auszumachen, sie war regelrecht entzückt! Mir liefen wieder die nervösen Angstwellen den Rücken hoch.
Irgendwann wurde es still in der Wohnung, und ich traute mich aus meinem Versteck. Opa hatte die ganze Zeit im Sessel gesessen und sich die Stirn gehalten. Er konnte das alles nicht fassen, auf seine alten Tage. Plötzlich rannte Mama schreiend zu uns ins Wohnzimmer, Zappel hinterher – mit einem Messer! Er stand vor ihr, ergriff ihren Arm und ritzte einfach drauflos! Es blutete, sie schrie, und ich – wir alle – waren sprachlos. Vielleicht bemerkten sie unseren Schock, oder ihnen wurde bewusst, welchen Anblick sie boten; sie gingen in ihr Zimmer und gaben endlich Ruhe.
Zappel hatte, bevor er die Tür eintrat, auf dem Laubengang unter dem Fenster gelauscht, und wer weiß, was Mama und Klaus sich zu diesem Zeitpunkt um die Ohren säuselten. Keine Ahnung, was Mama mit Klaus vorhatte, vielleicht wollte sie mit ihm ins Bett, aber dann doch nicht zu Hause – oder?! Klaus hatte vielleicht Mamas braunes Zimmer gefallen, denn später erfuhren wir, dass er zu den Neonazis gehörte und den Hauptbahnhof von Hannover mit zwei Koffern Dynamit in die Luft jagen wollte.
Zappel riss sich überhaupt nicht mehr zusammen. Er hatte schon so oft das Gesicht verloren, dass es ihm nichts mehr ausmachte, den Wüterich zu spielen. Er war jähzornig, unberechenbar und hinterhältig – und er warf gern mit Gegenständen nach Mama oder schlug sie damit. Ich verfluchte jeden Messingkerzenständer, von denen wir einige hatten, weil sie immer durch die Möbelhäuser strich und die Accessoires mitgehen ließ. Dann fing sie damit an, bei Versandhäusern zu bestellen – wir sollten uns alle Sachen aus den verschiedenen Katalogen aussuchen –, sie bezahlte erst nur einen Teil, und Opa kam für den

Rest auf, bis sie zu unverschämt wurde und gar nichts mehr bezahlte. Das ging über Jahre so.
An Weihnachten 1980 erinnere ich mich nicht richtig, vielleicht habe ich da meinen Schminkkopf bekommen, den ich kurze Zeit später verschandelt hatte. Es gab bestimmt wieder Streit bei uns. Bei jedem Krach saß ich nervös im Wohnzimmer und lauschte nach drüben, ich wollte mitbekommen, wenn er Mama was antat. In den ersten Monaten hörten sie noch auf zu streiten, wenn ich ins Zimmer kam und sie irgendwas Blödes fragte. Später kümmerten sie sich überhaupt nicht mehr darum, was um sie herum vorging. Zwei Mal ist Zappel auch mir gegenüber aggressiv geworden; das eine Mal schnippte er seine brennende Kippe nach mir.
Mama ist ein einziges Mal mir gegenüber ausgerastet. Es war abends, und sie stritten sich, Mama stand im Türrahmen. Ich wollte, dass sie aufhören, und sagte irgendwas zu ihr. Da schlug sie plötzlich auf mich ein. Völlig perplex rannte ich zurück ins Wohnzimmer. Opa tröstete mich unbeholfen. Mama rief mich irgendwann zu sich und entschuldigte sich, sie käme im Moment überhaupt nicht mehr klar, und so was würde nie wieder vorkommen.

Als ich einmal über mich selbst hinauswuchs

Mama arbeitete 1981 in den Bermuda-Thermen, einer Fitness-Anlage mit Sauna, Whirlpool, Solarium und dem ganzen Kram. Sie arbeitete schon morgens, also mal wieder ein Grund, gepflegt die Schule zu schwänzen. Ich war gern dort. Alle waren nackt, also lief ich auch nackt durch die Bäder, kurz in die Sauna rein – zu heiß, ab in den Whirlpool, wieder nach oben zu Mama, mir was zu essen holen und Comics lesen. Eines Tages, als ich mich gerade ausziehen wollte, meinte Mama, ich solle mir in Zukunft was anziehen, die alten Säcke guckten schon! Mir waren die alten Säcke mit ihren kleinen Schniedeln und den fetten Hängebäuchen auch aufgefallen. Aber ich beachtete sie gar nicht, denn immerhin arbeitete meine Mama hier, und das hieß für mich Narrenfreiheit. Als ob ich etwas dafür konnte, dass die Säcke einen Steifen kriegten, wenn sie mich Göre nackt sahen. Ich ekelte mich plötzlich vor allen, die mich ansahen, und hing nur noch oben bei Mama in der Nähe der Theke rum und las.

Zappel war natürlich total eifersüchtig. Erstens: wo der Job war – nämlich da, wo alle nackt durch die Gegend laufen. Zweitens: dass sie überhaupt einen hatte! Und vor allem: sie könnte ja fremdgehen! Also neue Gründe für neue Streitereien.

Es gab einen einschneidenden Tag in meinem Leben – der Tag, an dem ich meine Angst vor Zappel, dem Tod und vor allem verlor, zumindest für kurze Zeit. Die Nacht über hatte es jede Menge Streit wegen des Bermuda gegeben. Zappel verbot ihr, da weiterzuarbeiten. Irgendwann, nachdem er genug gezetert und gewütet hatte, ging er in die Nacht hinaus. Mama weckte mich im Morgengrauen: Ich sollte sie begleiten, weil sie Angst hatte, alleine zur Arbeit zu gehen. Also schwänzte ich mal wieder die Schule und schlich mit Mama aus der Wohnung. Da kam Zappel des Weges, er kannte ja ihre Arbeitszeiten und wollte kontrollieren, ob sie auch schön brav zu Hause blieb. In wilder Panik griff Mama meine Hand und zog mich in den Keller. Zappel hinterher. Wir rannten im Keller ganz nach hinten, was mir völlig unverständlich war, hier kamen wir doch nie mehr raus! Niemand würde es mitbekommen, wenn er uns jetzt kaltmachte. Zappel schloss die Kellertür und kam mit einem fiesen Grinsen langsam auf uns zu. Ich stand vor Mama, die ihn zitternd anflehte und ihre Hände in meine Schultern krallte. Jetzt würde ich auch was aufs Maul kriegen, wenn er sie packte und sie mich weiter festhielt. In mir wuchs eine Wut auf Zappel, der unser Leben zur Hölle gemacht hatte. Ich stand vor Mama und sah diesen plötzlich lächerlich wirkenden Typen auf uns zukommen, die Wut killte meine Angst, in mir riss ein Fa-

den, und ich schrie Zappel so hysterisch an, dass Mamas Flehen nicht mehr zu hören war: »*Los, komm her und mach uns doch endlich fertig! Ich hab sowieso keinen Bock mehr! Immer schlägst du meine Mama! Ich halte es nicht mehr aus! Los, mach doch endlich! Mach uns endlich kalt! Das ist doch alles, was du willst!*«
Zappel blieb stehen, als ob er aus einer Art Trance gerissen worden wäre, sah mich staunend an, drehte sich um – und ging weg! Mama und ich waren auch verblüfft, dass nicht mehr passiert war. Wir gingen ins Bermuda, und ich bekam den ganzen Tag kein Wort mehr raus, so heiser war ich.

Wenn Zappel Cappis hatte – oder die entgegengesetzten Versionen der Barbituratforschung –, war er recht umgänglich. Manchmal setzte er mir abends Kopfhörer auf, scharwenzelte dann immer um mich rum und fragte mit weißlichem Pillenstaub auf den Lippen: »Und, Minna? Der Sound geht doch! Ne, Minna? Hört sich gut an, oder?« Das fragte er die ganze Zeit, zwischendurch nahm er mir den Kopfhörer ab, um zu hören, ob der Sound auch *wirklich* gut war. Dazu tigerte er wirren Blickes durch das kleine Zimmer. Ich saß im Schneidersitz auf dem Bettsofa, mit dröhnendem Kopfhörer auf, und konnte nicht in Ruhe Musik hören, weil Zappel ständig irgendwas fragte oder erzählen wollte. Aber lustig fand ich ihn dann schon, weil er ziemlich nett rüberkam – klar, er hatte ja sein Lebenselixier intus! Aber das war mir egal, Hauptsache, er war nicht am Abdrehen! Er kam mir sogar aufs Klo hinterher und laberte mich voll. Ich saß nur da und sah ihn erstaunt an, wie er im Türrahmen stand und vor sich hin schwadronierte. Er fing mit dem ersten Thema an, um direkt, ohne zu Ende erzählt zu haben, zum zweiten überzugehen, und plötzlich kam noch ein drittes oder viertes dazu! Dabei erzählte er nach und nach die erste und zweite Geschichte zu Ende … Was er so erzählt hat? Mit Musik fing es meistens an, dann ging er über zu dem besseren Leben, das wir bald führen würden, dass wir bald umzögen und er

dann auch keine Tabletten mehr nähme, nebenbei erzählte er irgendwas von irgendwelchen Leuten, die er kannte, usw.
Die anderen fanden ihn auch lustig, wenn er so drauf war – das war ja die Scheiße! Er war so schizophren, dass die meisten gar nicht schnallten, was für ein Psychoterror bei uns abging. Einmal schmiss er seine Stereoanlage vom Laubengang. Er holte sie irgendwann wieder hoch, und siehe da: alles funktionierte noch. Kurze Zeit später flog sie ein zweites Mal über die Brüstung – da war sie dann auch hin.
Eines Abends, als ich ins Bad kam, saß ein Typ auf dem Klodeckel und wollte sich gerade einen Druck machen – mir war klar, was er da tat. Er grinste verlegen und meinte, er sei gleich fertig. Als einige Zeit nichts passierte, ging ich gucken: Der Typ hing wie ein nasser Sack auf dem Klodeckel und war weggenickt. Genervt ging ich zu Mama und Zappel: »Euer Kumpel ist auf dem Klo eingepennt, könnt ihr ihn mal aufwecken? Ich muss mal!« Mit Panik in den Augen sprangen sie auf und rannten ins Bad. Sie schüttelten ihn, er röchelte vor sich hin, also lebte er noch. (Ich röchle, also bin ich.) Erleichtert brachten sie ihn in ihr Zimmer, und ich ging endlich pinkeln.
Einmal stritten Mama und Zappel sich vor dem Haus von Papa, es war frühmorgens, die Geschäfte hatten noch zu. Er beschimpfte sie, und sie provozierte ihn, plötzlich schmiss Zappel Mama jede Menge Kleingeld um die Ohren – es flog nur so durch die Gegend! Da ich wusste, wie wenig Geld wir hatten, sammelte ich alles wieder auf. Mama schrie mich an, dass ich das Scheißgeld liegen lassen solle. Ich schmiss es zurück auf die Straße – und warf noch einen scheuen Blick zurück: Es funkelte in der ersten Morgensonne …
Mama wurde im Bermuda gekündigt, weil wieder Klauerei im Spiel war. Sie lief auch öfter mit einem blauen Auge rum, das war nicht sehr präsentabel.
Wenn die Nachbarn die Bullen gerufen hatten, meinten die immer nur: »Ach, Sie sind verheiratet? Tja, da können wir nichts

machen. Tut uns Leid, schönen Abend noch!« Und weg waren sie. Egal, wie lädiert Mama da rumlag. Ich kriegte zu viel, wenn ich hörte, wie er sie hinter verschlossener Tür verprügelte; sie schrie ja auch ohne Ende, auch nach mir. Und er haute nur drauf, der Hänfling!

Eines Nachts rannte Mama allein aus der Wohnung. Sie hatte mir nicht Bescheid gesagt und sie nahm mich nicht mit! Zappel ging auf den Balkon und meinte, dass Mama sich vor die Bahn schmeißen wolle. In wilder Angst lief ich zum Fenster: Sie spazierte auf den Schienen entlang! Ich hastete auf den Balkon und rief: »Mama! Was ist denn los?« Sie reagierte nicht. Zappel ging raus, redete mit ihr und kam mit ihr im Arm wieder. Erst mal war alles wieder gut, aber es war eindeutig ein Hilferuf von Mama.

Ein anderes Mal, als Zappel sie schlug, lief ich zur Gaststätte Mittelpunkt. Schweißgebadet kam ich in die dunkle Kneipe und rief: »Kann ich mal telefonieren? Mein Stiefvater bringt gerade meine Mutter um!« Sie glotzten mich doof und belustigt an. Ich wollte meine Bitte wiederholen, vielleicht hatten sie mich nicht verstanden, aber da wurde mir bewusst, dass mir keiner von diesen Scheißern helfen würde. Mit Tränen in den Augen rannte ich raus. Zu Hause schlich ich erst mal auf dem Laubengang rum, aber die Wogen hatten sich schon wieder geglättet. Ich war ständig auf der Hut, um Mama davor zu bewahren, von Zappel ermordet zu werden. Ich hatte fast nichts anderes mehr im Kopf. Deshalb sagte ich auch der Jugendamt-Tussi, die eines Tages vorbeikam, dass ich auf keinen Fall in ein Heim kommen, sondern zu Hause bleiben wollte. Sie ging unverrichteter Dinge.

Romana, Mama, Zappel und ich waren im Realkauf gewesen, wir hatten den ganzen Wagen voll, inklusive Zappels neuer Hitsingle »Der Kommissar« von Falco. Zu Hause stellten wir fest, dass die Single fehlte, auf dem Bon war sie aber verzeichnet!

Zappel flippte voll aus. Romana und ich gingen mit dem Bon noch mal zu Realkauf. Wir griffen uns die Single, und irgendwie klappte die Tour an der Kasse. Erleichtert gingen wir nach Hause. Zappel war happy und hörte nur noch diesen dämlichen »Kommissar«, im Wechsel mit dem »Goldenen Reiter« von Joachim Witt. Zum Glück hörte er auch Bowie und anderes aus dem Bereich der klassischen Drogenmusik; wenn Bob Marley lief, war er meist besonders gut drauf.

Wo Zappel Barbara, die Schwester eines bekannten Hannoveraner Rockstars, kennen gelernt hatte, weiß ich nicht. Sie war eines Tages bei uns und nahm unsere Arsch- und Beinmaße, um uns Lederhosen zu nähen, und bald liefen Mama, Zappel und ich mit Nappalederhosen rum. Meine war aus dickem schwarzen Leder, und ich fühlte mich wie eine Wurst! In der Schule guckten sie auch nur doof, wenn ich mit meiner wurstigen Hose und einem weißen T-Shirt mit Stones-Zunge ankam.

Ein Zettel von Mama, den ich in dieser Zeit fand: »Ein Stück Papier – ein goldener Ring – die Ehe ist gültig. Zum Kotzen ist mir – ein Kind hatte ich schon, dazu kam noch eins – in Form meines Mannes. Zum Kotzen ist mir – er war mal ein Fixer, so glaubte ich es – er kommt niemals vom Heroin weg. Er lügt mich an, er bescheißt mich ums Geld – ich bin jetzt ganz unten, denn mein Mann ist der letzte Dreck. Die Ehe ist gültig – doch lange nicht mehr. Mein Mann ist ein Fixer – ich komm auch bald drauf. Ich muss von ihm weg, sonst geh ich kaputt. Die Ehe war gültig – zum Jubeln ist mir!« Tja, hätte Mama damals ihrer Intuition vertraut, wäre ihr einiges erspart geblieben.

Die letzte Zeit in der Hildesheimer Straße

Am 23. September 1981 bekam mein Opa wieder einen Brief von der Hausverwaltung: »Es ist Ihnen bekannt, dass Sie ohne unser Einverständnis Ihre Tochter, Schwiegersohn und Enkelkind aufgenommen haben. Es liegen uns mehrfach Beschwerden gegen Sie vor, dass aus Ihrer Wohnung ständig Lärm dringt, Schlägereien ausgetragen und Zerstörungen an Türen und Fenstern vorgenommen werden. Dies können wir auf keinen Fall dulden, und es ist den Mitbewohnern nicht zuzumuten, dieses weiterhin zu ertragen. Wir haben Sie daher aufzufordern, dass Ihr Besuch sich um eine Wohnung bemüht. Wir setzen uns hierfür eine Frist bis zum 31.10.81. Sollte dieser Termin nicht eingehalten werden, betrachten Sie dieses Schreiben als fristlose Kündigung.«

Das letzte Schreiben dieser Art war ein Jahr vorher eingetroffen; mir ist bis heute schleierhaft, warum wir überhaupt noch dort waren. Neben uns wohnte eine alte Frau, die die besten Lebkuchen machte, die ich je gegessen habe, bei ihr roch es immer danach. Eines Tages guckte ich aus der Tür, um zu sehen, wer da so einen Krach machte – denn wenn hier einer Krach machte, dann war das Zappel! Da sah ich, wie ein Eisensarg aus ihrer Wohnung getragen wurde. Mich beschlich ein komisches Gefühl. Wann hatte ich die alte Frau zum letzten Mal besucht? Nur wenn es Lebkuchen gab?

Unsere kleine Küche war irgendwann so verdreckt, dass wir auf dem Fußboden saßen und dort den Kuchen aßen, den Romana mitgebracht hatte. Wir waren guter Dinge und alberten rum. Plötzlich öffnete sich die Tür, und Mama kam im Morgenrock rein. Es war nachmittags, und sie kriegte mal wieder die Klüsen kaum auf. Natürlich latschte sie direkt in den Kuchen. Sie war genervt, wir lachten. Dabei wussten Romana und ich, dass wir wieder die Doofen sein würden, die den ganzen Scheiß wegmachen mussten. Das war immer voll die Action: Die Becken waren voll mit ekligem, versifftem Geschirr, daneben stand noch eine Wanne mit stinkigen, schon länger nicht mehr beachteten Tellern, Tassen und Töpfen – woher hatten wir das ganze Zeug? Zappel sagte mal zu mir: »Hier, probier mal, das ist Tomatensaft.« Er hielt mir eine Tabasco-Flasche hin. Ich setzte sie an und nahm einen Schluck. Tränen schossen mir in die Augen, und mir blieb die Luft weg. Er lachte sich tot, er hatte es mal wieder geschafft! Ein anderes Mal nahm er mir meinen geliebten Stinky weg, ein Stinktier aus Stoff – ich hatte es immer bei mir, Romana hatte es mir geklaut –, und drückte die Kunstledernase auf die heiße Herdplatte. Es zischte, und er lachte dreckig.

Manchmal bekamen wir Besuch von superschicken Frauen, die gleich in Mamas Zimmer verschwanden und kurz darauf wieder gingen. Meine Ma erzählte mir, dass sie auf den Strich gingen, deshalb kauften sie sich Cappis. Einmal erzählte ein Kumpel von Zappel, wie ein anderer Kumpel mit seinem Hund »geschlafen« hätte – meine Phantasie drehte durch! Ein Besuch von uns wurde mit dem Krankenwagen abgeholt: ein kleiner Perser mit leuchtenden schwarzen Augen. Er hatte sich einen Druck gesetzt, die Nadel war abgebrochen und soll durch seine Vene weitergewandert sein. Ich glaube, er war hinüber.
Eines Abends kam Zappel zitternd und bibbernd nach Hause. Mama war gerade bei einer Freundin. Er bat mich, ihm mal zu helfen: »Du hast ja Christiane F. gelesen, weißt ja Bescheid, ne?« Er hatte sich einen »Shake« gedrückt, nun musste richtiges Zeug hinterher. Er gab mir Anweisungen, wie ich die Shore aufkochen musste. Zuerst sollte ich die Kerze anzünden, er zitterte zu stark. Er reichte mir ein Fitzelchen Watte, den Filter. Ich zog Wasser in die Spritze, füllte den Löffel mit der richtigen Menge Pulver, ein Spritzer Zitrone, und fertig! Meine Hand hielt den Löffel ganz still über der Kerze, ich war irgendwie stolz, ihm helfen zu können. Als es aufkochte, zog ich die braune, seltsam riechende Flüssigkeit durch den Filter in die Spritze. Er war zufrieden und nahm sie mir zitternd aus der Hand, klopfte die Luft raus. Der Arm war abgebunden, die Venen traten heraus, und die Nadel flatterte vorbei … Ich half ihm, aber abgedrückt hat er irgendwie alleine. Sein Zittern wurde schwächer, bis er dann ganz ruhig war. Ich tupfte ihm einen kleinen Blutfleck von der

Einstichstelle und ließ ihn alleine. Benebelt bedankte er sich und sackte langsam in sich zusammen. Uns war klar, dass Mama es nicht erfahren durfte.
Einmal habe ich ihnen einen Jointstummel geklaut. Es war morgens, und die Aschenbecher waren noch voll. Ich war sauer auf die beiden, weil sie total hektisch abgehauen waren, wahrscheinlich zu irgendeinem Arzt, der bald zumachte. Ich kramte den Aschenbecher durch und fand tatsächlich noch ein gutes Stück Joint, ein Feuerzeug war auch nicht weit. Opa war im anderen Zimmer. Er kriegte von mir gar nichts mit; wusste er überhaupt, dass ich existierte? Ich ging in die Küche, dort konnte der Rauch am besten abziehen, und zündete den Stummel an, wie ich es schon oft gesehen hatte. Unbeholfen, aber zielstrebig zog ich an dem Joint, und eine Welle aus dickem, beißendem Qualm drang in meine Kehle und wollte mich ersticken! Hustend versteckte ich das Teil wieder im Aschenbecher. Ich hatte erst mal keine Fragen mehr.
Ich hatte von Papa einen Wohnungsschlüssel bekommen. Ich ging oft in sein Apartment, wenn er bei der Arbeit war, und guckte mir Videos an. Das erste Video, das er mir zeigte, war »Man-eater«. Bei einer Szene musste ich erst immer weggucken: als das blinde Mädchen schreiend vor dem Menschenfresser flüchtet und aufs Dach rennt. Plötzlich knallt es, und Glas fliegt umher: Er ist auf dem Dach und greift durch die Luke nach ihren Haaren. Er zieht sie daran hoch, sie kreischt ohne Ende, und das Blut läuft ihr in Strömen übers Gesicht, als er ihr den Skalp abreißt! Das zweite Video, das ich mir mit ihm anguckte, war »Die Geisterstadt der Zombies«. Ich gruselte mich die ganze Zeit und musste beim ersten Mal auch öfter wegschauen. Danach zeigte er mir »Die Gesichter des Todes« – reale Aufnahmen von im Tode verzerrten Gesichtern, z.B. von einem Menschen auf dem elektrischen Stuhl, dem die Augen rausquellen.
Manchmal nahm ich meine Klassenkameraden mit. Sie fanden die Bude von Papa toll, die kleinen Spießer. Wir holten uns

Chips und Cola, machten es uns bequem und sahen die härtesten Gruselschocker, als Drittklässler. Wenn Papa früher von der Arbeit kam, meinte er immer: »Na, seht ihr euch schon wieder heimlich die Pornos an?« Ich wusste, dass er Spaß machte, und meine Klassenkameraden fanden Papa sympathisch.

Mama wird schwanger

Im September 1981 wurde Mama schwanger von Zappel. Sie dachte erst, dass es nur eins wird, bis der Arzt sah, dass hinter dem einen Baby noch ein anderes liegt. Am Anfang der Schwangerschaft nahm sie weiterhin Tabletten, richtig mitbekommen habe ich es nicht; Mama auf Pillen war schon Normalzustand für mich. Nicht, dass sie total stoned in der Ecke gelegen hätte, sie brauchte die Pillen, um den Alltag zu überstehen.
Eines Nachts hörte ich, wie Mama von Zappel im Flur zusammengetreten wurde. Er schrie sie an: »Du schauspielerst doch nur mit deinen Schmerzen! Ich gönne dir, dass da ein Krüppel rauskommt!«
Zu dieser Zeit kann ich Mama selbst zu Wort kommen lassen, denn es gibt ein Tagebuchheft von ihr, die Anfangsseiten sind herausgerissen. Auf der ersten erhaltenen Seite steht: »Tatsachen aus meinem ›Eheleben‹! Seit dem 20. Juli '79 bin ich mit einem Fixer verheiratet. Heute, nach fast zweieinhalb Jahren, bin ich fertig, ich hoffe, dass ich genug Kraft habe, um diese Scheißehe zu beenden.«
»Freitag, 30.10.81. Zappel breit. Zappel war bis zwei Uhr bei Addi, natürlich breit. Als er kam, gab es Streit, er hat mir viel Mist an den Kopf geworfen. Ich bin dann ins Bad und hab erst mal geweint. Zappel hat mich mit dem Spruch total fertig gemacht. So, wie es zur Zeit ist, will ich die Ehe nicht mehr weiterführen. Ich verstehe gar nichts mehr.
Samstag, 31.10.81. Zappel war breit. Zappel ist ca. um zehn Uhr nach Barsinghausen gefahren, mit Olli [ein Freund von Zappel]

und Kersten [Zappels Bruder] will er beim Addi Video aufnehmen. Zwischendurch war er kurz da, wollte auch noch rüber, hatte aber kein Bock mehr, weil die sowieso schon alle breit waren. Gegen 23 Uhr hab ich Zappel den Schlüssel abgenommen, er wollte auch bei Addi schlafen. Gegen 1.30 Uhr kam er mit Olli, er klopfte am Fenster und bettelte, dass er rein darf. Nach ca. fünf Minuten hat er die Tür aufgetreten. Ich bekam mal wieder einen Arsch voll, es ging alles schnell, mir tat es echt weh, überhaupt der Kopf. Zappel ist dann rausgelaufen. Ich habe bei Addi angerufen, er kam dann mit Kersten und dessen Freundin.«

Ich denke nicht gerne an diese Zeit. Ständig war ich auf der Lauer, die Streitereien und Zappels Gewaltausbrüche zerstörten alles. Ich war froh, wenn ich woanders schlafen konnte, bei meinen noch vorhandenen Freundinnen oder bei Papas Freundin. Ich beschäftigte mich mit Dingen, die mich einsam machten, denn ich wusste, dass es nicht viele Kinder gab, die mit neun Christiane F. lasen. Mamas Tagebuchheft beschreibt die Atmosphäre bei uns:

»Sonntag, 1.11.81. Zappel kam gegen neun Uhr nach Hause, heute hatte er keine Tabletten.

Montag, 2.11. Zappel hatte heute auch keinen Stoff.

Dienstag, 3.11. Zappel ist breit!

Mittwoch, 4.11. Zappel ist breit!

Donnerstag, 5.11. Zappel ist breit! Nachts um ca. zwei Uhr zu Hause.

Freitag, 6.11. Zappel ist breit! Ich hasse ihn. Ich lasse mich scheiden.

Dienstag, 10.11. Heute war Zappel bei Dr. M., Privatrezept bekam er auch, vom letzten Geld holte er Captagon. Ich wollte mir kein Geld mehr leihen. Zappel wurde richtig doof zu mir, er hielt mir wieder vor, dass er das Geld reinbringt, er schubste mich auch und bekam schon wieder seine Zerstörungswut. Er beschimpfte mich als Schlampe, Nutte und Ausbeuterin. Seine

Verwandtschaft zog er auch mit rein; ich würde da nur hingehen, wenn ich abstauben kann, usw. Die ganzen Gemeinheiten, die er mir so an den Kopf schmeißt, sagt er ja nur aus Wut und weil er nicht weiter weiß. Aber soll ich das ewig entschuldigen? Ich bin nah dran, mich von ihm zu trennen, es hat keinen Sinn mehr, hoffentlich hab ich bald mal die Kraft dazu. Was kann er mir geben? Geborgenheit? Liebe?! Nichts davon kann er geben, leere Versprechungen, die kann er machen. Ich werde mit Minna und den Babys auch allein klarkommen. Vor Zappel hab ich eigentlich nur Angst, und dann tut er mir Leid. Das ganze Gift macht ihn kaputt. Nimmt er nichts, liegt er nur im Bett und mosert, hat er Tabletten, ist er nur auf Achse. Seitdem ich mit Zappel zusammen bin, lasse ich mich total gehen. Der Haushalt interessiert mich nicht mehr, ich hab einfach keine Lust mehr, was zu machen. In der Beziehung bin ich echt eine Schlampe geworden. Es liegt bestimmt auch daran, dass ich die ganzen Tabletten genommen habe. Ich muß da echt durch. Ich brauche zwar keine Tabletten mehr, aber ich muss wieder lernen, dass es außer Rumhängen auch noch andere Sachen gibt, die man machen kann. Wenn ich aber ewig Zappel neben mir habe, klappt das nicht. Mein ganzes Selbstvertrauen ist hin, durch den ganzen Kram, den ich genommen hab, durch die Ehe und durch die Abhängigkeit von meinem Vater. Früher, als ich mit Addi zusammen war, hatte ich auch kein Selbstvertrauen. Als ich allein gelebt habe, musste ich viele Hemmungen abbauen, aber nach sechs Monaten hatte ich es geschafft. Aber heute sieht alles noch schlimmer aus. Hatte mir von meinem Vater heute 40 DM und von Ada 20 DM geliehen. 30 DM hatte ich heute morgen noch. 36 DM gingen nur für Tabletten drauf, dann noch für Zappel Bier und Kippen, das macht ca. 48 DM. Wie soll es nur weitergehen? Für 48 DM bekommt man echt schon viel. Zappel ist heute wieder gut drauf, er verspricht eine ganze Menge. Er will ab morgen keine Tabletten mehr nehmen, ich glaube es zwar nicht, es ist auch langsam sein Problem. Von mir aus soll er die doppelte Menge schlucken, ich seh mir das höchstens noch ein paar Tage mit an. Silvana braucht unbedingt neue Handschuhe und Strumpfhosen, Zappel selber muss auch ein paar Winterklamotten haben. Aber woher soll ich das Geld nehmen??? Ich hoffe nur, dass ich den Absprung schaffe, schon wegen Minna und den Babys, ich muss mir immer vor Augen halten, für wen; dann schaff ich es bestimmt. Zappel war so gegen 1.45 Uhr da.

Mittwoch, 11.11. Zappel ist breit!!! Gegen zwei Uhr kam er nach Haus, haben über Darla und Romana geredet, er hat die gleiche Einstellung wie Darla.

Donnerstag, 12.11. Zappel ist breit, jeden Tag verspricht er, dass er keine mehr nimmt. Mir tut nur das Geld Leid. Letzte Nacht hab ich nur ca. eine Stunde geschlafen, ich hatte Magenschmerzen. Am Tag kam ich auch nicht mehr zum Schlafen. Romana und Darla wurden mit Polizei aus der Wohnung geholt. Um 14.30 Uhr holte mich Herr S. vom Jugendamt ab, habe Romana mit nach Hildesheim gebracht. Hoffentlich hält sie etwas durch, vielleicht kann sie nächstes Jahr zu mir? Darla will morgen zum Entzug (Therapie, acht Monate). Wenn sie nicht freiwillig geht, wird sie zwangseingewiesen und eventuell entmündigt. Irgendwo ist alles Scheiße. Ich hoffe, dass sie freiwillig hingeht und dass die Therapie echt was bringt. Sie ist doch auch erst 29 Jahre alt. Ich frage mich echt, warum alles so blöd ist. Warum hab ich keine Geschwister, zu denen ich mal gehen kann, wenn ich Probleme hab? Warum hab ich nicht einen Mann, der für uns sorgt und bei dem ich mich geborgen fühlen kann? Minna ist die Einzige, die mich tröstet und in den Arm nimmt, sie ist auch mein einziger Halt.«

Die nächste Eintragung findet sich erst wieder am 18. März 1982: »Hänge total in der Scheiße: Kommen die Babys ›normal‹ zur Welt?«

Als Romana in Hildesheim war, besuchten Mama und ich sie. Es war eine Klapse für Jugendliche – alles war künstlich bunt gehalten, was aber die Sterilität nicht verbergen konnte. Romana war ganz komisch, überhaupt nicht mehr meine große starke Cousine! Sie war so ›labberig‹ und niedergeschlagen, vielleicht bekam sie Beruhigungsmittel. Wir nahmen sie die ganze Zeit in den Arm und sagten ihr, dass wir sie bald zu uns holen würden. Ich war traurig, dass wir sie nicht gleich mitnehmen konnten; sie fehlte mir.

Die Wohnungsklage lief, aber Mama und Zappel kümmerten sich nicht darum, zum Gerichtstermin am 25. Februar gingen sie gar nicht erst hin. Dafür fanden sie eine neue Wohnung, in Rethen am Galgenberg! Der Ortsname passte, fand ich. Die Wohnung musste tapeziert werden. Ein paar neue Bekannte halfen mit. Zappel wurde eifersüchtig auf Anton, einen schwarzhaarigen Typen mit lustigen braunen Augen. Ich mochte ihn, und manchmal stellte ich mir vor, er sei mein Stiefvater. Bei Mama und ihm ist aber nichts gelaufen, sie war ja auch hochschwanger. Eines Nachts wachte ich davon auf, dass Zappel durchs Wohnzimmer schlich. Mama war mit Anton in die neue Wohnung gefahren, um noch ein paar Dinge zu regeln. Zappel hielt ein großes Messer hinter seinem Rücken, er stellte sich ans Fenster und starrte in die Nacht. Ich tat so, als ob ich aufwachte, und verwickelte ihn in ein Gespräch. Er meinte, das Messer hätte nichts zu bedeuten. Als Mama dann kam, gab es auch keinen Stress. Vielleicht hatte er nur sehen wollen, ob Mama sich von Anton auch nicht zu vertraut verabschiedete.
Am 1. April 1982 fand ich Zappels Pillentüte. Fast benommen von meiner plötzlichen Idee ging ich mit der Tüte ins Bad und drückte genüsslich jede einzelne Tablette ins Klo. Es war mir scheißegal, ob dieser Arsch ausflippte, ich ließ es drauf ankommen! Anstelle der Pillen legte ich einen Brief in die Tüte: »Zappel! Ich finde es nicht gut, dass Du immer Tabletten nimmst. Du hast acht Tage durchgehalten, und jetzt hast Du schon wieder Stoff. Geht Dir eigentlich nicht durch den Kopf, dass Du

bald Vater von 2½ Kindern bist? Und wieso holst Du immer wieder Tabletten? Du weißt doch, dass Du auch ohne kannst. Und wenn die Babys da sind und Du hast keinen Stoff, liegst Du dann auch nur im Bett rum?«
Als Zappel breit, gut gelaunt und nichts ahnend nach Hause kam, glaubte er wohl erst an einen Aprilscherz. Als er aber den Zettel fand, wurde ihm klar, dass ich die Pillen vernichtet hatte. Wundersamerweise rastete er nicht aus, nein, er war sogar »gerührt« über meine Aktion. Er fragte mich, ob wir in den Park gehen wollen, er kaufte mir noch einen Ball, und Pernod, der Hund von Papa, kam auch mit. Es war echt nett, wir liefen durch die Masch, und er war guter Laune.

Am 10. Mai 1982, ein Jahr und einen Tag nach Bob Marleys Tod, wurden meine zweieiigen Zwillingshalbbrüder Sven und Nils geboren. An dem Tag feierten auch Sid Vicious, Donovan und Bono Vox Geburtstag. Ich fuhr mit Zappel ins Krankenhaus, es war ein sonniger Tag. Seine Mutter war schon da. Mama lag platt im Bett und lächelte schwach – sie war von ihrer Last, den Babys, befreit. Abends war ich auf meinem ersten Konzert: Shakin' Stevens in der Eilenriedehalle! Ich stand oben und machte Fotos, auf denen später ein 1 Zentimeter großer Shaky drauf war.

Kein halbes Jahr am Galgenberg

Den Umzug nach Rethen habe ich nicht miterlebt, auch nicht die Räumung unserer Sachen aus Opas Wohnung. Alles wurde in den Container vorm Haus geschmissen; dabei ist mein rotes Lackfotoalbum draufgegangen. Ich besitze nur noch ein Babyfoto und wenige Kinderfotos.
Die Zwillinge kamen zu früh zur Welt und waren noch im Brutkasten, als Mama nach Hause kam. Sie richtete alles her für die beiden. Wir hatten jetzt eine Vier-Zimmer-Wohnung mit Balkon, der vor meinem Zimmerfenster lag. Im Babyzimmer war

erst mal eine Autorennbahn aufgebaut, Zappel hatte sie sich mit breitem Kopp angeschafft. Nun hockte er auf Cappis ständig davor und spielte. Er war begeistert! Ein paar Mal habe ich mitgespielt, aber die Autos flogen immer raus, und ich verlor die Lust. Dann wurde die Bahn abgebaut, und sie holten die Babys. Mama und ich hofften, dass sich nun alles zum Besseren wenden würde. Immerhin schlossen sie und Zappel Lebensversicherungen ab …

Die Haltestelle Galgenberg liegt direkt an der Zuckerfabrik, gegenüber wohnte der Bürgermeister von Rethen. Seine Tochter Roxy gehörte zu der neuen Clique, die Mama und Zappel plötzlich um sich hatten. Ich lernte die Kinder von Doris, einer neuen Nachbarin, kennen, Natascha und ihren jüngeren Bruder Sascha. Er war mit seinen fünf Jahren gestolpert, als er ein paar Bierflaschen zum Kiosk zurückbringen sollte, und hatte immer noch eine Schiene um, damit seine Finger wieder ranwuchsen. Mit ihnen traf ich mich täglich, es war die Zeit, in der alle »Da Da Da« von Trio sangen. Wir spielten viel im Keller von Nataschas Eltern und probierten die Detektiv-Gimmicks aus den Yps-Heften aus. Ich hatte endlich mal lange Haare (Mama schnitt mir nicht mehr mit breitem Kopf die Haare, sie hatte andere Sorgen) und fühlte mich fast wohl in meiner Haut, bis ich dann nach Hause ging. Gleich in der ersten Nacht in der neuen Wohnung wütete Zappel wieder wegen irgendwas rum. Deshalb schlief Mama bei mir im Zimmer. Ich legte mich in voller Bekleidung schlafen, nur die Schuhe hatte ich ausgezogen, sie standen griffbereit neben mir. Die ganze Nacht döste ich nur vor mich hin, am Morgen war ich wie gerädert. Aber Mama konnte ruhig schlafen, ich passte auf, weil sie ja schon genug Stress hatte.

Eines Nachts kam Zappel rein und weckte mich: »Los! Zieh dich an, du sollst sehen, wie deine blöde Mutter aufs Maul von mir kriegt, die dumme Schlampe!« Sofort war ich hellwach, ich zog mir meinen dicken Parka an (mitten im Sommer) und flog in meine Jeans. Ich tat unschuldig und fragte, wo denn Mama sei und was eigentlich los sei. Wir gingen auf die Wiese vor unserem Haus. Ich stand vor einem Baum und wartete auf neue »Anweisungen« von Zappel. Er lief unruhig hin und her, rauchte eine nach der anderen und sagte immer wieder: »Deine Mutter ist eine dermaßene Schlampe! Du kannst ruhig zusehen, wie ich deiner blöden Mutter was aufs Maul haue. Sie hat's ja verdient, die dumme Hure!« Dann bog ein Auto um die Ecke, in dem Mama und Anton saßen. Zappel riss die Tür auf und schlug sofort auf Mama ein. Ich stand hinter dem Baum und schämte mich, zusehen zu müssen. Zum Glück war es bald vorüber, vielleicht hat Anton sich auch eingemischt. Ich schaute zu den Fensterreihen hoch, aber die Nachbarn hatten wahrscheinlich schon jahrelang Übung, unsichtbar hinter der Gardine zu lauern.

Eines Tages klingelte es. Ich öffnete, und vor mir stand eine dickliche Frau mit langem blonden Haar und einem wallenden, gemusterten Hippiekleid. Erst als sie lachte, erkannte ich sie wieder: Es war Darla, meine »Gruseltante«, nun nicht mehr gruselig, sondern wohlgenährt und guter Dinge! Mama freute sich auch über die Verwandlung, die sie in der Therapie durchgemacht hatte. Darla passte nun öfter auf die Zwillinge auf. Die beiden waren sehr lieb und umgänglich. Sven hatte eine längliche Kopfform und Nils eine runde, ich nannte sie manchmal aus Spaß Ernie und Bert. Sie waren in allem genau das Gegenteil des anderen – hatte der eine helle Locken, so hatte der andere dunkleres glattes Haar, Sven sah uns mit hellblauen Augen an und Nils mit dunkelblauen –, auch im Verhalten: Sven war besonnen, während Nils gerne mal jähzornig wurde. Nils ging eindeutig mehr nach Zappel! Ich hatte die beiden voll lieb, sie waren echt süß. Zappels Verwandtschaft fuhr auch auf die beiden ab; sie wunderten sich, dass Zappel gleich zwei auf einmal »geschossen« hatte.

Am 14. Juni bekamen wir die Kündigung, da wohnten wir gerade mal eineinhalb Monate am Galgenberg. Bis zum 30. September 1982 sollte die Wohnung »in ordentlichem Zustand« über-

geben werden (was dann natürlich nicht geschah, wir schleppten unsere Sachen einfach bei Nacht und Nebel raus). Es ging um das nicht geputzte Treppenhaus, und auch sonst kamen Mama und Zappel den Mitmietern ziemlich schnodderig rüber, nicht zu vergessen, dass der Krach, den Zappel machte, unseren Nachbarn, diesen vergnatzten Rentnern, ganz schön Angst einjagen konnte.
Wenn Mama dicht war, hatte sie auch so eine dreiste Selbstverständlichkeit drauf: Unser Telefon ging mal wieder nicht, weil es zerdeppert oder abgestellt war, dann lief sie im Haus rum und fragte bei den Nachbarn, ob sie mal telefonieren könne. In dem Schreiben der Hausverwaltung las sich das so: »Im Übrigen möchten wir Sie in Ihrem eigenen Interesse bitten, künftig nicht anderen Hausbewohnern in beleidigender Art und Weise ein Markstück zukommen zu lassen, mit dem sie Telefongebühren bezahlen können. Anbei das uns inzwischen zugestellte Markstück.«
Zappel kümmerte das alles wenig, sein einziger Gedanke war: neuer Stoff für altes Blut! Und wenn sein Blut »stoffleer« war, drehte er in kürzester Zeit durch. Er war so unzufrieden, dass es fast jeden Tag Krach gab.
Einmal war ich im LEZ und mir rann die Zeit durch die Finger – ich sollte Zappel noch Kuchen mitbringen. Auf dem Weg nach Rethen ist mir der Kuchen ein bisschen eingedetscht – vielleicht durch die Hitze in der Bahn. Als Zappel den eingefallenen Kuchen sah, flippte er gleich aus, und der Kuchen flog durch die Küche. Dann riss er – voll umständlich – die Schranktüren auf, zerrte die Töpfe raus und schmiss sie auf den Boden. Mama flüchtete mit mir in mein Zimmer. Er kam hinterher und wollte sie schlagen, aber sie versteckte sich hinter mir. Er ging fluchend ins Wohnzimmer und wütete da noch rum.
Opa mit seinen Rezepten war auch nicht mehr griffbereit, und Mama hatte keine Zeit, sich ständig um Nachschub für Zappel zu kümmern. Sie musste für die Zwillinge sorgen, das war ein

Fulltime-Job. Um sie zu entlasten, passte ich mit auf oder ging mit ihnen spazieren, aber wenn ich unterwegs war, musste sie sich allein mit Zappels Launen herumschlagen.
Einmal lag ich entspannt auf meinem Bett und hörte mir von Spliff die »85 555« an, »Heut Nacht« lief gerade. Es war mitten am Tag, und die Sonne schien. Plötzlich dachte ich: Was sind denn das für komische Geräusche auf dem Tape, ist der Walkman kaputt? Ich stellte ihn leiser – das komische Geräusch kam daher, dass Zappel Mama mit seinen Schlägen durch die Wohnung jagte! Mama kam mit blauem Auge und verweint in mein Zimmer und fragte, warum ich nicht gekommen sei, sie hätte nach mir gerufen! Es tat mir so Leid, und ich habe nie wieder zu Hause laut Walkman gehört. Wenn ich heute den Song von Spliff höre, habe ich immer diese Situation vor Augen – dabei ist es so ein schönes Lied.
Die Musiksendung im Fernsehen war jetzt »Ronnys Popshow«, dort sah ich zum ersten Mal Ideal mit »Monotonie«. Die Stones waren auf Tournee, mit Maffay im Vorprogramm – und Zappel kam eines Tages mit zwei Karten in Stones-Zungen-Form an. Mama wollte erst nicht, dass er mich mitnahm: so viele Menschen, und wenn er mich da verliert … Aber ich fuhr mit ihm ins Niedersachsen-Stadion und war erschrocken darüber, dass niemand Maffay mochte und dass die Bühne kilometerweit entfernt war. So hing ich dann an Zappels Hand, der sich mit immer neuen Leuten den Mund fusselig quatschte, oder ich saß bei ihm oder irgendjemandem auf den Schultern. Natürlich hatte er Cappis im Kopf, seine schwarzen Augen funkelten zufrieden, und seine pillenbestäubten Lippen schimmerten in der untergehenden Abendsonne. Mein Interesse an Maffay verflüchtigte sich nach diesem Konzert. Die Stones waren mir durch meine Väter schon immer vertraut, nun fing ich langsam an, mich ernsthafter dafür zu interessieren.
Zappel war so abgebrüht, dass er zweimal die Apotheke in Rethen aufbrach. Mit zwei großen braunen Flaschen kam er wie-

der; ich glaube, es war Opiumtinktur, sie kochten es sich mit der Suppenkelle auf. Es war eine kurze Zeit des »Friedens«. Zappel war fast alles egal, man sah es ihm auch an: Er lief mit einer dunkelblauen Jogginghose rum, am Arsch war sie schon voll ausgeschlabbert, und die Reißverschlüsse an den Hosenbeinen waren immer auf. Dabei war er voll eitel, wenn es um seine »Frisur« ging: Oben trug er sein Haupthaar etwas aufgebauscht, an den Seiten kurz und nach unten hin – als fliegende »Fähnchen« nach rechts und links gekämmt – etwas länger. Wenn er breit oder nervös war, lief er mit einer Kippe in den weißen Mundwinkeln vor den Spiegel, bürstete seine »Fähnchen« akribisch, erzählte einige Sachen und starrte sich dabei hektisch in die durchgeknallten Augen.

Eines Tages kam Zappel gegen Morgen nach Hause. Gut gelaunt und dicht laberte er gleich drauflos. Ich befreite mich von seinem Schwall und ging zum Laden, Kippen und Brötchen holen. Die Verkäuferin fragte gleich, ob wir eine Feier hätten. Ich sah sie verständnislos an. »Na, dein Vater hat doch telefonisch 60 Brötchen, 15 Torten und fünf Kuchen vorbestellt!« Ich sagte, ich würde es meinem Stiefvater ausrichten. Dann bezahlte ich die Kippen; Brötchen wollte ich nicht holen, wo wir doch 60 vorbestellt hatten! Irritiert ging ich nach Hause. Ich wusste, dass wir kein Geld hatten, Zappel musste mal wieder einen Aussetzer gehabt haben. Er konnte sich auch wirklich kaum erinnern, fand es aber lustig und erzählte es jedem. Und wir konnten jetzt nicht mal mehr in die Nähe des einzigen Ladens von Rethen.

Ein neuer Schulanfang

Die großen Ferien waren vorüber, und ich kam in die fünfte Klasse der Gesamtschule in Neu-Laatzen. In dieser Riesenschule wurde mein schüchternes Wesen herausgefordert, ich war unfähig, Kontakte zu knüpfen. In der Grundschule hatten wir uns schon vier Jahre gekannt, und es war überschaubar – hier aber wimmelte es wie in einem Ameisenhaufen. Irgendwie gelangte ich am ersten Tag in meinen Klassenraum, und meine sonderbare und lernfreie Schulzeit begann. Das Beste, was mir hier passierte, war, dass ich meine zwei wichtigsten Freundinnen kennen lernte: Conny und Melanie.

September 1982 zogen wir um, in die Wülferoder Straße, schräg gegenüber meiner neuen Schule. Ich fand es praktisch, aber manchmal auch peinlich, z.B. wenn Mama mit einem blauen Auge zum Einkaufen ging oder Zappel auf offener Straße einen seiner cholerischen Anfälle bekam. Wir wohnten im sechsten Stock, vier Zimmer mit zwei Balkons. Mein Zimmer war neben der Wohnungstür. In der Ecke des großen Wohnzimmers vor dem Balkon stand das Ehebett, die anderen Zimmer bewohnten Sven, Nils und Opa, den sie aufgenommen hatten, weil sie durch ihn wieder lockerer an Pillen kamen. Bei diesem Umzug kam Opa, der seine Wohnung seit 1974 nicht mehr verlassen hatte, auch mal wieder an die frische Luft.

Mama machte Ernst: Sie reichte die Scheidung ein! Und als ich eines Tages vor Weihnachten nach Hause kam, eröffnete mir Mama, dass Zappel eingeflogen sei. Vielleicht war es wegen der Apotheken-Einbrüche, vielleicht wegen einer Reststrafe. So hatten Mama und ich erst mal ein wenig – von der Justiz verordnete – Ruhe nach dreieinhalb Jahren mit Zappel.

Viele Leute besuchten uns: der lustige Anton; die nette schwarzhaarige Judith, die erst 17 war; Schlachter-Herbert, auch ein angenehmer Zeitgenosse; der verschmitzte, hübsche Lothar; seine Freundin Carola, die aussah wie die Sängerin Sandra, nur in Böse; die blonde, gemütliche Susi und ihr Freund Martin, den ich total gern mochte, und noch ein Pärchen: Britta und Jörg. Britta war auch noch sehr jung, übernahm aber bei uns die zweite Mutterrolle und half bei den Zwillingen. Sie waren alle sehr herzlich und lachten viel. Es herrschte eine absolut andere Stimmung, seit Zappel im Knast war. Sie nahmen LSD, Pilze und kifften viel, aber das war mir lieber als ständig in die Psychopharmaka-Augen meiner Mutter zu blicken! Ohne Angst ging ich zur Schule und lebte mein Leben.

Am 3. Dezember 1982, seinem 32. Geburtstag, wurde Papa noch mal Vater: Sebastian kam zur Welt; so hatte ich noch einen Stiefbruder, den ich nie kennen lernen würde.

Ich hatte gehofft, ich würde jetzt wieder mehr mit Mama anfangen können, aber sie beschäftigte sich vor allem mit ihren neuen Freunden. Wir Kids wurden zwar immer mit einbezogen, denn wir saßen ja nicht blöd in der Ecke, aber irgendwie hatte ich mir das Leben ohne Zappel anders vorgestellt. Manchmal holte Anton mich nach der Schule ab, damit ich bei seiner Ma essen konnte. Ich mochte Anton und wünschte mir heimlich, dass er mein Stiefvater sei. Aber ich war auch eifersüchtig auf ihn. Eines Tages kam Mama mit einer Tasse an, auf der »Anton« stand. Ich machte sie gleich an, wann sie mir das letzte Mal was geschenkt hätte. Sie brachte mir am selben Tag die Maxi-Single von Hubert Kahs »Sternenhimmel« mit. Ich sagte, ich fände Hubert Kah voll Scheiße und hätte lieber auch so eine Tasse bekommen. Mir war sehr wohl bewusst, dass es mit meinem Namen in diesem Land keine Tasse gab.

Ich schlief meist im Wohn-Schlaf-Zimmer. Wenn sie alle nachts oder gegen Morgen zu uns nach Hause kamen, legten sich Martin und Susi in mein Zimmer, Mama legte sich zu mir, und im Wohnzimmer verteilt schliefen die anderen Leute. Frühmorgens drehte ich laut »Sternenhimmel« auf; es war unsere Wohnung, und diese ganzen Scheißer machten alles nur dreckig! Wenn ich ein paar Stunden später aus der Schule kam, saßen sie meistens gerade mal aufrecht und sahen verknötert in die Gegend. Ich räumte dann das Wohnzimmer auf: überall Chipstüten, Dosen, Kippenschachteln, übervolle Aschenbecher, Teller mit Essensresten – kennt man ja! Ich hatte keinen Bock, dass Melanie und Conny, die öfter vorbeikamen, zu Hause Mist erzählten und dann nichts mehr mit mir zu tun haben durften.

Meine Brüder waren sehr ruhig und lieb. Opa saß wie gehabt am Fenster oder vor dem Fernseher. Manchmal saß ich bei ihm, und wir sahen zusammen in die Glotze. Abends lag ich oft im Wohnzimmer auf dem Sofa und sah fern. Die neuen Freundinnen von Mama gängelten mich dann im Spaß: »Na, Minna, musst du denn nicht schon längst schlafen gehen?« Ich sah nur genervt zu ihnen rüber, denn dass ich zu einer bestimmten Zeit schlafen gehen sollte, hatte mir schon seit Jahren keiner mehr gesagt. In der Zeit von Zappel war man froh, wenn man überhaupt zum Schlafen kam!

Eigentlich mochte ich sie alle; Martin behandelte mich wie seine kleine Schwester, wir sahen uns auch ein wenig ähnlich. Mama war wie ausgewechselt, sie hatte keine Angst mehr und war gut drauf, im positiven Sinne. Bei uns tobte nun das Leben – und nicht Zappel! Aber ich fand es trotzdem Scheiße, wenn Mama dicht war. Ich wollte nicht, dass sie sich verändert! Eines Abends rauchte sie auf dem Balkon einen Joint mit einem Typen, den ich doof fand. Ich schrie sie an: »Du hast mir doch versprochen, dass du das nicht mehr machst!« Hastig gab sie den Joint an den Typen weiter und guckte entschuldigend zu ihm rüber. Ich wollte Mama wieder so haben, wie sie früher war, ich dachte, das ginge, wenn sie ganz nüchtern wäre. Mir war noch nicht klar, dass sie noch nie für längere Zeit richtig nüchtern gewesen war, eigentlich nur während ihrer Schwangerschaften.

Eines Nachts hatte ich einen Zappel-Flashback. Ich lag in Mamas Bett, alle waren weggegangen. Plötzlich rüttelte jemand an unserer Wohnungstür und fluchte rum. Ich saß senkrecht im Bett, schlich im Dunkeln in die Küche und schnappte mir das große Brotmesser. Dann ging ich wieder ins Bett, umklammerte das Messer und lauschte nach draußen. Als Mama wiederkam, wachte ich verschwitzt auf. Sie war erschrocken über das fette Messer, auf das ich mich im Schlaf gelegt hatte. Sie versicherte mir, dass Zappel noch im Knast sei.

Nachbarn, die auszogen, kaufte Mama einen Teil der Jugendzimmereinrichtung ab, dunkelbraun mit hellem Kork. Ich hängte noch die Kajagoogoo-Poster auf mit meinem neuen Schwarm Limahl, nun sah es in meinem Zimmer auch gemütlich aus. Das musste es auch, denn dass ich bei Mama schlief, hatte sich bald erledigt. Zappel schrieb aus dem Knast, er habe mit den Tabletten aufgehört, und versprach, einen richtigen Entzug zu machen. Mama ließ die Scheidungsklage wieder fallen.
Am 8. Februar 1983 kam er auf Bewährung raus, mit der Auflage, eine Therapie zu machen. Mama hat einen Taschenkalender mit »Anekdoten« aus dieser Zeit geführt; die Eintragungen sind kurz gehalten, und ich bin froh, dass Mama sie gemacht hat, denn sie spiegeln eine finstere Zeit wieder:
»8.2. Zappels Termin, durfte mit nach Hause. - 9.2. Es ist schön und gut, dass er wieder bei uns ist. - 10.2. Kein Krach, es war ein schöner Tag. - 11.2. Kein Krach, hoffentlich bleibt es so?! - 12.2. Wir verstehen uns gut und führen wieder eine richtige Ehe. - 13.2. Waren in Barsinghausen, war ein toller Tag. - 14.2. Merke, dass Zappel Carola abkann, ich komme mir überflüssig vor. - 15.2. Carola war wieder da. Zappel ist mit Britta Gift holen für 300 DM. Beide waren breit, Rest Shore musste Zappel wegschmeißen. Carola hat bei uns gepennt. - 16.2. Zappel wollte mit Carola fremdgehen, als ich abhauen wollte, flippte er aus, hab Schläge bekommen, Zappel hat bei Helge geschlafen. - 17.2. Zappel kam gegen acht Uhr nach Haus. Hab mit Carola mittags im Bett gelegen, Zappel hat mich geweckt, dabei hat er Carola gestreichelt. Er sagt, es war unbewusst. Ich werd mich von ihm trennen. - 19.2. Es waren wieder viele Leute da, geraucht. Zappel hat sich im Bad eingeschlossen. - 20.2. Sabine und Sylvia waren da. Es war keiner da, ich hatte etwas Ruhe. - 21.2. Pille geschmissen. - 22.2. Pille geschmissen, bin eingeschlafen. - 23.2. Pille geschmissen, Schläge bekommen. In der Röhre gewesen. - 24.2. Video geguckt. - 25.2. Zu Hause geblieben. - 26.2. Wir waren zu Hause, kein Krach gewesen. - 28.2. Bei Dr. M. gewe-

sen, Martin, Lothar, Zappel und ich waren zu Hause. Kein Krach. – 1.3. Zappel und Martin waren in der Stadt. Kein Krach. – 2.3. Viel Krach, drei Mal wurde ich geschlagen. Es war der schlimmste Tag. – 3.3. Zappel bei Dr. M. – alles bekommen. Mit Zappel über alles geredet. Wir wollen es noch einmal versuchen. – 4.3. Tabletten genommen, alle. Lothar bei Ratio eingepennt, abends Röhre, voll die Panik bekommen. Bis ca. 6.30 Uhr war Krach. Carola war da. – 5.3. Regel angefangen. Zappel hat den ganzen Tag geschlafen. Sven und Silvana waren bei Darla. – 6.3. Mit Zappel über die Therapie geredet, abends war Ruhe, Pizza gegessen. – 7.3. Keine Tabletten. – 8.3. Pille angefangen, Tabletten bekommen. – 9.3. Zappel hatte Tabletten, war viel unterwegs, auch in der Röhre. – 11.3. Tabletten gekriegt, abends Röhre, war von 2 bis 3.30 Uhr weg. In der Röhre war mir übel, gekotzt, nur Galle, Zappel war sauer. – 12.3. Zappel und Martin haben durchgemacht. Um zehn Uhr zog Zappel mich aus dem Bett, Schläge bekommen, sonst war alles ruhig. – 13.3. Olli und Helmut ab elf Uhr da. Zappel bei Dr. M., Polizei bei Addi wegen Haftbefehl für Zappel (Üstra). – 14.3. Montag, Dienstag und Mittwoch Tabletten. – 15.3. Zappel (Tabletten), viel unterwegs. Martin, Bernd und Lothar hier geschlafen. – 16.3. Regel angefangen. Zappel Tabletten, ab ca. zehn Uhr war er weg.«

Und da hören die Eintragungen schlagartig auf. Am Ende des Kalenders findet sich noch ein Brief von Zappel vom 5. März 1983, den sie übertragen hat: »Gitti, ich habe viel Scheiße gemacht. Ich sage Dir jetzt ganz ehrlich, ich weiß nicht, ob ich jemals von wegkomme! Ich möchte es so gerne. Irgendwo bin ich es nicht wert, mehr mit Dir zusammen zu sein. Dieser Brief ist nicht einfach aus einer Laune raus geschrieben. Es ist die Wahrheit. Ich weiß es und kann nichts daran ändern. Du tust mir Leid, dass Du so ein Arschloch geheiratet hast. Ich könnte heulen.« Was soll man dazu noch sagen?

Es ging mit Zappel weiter wie bisher – es wurde schlimmer. Eines Abends, wieder saßen einige Leute bei uns, riss er meine

Mutter zu Boden und schlug auf sie ein – vor allen Leuten! Ich schrie sie an, dass sie meiner Mutter helfen sollten, aber niemand, nicht mein geliebter Martin und auch nicht Anton, griff ein, als Zappel auf ihr saß und auf sie einschlug. Als er fertig war, setzte er sich zu den anderen aufs Sofa, als ob nichts gewesen wäre, und zündete sich eine Zigarette an. Ich half Mama hoch, sie ging ins Bad, um sich die verwischte Wimperntusche wegzumachen und ihre Fassung wieder zu finden.
Die anderen strafte ich in der nächsten Zeit mit totaler Nichtachtung, und mein Kontakt zu Zappel beschränkte sich auf das Nötigste. Es war eine absolute Demütigung für Mama, sich vor den Leuten schlagen zu lassen. Sie kannten Mama nicht so unterwürfig und ängstlich, sondern als energiegeladene Person, die versucht, ihr Leben auf die Reihe zu kriegen.
In der Schule überfielen mich stets die gleichen Gedanken, es ging um den Tod meiner Mutter, den ich verhindern wollte. Ich hatte jeden Tag aufs Neue Angst, dass sie schon längst tot wäre, wenn ich von der Schule käme. Entsprechend war meine Konzentration auf den Schulstoff. Es interessierte mich einfach nicht, was in Geschichte vor zig Jahren passiert war, wenn Mama vielleicht gerade die Kehle durchgeschnitten wurde. Ich kam einmal von der Schule, da hörte ich schon vor der Tür, dass Krach war. Als ich die Wohnzimmertür aufmachte, warf Zappel den fetten Marmoraschenbecher nach mir. Das kam mir vor wie ein Tabubruch; nicht mehr lange, dann würde er auch mich schlagen. Ich rannte nach unten, in den dunklen verwinkelten Keller, und setzte mich in einen Raum, in dem eine Schneiderbüste stand mit einem aufgesprühten pinkfarbenen Herzen mit Pfeil auf der Brust. Sie leistete mir Gesellschaft, während ich zusammengekauert in der Ecke saß. Ich weiß nicht, wie lange ich da hockte, während mir die schrecklichsten Dinge durch den Kopf gingen: Vielleicht kam eine Ratte und biss mich tot, vielleicht schlief ich ein, und jemand machte die Kellertür zu, und man vergaß mich hier. Irgendwann kam Britta und sagte, Zap-

pel hätte sich wieder beruhigt. Die Büste habe ich später nach oben geholt, sie begleitete mich bis 1995 durch mehrere Wohnungen.
Mama sah immer schlechter aus: blass, dünn und mit tief traurigen Augen, restlos resigniert und ohne Idee. Vielleicht stachelte es Zappel nur noch mehr an, dass sie so unterwürfig war, so ausgezehrt. So weit war alles so schlecht wie immer, aber etwas Neues kam dazu: Opa baute ab, das heißt, er wurde langsam verrückt. Eines Tages befahl er mir in barschem Ton, ich solle den Korb mit den Eiern endlich mal reinholen! Er sah wirr aus: Seine Ponysträhne hing ihm ins Gesicht, darunter Augen, die nichts mehr verstanden. Am 17. April fiel Opa hin und schlug sich das Knie auf. Kurz darauf stieg er aus dem Bett, knallte wieder hin, riss den Fernseher am Kabel mit runter und verletzte sich an der Stirn. Mit seiner Platzwunde über dem Auge blieb er direkt vor der Tür liegen, und wir mussten ihn beiseite schieben, um ihm zu helfen. Am 21. April wurde Opa in die Klapsmühle in Ilten eingewiesen. Eine Woche später kam er ins Agnes-Karl-Krankenhaus. Er wurde am 2. Mai operiert. An diesem Tag fuhr ich ins Landschulheim. Als ich wiederkam, erfuhr ich, dass Opa gestorben war. Er habe zum Schluss gar nichts mehr verstanden, sagte meine Mutter, und als er starb, sei er nur noch halb so groß gewesen, völlig zusammengefallen.
Am 10. Mai war der erste Geburtstag meiner Brüder. Zappels Mutter kam vorbei, vorher hatte es Krach gegeben, und Mama war dabei, die Wohnung wieder einigermaßen fit zu machen. Die Stimmung war scheiße, wie immer, wenn der Herr keinen Stoff hatte. Er hing den ganzen Tag in seiner Scheiß-Jogginghose vor dem Fernseher und hatte schlechte Laune. Es waren erst vier Tage seit Opas Tod vergangen, und er machte nur Terz! In Mamas Taschenkalender stand noch der Satz: »Meine Schuld, dass Vater erst so spät beerdigt wird. Am Freitag hätte man es den Behörden melden sollen. Wohnung war dreckig, als der vom Bestattungsinstitut da war!«

Sie ließ den Haushalt wieder schleifen, seit Zappel erneut unseren Alltag bestimmte. Die Leute blieben auch zunehmend weg, sie kamen mit Zappels Art, Frauen zu behandeln, wohl auch nicht klar.
Am 17. Mai war Opas Beerdigung. Er wurde neben Oma beigesetzt, die ziemlich genau zehn Jahre vorher gestorben war. Es waren nur Mama, Darla, Romana und ich da. Romana und ich fielen völlig aus der Rolle. Wir mussten die ganze Zeit kichern, wenn wir es uns verkneifen wollten, wurde es noch schlimmer. Wir kicherten in der Kapelle, bei der Predigt, auf dem Weg zum Grab. Wir kicherten am Grab. Als der Pfarrer anfing, prusteten wir beide los; es schüttelte uns so stark, dass wir gar nicht mehr aufhören konnten! Dabei bestärkte es uns noch, dass der Pfarrer die ganze Zeit so tat, als würde er es nicht bemerken.
In diesen Sommerferien war ich kurz mit Sven bei Oma Hilde; es war wieder so eine Flucht-Scheiße – Mama hatte gemeint, dass sie besser wegkäme, wenn sie nur ein Kind dabeihätte. Eine Woche wohnten wir auch bei Heddi, der Frau vom Gesundheitsamt, in Wilkenburg. Da war es echt schön; gleich hinter dem Haus fing ein Badestrand an, da war ich öfter mit Zappel oder lag mit Büchern und Zeitungen im Garten rum, knabberte Süßigkeiten und ließ es mir gut gehen. Ich wusste, dass Zappel sich hier zusammenreißen würde. Meine Brüder krabbelten im Garten rum und fühlten sich auch wohl. Leider war es nur für eine Woche, dann bekam Zappel schon wieder seinen Rappel; er hat Heddi auch Geld geklaut, glaube ich. Die Übergänge wurden rasant: Wir hatten mal wieder eine Wohnungskündigung, wegen der üblichen Gründe. Zappel kam wieder in den Knast, und Mama reichte endlich wieder die Scheidung ein.

Die Sonne ging gerade unter, ich stand am Küchenfenster und sah nach draußen auf unsere neue Umgebung, im Radio lief »Baby Jane« von Rod Stewart. Wir waren in die Obdachlosen-

unterkunft in Alt-Laatzen übergewechselt. Sie lag in der Neuen Straße, neben meiner alten Grundschule und dem inzwischen unbewohnten und verriegelten Haus, wo wir früher gewohnt hatten. Die Wohnung war tierisch klein, unsere gesamte Einrichtung stand übereinander gestapelt in einem Zimmer, in dem anderen schliefen meine Brüder. Ansonsten hatten wir nur die Küche, in der man sitzen konnte und wo ich schlief. Die Leute, die sonst noch da wohnten, störten nicht weiter. Mama knüpfte Kontakt zur dicken Petra von nebenan, die zwei jüngere Söhne hatte. Dann war da noch Toni, der sympathische Italiener. Er war ein paar Jahre älter als ich und scharwenzelte ständig um mich rum. Das war neu für mich, diese intensive Aufmerksamkeit von einem Jungen. Vielleicht habe ich von ihm meinen ersten Kuss bekommen, versucht hat er es bestimmt.
In der Obdachlosenunterkunft blieben wir nicht lange. Mama beantragte eine Kur und machte mit Herrn S. vom Jugendamt klar, dass Sven und Nils in der Zeit bei ihm unterkamen. Ich zog zu Conny, die in der etwas besseren Gegend von Laatzen wohnte. Als ihre Mutter meine Zähne sah, war sie außer sich. Sie meldete mich sofort bei ihrem Zahnarzt an. Meine Frontfresse war eher gelb als weiß, und in den Zwischenräumen der Schneidezähne wucherten die unansehnlichen braunen Löcher, die Backenzähne waren komplett durchlöchert. Conny und ihre beiden älteren Schwestern hatten ziemlich große Zähne, und die waren supersauber-werbe-weiß.
Ich ging nun regelmäßig und pünktlich zur Schule, machte meine Hausaufgaben und bekam täglich zur selben Zeit zu essen, drei Mal am Tag. Zwei Mal pro Woche ging ich mit Connys Ma zum Zahnarzt. Einmal brach beim Bohren mein zweiter rechter Schneidezahn ab. Ich bekam einen falschen Zahn, er war um einiges weißer als die anderen. Als mir die vier Backenzähne gezogen wurden, musste ich nur ein Mal pro Woche hin.
Mama kam gut erholt wieder und hatte auch schon eine neue Wohnung aufgetan, in der Otto-Hahn-Straße, zwischen

der Messe und dem LEZ, im ersten Stock. Am 27. Oktober zogen wir um. Ich passte nun mehr auf Sven und Nils auf, Mama war öfter unterwegs, und die alte Clique war wieder bei uns.

Im Nebenhaus wohnten Familie Brummbad mit ihrer Tochter Kerstin und Familie Knackaus mit ihren Töchtern Astrid und Karin. Mit ihnen freundete ich mich an. Sie hatten eine Clique, zu der Teddy, Süßer – Karins Freund – und ein paar andere gehörten. Wir hingen vor dem Haus oder auf Spielplätzen in der Umgebung ab. Ich fing an, sporadisch zu rauchen.

Weihnachten 1983 kam Zappel raus, weil er seine Therapiezusage hatte. Er bekam die Bettwäsche im Ami-Flaggen-Stil, die eigentlich für mich bestimmt war, ein Verlegenheitsgeschenk. Bei seiner Therapie tauchte er nie auf, er war nun richtig auf Flucht. Die Scheidung lief, und Mamas Rechtsanwalt fragte per Brief an: »Das Gericht weist darauf hin, dass die Scheidungsklage Ihrem Ehemann in der Ehewohnung zugestellt wurde. Wie kann das angehen? Oder hat sich Ihr Mann zufällig am Tage der Zustellung in der Wohnung aufgehalten?« Das konnte Mama nicht so leicht erklären, dass Zappel immer wieder bei uns auf der Matte stand. Es gab drei Nächte, in denen ich mitten in der Nacht geweckt wurde, um Zappel in meinen Bettkasten zu lassen. Ich legte mich schnell wieder hin und tat so, als ob ich ganz fest schlafe, wenn die Bullen in mein Zimmer kamen. Es hat immer geklappt.

Meine Brüder wurden immer niedlicher. Sie rockerten die ganze Zeit durch die Bude und waren ziemlich lieb und ruhig, sie weinten kaum. Sven war mehr der sonnige Typ, er lachte viel und freute sich immer, während Nils misstrauischer in die Gegend guckte, er war schon im Ansatz jähzornig. Die Leute fuhren alle auf den Dicken ab, also auf Sven, weil er so freundlich war. Nils stand missmutig daneben. Ich kümmerte mich um beide gleich gut. Wenn Zappel Stress machte, ging ich zu ihnen

ins Zimmer und war einfach bei ihnen, falls sie aufwachten. Ich streichelte ihnen über den Kopf und hatte sie echt lieb.
Mama wurde mehrmals beim Klauen erwischt. Als sie zur Gerichtsverhandlung erschien, wartete dort Herr S. vom Jugendamt. Es ging gar nicht um ihre Klauerei, es ging um das Sorgerecht für Sven und Nils. Ich zitiere aus dem Gerichtsprotokoll vom 1. März 1984:
»Bei Aufruf erschien Herr S.: ›Ich habe Familie X von 1981 bis Februar 1983 betreut. Nach Februar 1983 hatte ich privat weiterhin Kontakt zu Familie X, d.h., Frau X. hat mich als Ratgeber zur Seite gehabt. Ich habe dann auch 1983 die Kinder von Frau X für ca. drei Monate betreut, damit Frau X zur Kur fahren konnte. Der Ehemann von Frau X ist drogenabhängig. Er ist zwar im Laufe der Zeit auf Tabletten umgestiegen, d.h., er spritzt nicht mehr, aber nach meiner Einschätzung hat er sich jetzt nicht mehr in der Gewalt, ist auch nicht mehr therapiefähig, so sehr hat er abgebaut.
Vom Vater der Frau X, den ich noch zu seinen Lebzeiten kennen gelernt hatte, und auch von Frau X selbst und ihrer Schwester weiß ich, dass Frau X bereits im Alter zwischen 12 und 14 Jahren über den Vater an dämpfende Tabletten, später auch in Zusammenwirkung mit aufputschenden Mitteln, gekommen ist. Die Schwester von Frau X ist auch tatsächlich tablettensüchtig geworden. Es ist mir gelungen, sie vor drei Jahren durch eine dreimonatige Therapie von den Tabletten wegzubringen. Ich habe Frau X mehrmals angetroffen, wenn sie Tabletten genommen hatte. Sie war dann zwar ansprechbar, jedoch wie in Trance und mit extrem verwaschener Stimme. So kam es dann auch oft vor, dass sie morgens nach dem Genuss von Tabletten nicht ansprechbar war bzw. länger geschlafen und sich um Haushalt und Kinder nicht gekümmert hat. Frau X hat immer wieder trotz entsprechender Hinweise und Hilfen ihre Wohnverhältnisse aufs Spiel gesetzt. Sie musste drei Mal die Wohnung wechseln, weil sie den üblichen Mieterpflichten, z.B. Beseitigung von

Müll und Hausreinigung, nicht nachgekommen war. So viel mir bekannt ist, steht sie auch jetzt schon wieder kurz vor der Kündigung. Die Mitbewohner fühlten sich im Übrigen auch gestört durch lautstarke Männerbesuche mit nächtlichen Gelagen und Ehestreitigkeiten.
Als ich die Kinder zur Betreuung bekam, befand sich Nils in folgendem Zustand: Er war sehr schmalgliedrig, wog etwa acht Kilo, hatte eine gekrümmte Körperhaltung, geduckt mit eingezogenem Kopf, sein Gesicht war bleich und aufgedunsen. Er hatte gelbe Flecken auf dem ganzen Hinterkopf. Es war eine Nahrungsverweigerung festzustellen. Beide Kinder kippten nach 20 Minuten bis zu einer Stunde morgens nach dem Aufstehen, wenn sie gespielt hatten, wieder in sich zusammen. Es war kein Durchhaltevermögen vorhanden. Die Kinder kannten keine Unterschiede zwischen Wach- und Schlafzeiten. Sven war ein körperlich stärkeres Kind. Er war auch größer als Nils. Sein Körper und Gesicht waren schwammig. Als wir mit den Kindern zum Arzt gingen, hielt er sie für retardiert. Aus diesem Grunde wurde auch ein Termin beim PDZ vereinbart.
Nachdem Frau X die Kinder abgeholt hatte, hatte ich keinen Kontakt mehr zu Frau X und den Kindern. Der Kontakt brach u.a. deshalb ab, weil Frau X alles, was wir ihr an Auffälligkeiten der Kinder gesagt hatten, runterspielte. Die ältere Tochter von Frau X hat auch einmal zu Protokoll der Polizei Laatzen gegeben, sie könne so nicht weiterleben, sie fürchte sich vor den Gewaltausbrüchen und Streitigkeiten zwischen dem Ehepaar X und erhalte im Übrigen von ihrer Mutter nicht regelmäßig Essen. Nach meiner Einschätzung schafft Frau X es nicht, die Kinder ordnungsgemäß zu betreuen. Wenn zum Wohle der Kinder entschieden wird, müssten sie schnell von der Mutter getrennt werden.‹
Herr S. verlässt den Sitzungssaal. Es erscheint Frau X, außerdem ihr Rechtsanwalt Herr L. und Frau M. und Herr L. vom Jugend-

amt. Frau X erklärt: ›Es trifft nicht zu, dass ich tablettenabhängig bin. Ich weiß nicht, warum Herr S. so etwas erzählt. Es trifft auch nicht zu, dass mich Herr S. jemals in Trancezustand angetroffen hat. Ich kann mir nicht erklären, weshalb er so etwas erzählt hat. Wir hatten immer einen guten Kontakt zueinander. Der Kontakt hat sich erst dann geändert, nachdem ich den Eindruck hatte, dass Herr S. mir die Kinder wegnehmen will.‹ Frau X wird vorgehalten, dass sich Herr S. jahrelang schützend vor sie gestellt und verhindert hat, dass ihr die Kinder weggenommen wurden. Er hat auch die Kur eingeleitet, damit sie genügend Kraft hat, die Kinder zu versorgen.
Rechtsanwalt L. verlässt den Sitzungssaal. Frau M. erklärt: ›Ich hatte einmal eine Verabredung mit Frau X, am 23.1.1984. Als ich an die Wohnungstür kam, wurde mir nicht geöffnet. Ich hörte aber, dass die Kinder sich in der Wohnung befanden.‹ Herr X ist seit dem 22.12.1983 unbekannten Aufenthaltes. Frau X hat einen blau-gelblichen Fleck unter dem linken Auge. Sie erklärt: ›Letzte Woche Freitag ist mein Mann in der Wohnung erschienen und hat mich geschlagen. Bei dem Vermieter ist jetzt der erste Beschwerdebrief eingegangen. Ob es zu einer Kündigung kommt, weiß ich nicht.‹
Herr S. wird reingerufen und erklärt: ›Es trifft zu, was ich vorhin zu Protokoll gegeben habe. Ich habe Frau X wiederholt in tranceähnlichen Zuständen angetroffen. Sie hat mir auch erklärt, dass sie Tabletten genommen hätte. Ich musste mehrfach Hinweisen aus der Bevölkerung nachgehen, weil mir gesagt wurde, dass Frau X tablettensüchtig sei. Jetzt gibt es Hinweise, dass Frau X an der Nadel hänge.‹ Frau M. erklärt: ›Ich kann nicht Verantwortung dafür übernehmen, dass die Kinder bis Montag bei der Kindesmutter bleiben. Der Kindesvater ist drogenabhängig, ich weiß nicht, ob nicht mal eine Situation auftaucht, dass er, wenn er Drogen genommen hat, so ein Kind nimmt und es z.B. aus dem Fenster schmeißt oder dem Kind was antut.‹

Frau X erklärt: ›Wenn mir die Kinder vorübergehend weggenommen werden, möchte ich, dass sie zu Familie S. kommen, denn ich weiß, dass sie es dort gut haben.‹ Rein vorsorglich wird darauf hingewiesen, dass die Kindesmutter durch andere Verhaltensweisen als die bisher gezeigten, z.B. durch vertrauensvolles, zuverlässiges und regelmäßiges Zusammenwirken mit dem Jugendamt bezüglich der elterlichen Sorge grundsätzlich eine andere Entscheidung herbeiführen könnte.«

Als ich aus der Schule nach Hause kam, fand ich Mama im Schneidersitz auf ihrem Bett sitzend, den Kopf gesenkt, sie rauchte. Sie sagte: »Die beiden sind weg.« Ich dachte, sie seien kurz mit irgendwem spazieren, und fragte, wann sie wiederkämen, wegen Essen und so. Mama sagte noch mal: »Sie sind weg.« Da verstand ich erst. Unsere beiden Süßen – einfach weg! Stockend erzählte sie mir, was vor Gericht abgegangen war, und meinte dann, dass sie ein bisschen ihre Ruhe haben wolle. Ich ging verstört in mein Zimmer. Wir waren doch beide traurig, da hätten wir uns doch gegenseitig trösten können. Aber sie hatte sich zum ersten Mal seit einiger Zeit wieder Shore geholt und wollte nun ihre Bleche rauchen.

»Die Kindesmutter hat in ihrer gerichtlichen Anhörung vom 1.3.1984 gezeigt, dass sie vorhandene Verhaltensauffälligkeiten ihrer Kinder – z.B. das Schlagen des Kopfes auf eine Tischplatte – als solche nicht ernst oder wahrnimmt. Die gesamten Umstände zeigen, dass das Wohl der Kinder in erheblichem Maße durch die Kindeseltern gefährdet ist.« So stand es schwarz auf weiß im Gerichtsbeschluss, und ich wusste, dass es stimmte.

Als Herr S. noch einige Sachen für die beiden Kleinen bei uns abholte, fragte er mich, ob ich sie noch mal sehen wolle. Ich fuhr mit. Sie schliefen schon, und ich durfte sie nicht anfassen! Dabei war meine erste Reaktion, sie in den Arm zu nehmen. Ich schlief in einem Zimmer mit Sven. Ich ging zu seinem Gitterbett, Tränen schossen mir in die Augen. Er lag ganz selig da und hatte

endlich seine Ruhe. Ich berührte ihn ganz leicht, streichelte ihm eine Locke aus seinem verschwitzten Gesicht. Ich wusste, dass sie es hier besser hatten.
Am nächsten Tag aß die ganze Familie zusammen zu Mittag. Es gab Hühnchen mit Reis und Gemüse. Ich hatte mich schon drauf gefreut, bis ich sah, dass das Hühnchen nur gekocht und nicht gebraten war! Es schwabbelte auf der Gabel hin und her, und ich ekelte mich total. Zum Schluss aß ich nur den Reis, denn das Gemüse hatte auch so 'ne eklige Konsistenz. Herr S. fuhr mich dann wieder nach Hause. Ich habe ihn, seine Familie und meine Brüder bis heute nicht wieder gesehen. Mama wollte wissen, wie es war. Ich erzählte ihr von den beiden, dass ich sie nicht berühren durfte, von dem Schwabbelhähnchen und dass ich froh war, wieder bei ihr zu sein.

Zappel kam einfach vorbei, wann es ihm passte, und versteckte sich bei uns vor der Polizei. Manchmal sah ich einen Schatten auf dem Balkon und erschrak. Dann klopfte es an der Fensterscheibe, und es war »nur« Zappel. Natürlich habe ich ihn immer reingelassen. Er fühlte sich bei uns ganz wie zu Hause, suchte seine Otriven-Nasentropfen und tigerte durch die Bude. Dass er auch nach diesen Nasentropfen süchtig war, habe ich noch gar nicht erwähnt. Wenn er sich die Tropfen verabreichte, nahm er immer eine ganz groteske Haltung an: Er stand leicht gebeugt, die Hände auf den Oberschenkeln, zog den trockenen Schleim hoch und gab dabei ein heiseres, schnorchelndes Kieksen von sich. Manchmal mussten wir drüber lachen, manchmal nervte es uns, denn er steigerte sich auch gern mal in seine Nasenproblematik rein, dann zog er wie fanatisch den trockenen Schleim nach oben, und wir hörten schon längst, dass da nichts mehr zu holen war.
Mit Mama hatte er sich in kürzester Zeit in der Wolle, oder sie hatten beide genug Drogen, um einander zu ertragen. Es wird wohl in dieser Zeit gewesen sein, dass Mama zum letzten Mal

mit Zappel zusammen spritzte; es war leider das eine Mal zu viel.

Das Teenager-Leben fängt an

Zappel wurde von den Bullen gestellt und flog in die Schulenburger Landstraße ein! Die Angst fiel von mir ab – als ob eine Ganzkörperklammer aufsprang.
Ich fing an, jeden Abend eine Marlboro 100 zu rauchen. Ich machte ein Ritual daraus: Ich legte mich ins Bett, zündete eine Kerze an und sog langsam und bedächtig den Rauch ein, der in meiner Kehle an eine unsichtbare Mauer stieß. Ich wollte diese Mauer durchbrechen, damit ich endlich richtig rauchen konnte! Mir wurde immer leicht schwindelig, und ich genoss dieses unbekannte schwebende Gefühl. Ich las die »Rote Laterne«-Romane von Mama, die von Nutten und ihrem Kampf, aus dem Milieu auszusteigen, handelten, immer die gleiche Story, bis es mir nach 40 Heften langweilig wurde. Mama gab mir auch einen Roman, in dem ein Mädchen durch Drogen ins Milieu abrutscht und es dann u.a. mit einer Dogge treiben muss. Beim Lesen saß ich an meinem roten runden Holztisch, eine Kerze brannte, Musik lief, und ich fühlte mich reichlich erwachsen.
In der Clique taten sich pubertäre Dinge auf: Jeder wollte mit jedem gehen! Jeder versuchte es bei jedem, testete seinen Marktwert an, und die Jungs rauchten dazu Kette, um besonders männlich zu wirken, dabei stanken sie nur nach Rauch aus dem Mund. Süßer fing an, sich für mich zu interessieren; es war mir unangenehm, weil er schon lange mit Karin zusammen war. Ich war mit ihm auf dem kleinen Schützenfest in Laatzen, alle anderen waren weg, die Buden hatten schon zu. Hier gab er mir einen Kuss, ich ließ es geschehen. Er brachte mich nach Hause und schaute mich ganz verliebt an, mit seinen braunen Hundeaugen. Er gab mir noch einen Kuss zum Abschied, und das soll-

te auch der letzte sein. Wie auf Wolken ging ich nach oben, schwebte in mein Zimmer und legte mich selig schlafen. Am nächsten Tag merkte ich am allgemeinen Verhalten, dass Süßer es nicht ernst gemeint hatte, es war wohl nur eine Art Hormonschub. Es war mir recht.

Mit der Clique hing ich nur von Winter bis Frühjahr ab. Es war nicht mein Film, der da lief, ich war nur dabei, damit ich nicht allein zu Hause rumsaß. Musikmäßig fuhren wir natürlich voll auf Nena ab, das war auch mein drittes Konzert. Mama kam langsam wieder komisch drauf; eines Abends bemerkte ich, dass in den Augen der Fotos von Papa mit Sohn an der Wand Stecknadeln steckten! Ich zog sie raus und glättete die Oberfläche mit dem Fingernagel. Ich fand es eklig und bösartig von Mama, doch als ich sie anschrie, grinste sie nur müde.

Es passierte ein netter Zufall: Als Mama in der JVA Klamotten für Zappel abgab, begegnete sie Charly, der eine Woche wegen Schwarzfahrens abgesessen hatte. So trafen sie sich nach sieben Jahren wieder. Als ich am nächsten Mittag aus der Schule kam, standen sie gerade auf. Mama sagte verlegen: »Das ist Charly. Erinnerst du dich noch an ihn?« »Nein«, sagte ich und schaute ihn feindselig an. Ich dachte, er sei genau so ein Arsch wie Zappel. Aber das Erste, was er machte, war, die Wohnung zu putzen! »Gitti, hier hast du aber auch schon lange nicht mehr geputzt«, sagte er grinsend und wedelte mit dem Staublappen den Staub in alle Richtungen. Mama und ich kicherten, er kam uns wie eine verkappte Transe vor. Bei mir schmolz das Eis, denn er war eindeutig nicht so wie Zappel. Danach machte er den Abwasch und saugte die gesamte Wohnung einschließlich meines Zimmers. Das war wohl sein Einstand, denn er blieb erst mal bei uns. Ich bezeichne ihn als meinen zweiten Stiefvater. Er war früher am Steintor so eine Art Zuhälter, aber ich glaube nicht, dass er ’ne miese Sau war. Manchmal spielte ich mit ihm Mau-Mau um Zigarettenschachteln. Er ließ mich immer gewinnen,

und ich konnte rauchen, so viel ich wollte bzw. konnte. Aber er machte natürlich auch mit Drogen rum. Das brachte wieder neue Leute in unser Leben, sie waren alle nett und noch dezent verdrogt. Am nettesten fand ich Malte: Er war blond, groß und schlank, voller Energie und lustig. Klar, dass ich Herzklopfen bekam, wenn er uns besuchte. Das war so ziemlich jeden Tag, also hatte ich jeden Tag Herzklopfen.
Es war Hochsommer, und ich war in absoluter Hochstimmung, wie ich es noch nie erlebt hatte. Die Pubertät schlug voll ein – und Billy Idol schlug mit seinem »Rebell Yell« ein. Mama kaufte die Single angeblich für mich, um sie dann selbst zu hören. Ich mochte Mink de Villes »Each Word's a Beat of My Heart«. Das war die richtige Nahrung für meine melancholische Teenagerseele. Zu meiner Hochstimmung trug bei, dass Zappel immer noch festsaß. Mama hatte ihm erzählt, dass sie nun mit Charly zusammen sei. Der Sommer 1984 gehört zu den besten, an die ich mich mit Mama erinnern kann.

Ich freundete mich mit Celina an, die aus Berlin nach Laatzen gezogen war. Sie war eine kleine Schönheit und wurde wahrscheinlich deshalb von den anderen Mädchen geschnitten. Ich fand sie lustig, sie erzählte viel von Berlin und konnte gut zeichnen. Sie dachte sich die »Flying pints« aus: fliegende Schwänze mit Flügeln und Saus-Streifen; darüber schrieb sie: »We are the flying pints!«. Es wurde unser Markenzeichen. Ihre Mutter war Ärztin und ein ziemlicher Brecher; sie schlug Celina und ihre Geschwister. Einmal wollte ich Celina besuchen und hörte schon im Treppenhaus Gepolter und Celinas Schreie: »Neeiiin, bitte nicht! Ich hab doch nichts gemacht!«
Mit Celina schnüffelte ich das erste Mal. In Berlin machten das alle, sagte sie. Wir gingen ins Kronsbergwäldchen und setzten uns auf eine Bank. Celina presste das Pattex in die Tüte und inhalierte. Dann lehnte sie sich zurück und bekam diesen Schlafzimmerblick, den ich immer an ihr bewunderte. Daher kam

der also! Ich war an der Reihe und zog mir die Dämpfe rein. Es war widerlich, und ich verstand gar nicht, was Celina daran fand.

In den Sommerferien 1984 fuhren Celina und ich mit den Falken nach Dänemark ins Zeltlager. Die Jungs saugten sich alle gleich an Celina fest, die es mit Fassung trug; wir waren nie lange alleine. Ich schlief zum ersten Mal in einem Zelt und lernte, die Mücken zu ertragen. Morgens dröhnten aus einem Lautsprecher Grönemeyers »Männer« und Klaus Lages »Zoom« – jeden Morgen, voll nervig! Ansonsten aß ich zum ersten Mal salziges Popcorn und probierte sämtliche Lakritzsorten aus; die Sweeties waren allein schon die Reise wert! Celina guckte mich komisch an, wenn ich meiner Begeisterung Ausdruck verlieh. Für sie war das alles nichts Neues, sie war schon hier und da gewesen.
Die Betreuer waren alle locker drauf, und den Geruch, der abends über dem Zeltplatz lag, erkannte ich als gutes Gras wieder. Natürlich habe ich nichts gesagt, ich wollte ja niemanden in Verlegenheit bringen.
Die drei Wochen vergingen wie im Fluge. Wir saßen wieder im Bus, und ich hatte ein Ziehen in der Magengegend bei dem Gedanken, dass ich nie wieder an diesen Ort kommen würde, die Sonne hier bleiben musste. Während der Fahrt stellte ich mir die fürchterlichsten Dinge vor, vielleicht war Zappel in der Zwischenzeit wieder draußen und hatte Mama und Charly was angetan …
Aber es war wie immer anders als man denkt: Es war wie immer! Die Wohnung war noch dreckiger als sonst. Und Mama war durch den Wind, wie oft, wenn sie noch nicht lange wach war.
Celina hatte Neuigkeiten: Ihre Mutter hatte eine andere Stelle bekommen, auch in Hannover, aber sie zogen wieder um, in den Roderbruch. Ich war traurig und sah eine einsame Zeit auf

mich zukommen. Ich schaffte mir eine Katze an, woher sie kam, weiß ich nicht mehr, vielleicht hatte Charly sie mitgebracht. Sie war noch ganz jung und schwarz-weiß, ich nannte sie Mr. James Murphy Driven. Diesen Namenstick hatte ich von Celina: Sie dachte sich immer so komische Namen aus.

Der Abschlussbericht über die Zwillinge

Am 2. August 1984 bekam Mama ein Schreiben vom Familiengericht, in dem Herr S. den Zustand meiner Brüder noch mal erläuterte:

»Alles in allem befanden sich die Zwillinge bei Übergabe am 1. März 1984 in einem psychisch schwerstvernachlässigten und auch von der mütterlichen Pflege her desolaten Zustand mit entsprechenden Folgeerscheinungen. Nicht einmal die notwendige gesundheitliche Vorsorge über den Arzt hielt die Mutter ein, die Zwillinge waren nicht ›schutzbehandelt‹ worden. So wurde beispielsweise der schwächere Zwilling Nils von der Mutter so massiv unterversorgt, dass heute ›animalisch anmutende‹ Abwehrreaktionen immer wieder durchbrechen (Nahrungsverweigerung, plötzliches Einkoten, Brüllen etc.). Auch Sven lehnt teilweise die Flüssigkeitsaufnahme ab. ›Entwicklungsfortschritt‹ und ›Rückfall‹ in alte Raster wechseln ständig. Bei Direkt- oder Telefonkontakten mit Frau X werden nach wie vor die Probleme der Zwillinge geleugnet oder verniedlicht, in manchen Punkten wird die ›Schuld‹ sogar der jetzigen Betreuung zugeschrieben, und zwar in anmaßender Weise. Im März, Mai, Juni und Juli '84 konnte Frau X ihre Kinder sehen, die ›Nachwehen‹ solcher Kontakte erzeugten nicht zu vertretende Störungen für die Kinder. Frau X hält aber immer wieder ihre Kinder für unproblematisch. Gleichzeitig will sie sich bereits mit einem jungen Mann ›von früher‹ liiert haben. Als Vormund bitte ich das Gericht, das Besuchsrecht der Mutter für längere Zeit zu unterbinden, damit den Zwillingen wirklich Aufhilfe gegeben werden kann. Sie werden dieser mehrjährig bedürfen. Die Schäden der Kinder sind erschreckend! Nach Ehescheidung sollte auch die Vormundschaft bestehen bleiben, da Frau X diese Kinder nicht fördern kann.«

Im Anhang waren noch mal die festgestellten »Schäden« aufgeführt:

»Gesamtzustand: übermüdet, körperlich aufgeschwemmt, apathisch. Keine Ess- und Bewegungslust, sprachunwillig, ›torkeln‹ – ›stürzten‹ sich auf den Fernseher. Gewichtskontrolle: Sven: 11,5 kg, Körpergröße 83 cm, Nils: 10,5 kg, 80 cm. Nils biss sich in die Hände, Sven kniff sich am ganzen Körper, bei Ansprache reagierten beide nicht auf ihre Namen. Laufen spärlich, Verkrampfungen, Zittern, kein Rhythmus im Essen und in der Reinlichkeit. Gesamtzustand heute: Nils: 11,2 kg, 84 cm, Sven: 13 kg und 86,5 cm, viele blaue Flecken am Körper durch Fallen und ›Anecken‹ sowie eigenes Kneifen. Sven wehrt sich noch gegen das Trinken, gegen Schlucken und Abbeißen von Nahrung, hortet Nahrung im Mund, watschelt erheblich beim Gehen, protestiert gegen eigene Bewegung, völlige Distanzlosigkeit gegenüber Sachen und Personen. Das Schlafen ist nachts jetzt ruhiger, allerdings Schweißausbrüche oder anhaltendes Schreien. Sprach- und Spielbemühen verbessert sich. Erste ›Reinlichkeitserfolge‹ – teils nachts, teils tagsüber. Nils sperrt sich gegen das Schlucken, hält halbe Mahlzeiteinnahme durch, dann völliger Abbruch. Laufen und Spielen verbesserter und ausdauernder. Weint nicht mehr so viel, beißt sich nicht mehr in die Hände. Sprache gesteigert, bezieht seit kurzem sich und seinen Namen deutlich mit in das Sprechen und Spielen ein. Tagsüber Reinlichkeit durch ›Ansage‹. Stark personengebundenes Verhalten. Neuer ›Elternbezug‹ ausgeprägt. Die Zwillinge zeigten erhebliche Verdauungsstörungen und scheiden teilweise Nahrungsteile unverdaut wieder aus. Beide Kinder ziehen Holzspielzeuge hinter sich her, so leisten sie auch kleine Spaziergänge. Nils übernimmt schon kleine ›Aufträge‹.«

Mama regte sich natürlich über den Bericht auf, und ich konnte mich auch nicht erinnern, dass es echt so schlimm gewesen war. Ich weiß auch nicht, wie oft Mama die beiden besucht hat. Sie fehlten mir, aber ich war auch froh, dass ich nun mehr Freiheiten hatte und nicht ständig auf sie aufpassen musste.
Ich fuhr total auf den Coca-Cola-Stil ab und wünschte mir zu meinem 13. Geburtstag alles Mögliche mit dem Logo. Vom Aschenbecher bis zur Zigarettendose zockte Mama alles zusammen, dazu schenkte sie mir noch die LP »Baby Jane« von Rod Stewart und eine Biographie von Jim Morrison, von dem ich bisher noch nichts gehört hatte. Ich sammelte den Starschnitt aus der »Bravo«: Rod in Jeans und pink T-Shirt mit Gitarre! Die Morrison-Biographie las ich mit wachsendem Interesse und war enttäuscht, dass wir keine Doors-Platten im Haus hatten.

Bulle

Bei unserer Nachbarin, der dicken rothaarigen Mona, die anschaffen ging, lernte Mama Bulle kennen. Er hatte gerade Ausgang. Mama verliebte sich auf Anhieb in ihn. Bulle, er hieß eigentlich Günther, seines Zeichens Widder mit Aszendent Wichser, war fast zwei Meter groß und gebaut wie ein Schrank, dazu auf der Schulter und an den Armen tätowiert. Er hatte eine halblange dunkelbraune »Vokuhila«-Frisur und genau so einen Prollbart wie Papa und Zappel. Er hatte ca. 14 Jahre im Knast gesessen wegen Diebstahl und Körperverletzung. An meinem 13. Geburtstag war er zum ersten Mal bei uns. Er zog mich direkt auf seinen Schoß und verlangte, dass ich ihm einen Kuß gebe! Was wollte dieser dicke große Typ von mir? Ich hatte meinem eigenen Vater schon seit frühester Kindheit keinen Kuss mehr gegeben, außer zum Abschied auf die Wange. Ich sah flehend zu Mama rüber. Sie sagte ihm, dass er mich lassen solle, ich würde ihn doch gar nicht kennen und hätte keinen Bock auf so was.

Mama beichtete mir, dass sie in ihn verliebt sei. Der Schock stand mir wohl ins Gesicht geschrieben, denn Mama beeilte sich zu sagen, er sei ja erst mal noch im Knast und käme in der nächsten Zeit nur auf Freigang raus. Aber von dem Freigang, den er am 1. September bekommen hatte, kehrte er nicht zurück in den Knast, sondern versteckte sich bei uns.
Charly nahm die Nachricht von ihrer neuen Verliebtheit erst mal ganz gelassen auf, er glaubte wohl an ein Strohfeuer. Erst als Mama ihm erklärte, dass Bulle nun bei uns wohnte, wurde ihm bewusst, dass es ernster war. Er schlug ihr vor der Tür ein blaues Auge und brach ihr das Jochbein, dann verschwand er. Zum ersten Mal gönnte ich ihr irgendwie das blaue Auge. Wahrscheinlich war Mama so auf der Suche nach Geborgenheit, dass sie sich in diesen Kanten verlieben musste, der sie mal so richtig in den Arm nehmen konnte.
Bulle war kein Junkie und hatte auch was dagegen, dass Mama Tabletten nahm, dafür trank er gern mal einen. Die Polizei suchte ihn natürlich bei uns. Aber er entwischte entweder über den Balkon oder versteckte sich hinter dem Vorhang neben der Klotür, da legte er sich unter das dicke Federbett und hielt die Luft an. Die dicke Mona tauchte ab und zu besoffen bei uns auf und zeterte rum, dass Mama ihr die große Liebe weggenommen hätte. Der Film von Mama mit ihren Typen ging mir nun echt auf die Nerven. Kaum dass Zappel weg war, hatte sie auch schon Charly in den Arsch getreten für dieses Tier von Bulle, ich verstand es nicht.
Connys Mutter sorgte dafür, dass ich eine feste Zahnklammer bekam. Der Kieferorthopäde schraubte mir diesen Metallapparat in den Mund und gab mir für abends noch ein Gestell mit: Ich musste es auf den Kopf setzen, wie eine Fliegermütze ohne Stoff; oben waren zwei Riemen, die an einem Metallbügel befestigt waren, den ich rechts und links in das Metall der Backenzähne einhaken sollte. Vorne ragte der Bügel aus dem Mund raus, es sah einfach verboten aus. Die nächsten Tage in der

Schule wurden zum Spießrutenlauf, alle wollten das Metallding in meinem Mund sehen und sich dann drüber lustig machen – war ja klar. Ich presste meine Lippen fest aufeinander, was wahrscheinlich noch bescheuerter aussah. Das Gestell machte ich abends fast heimlich rein, weil Mama sich darüber einen abgrinste.

Am 16. Oktober wurde Mama von Zappel geschieden. Endlich. Aber der Nächste stand ja schon in den Startlöchern. Und mit Bulle mussten wir immerhin keine Angst mehr vor Zappel haben. Dies war die letzte Scheidung von Mama, obwohl sie noch zwei Mal heiratete. Wie das gehen kann? Bis dass der Tod euch scheidet, wäre hier der angebrachte Satz.

Bulle tat so, als ob er schon immer bei uns gewesen wäre. Als Erstes sagte er: Wenn der Kater bis abends nicht weg ist, dann macht er es, und das sieht dann anders aus! Aha, so einer war das also. Ich spürte, dass Mama einen Fehler machte mit diesem Knasttypen, aber ich hielt mich lieber zurück. Ich überlegte angestrengt, wohin ich mit Mr. James Murphy Driven sollte, da fiel mir die Ex-Nachbarin von Celina ein. In der Dämmerung ging ich über die Wiese zu dem Hochhaus, mit Mr. James auf dem Arm. Die Frau war nicht da. Ich klingelte irgendwo und schlich nach oben, dort setzte ich ihn vor die Haustür. Zu Hause verkündete ich trotzig: »So! Ich habe Murphy ausgesetzt. Seid ihr nun zufrieden?«

Am 25. Oktober bekam die Polizei mal wieder einen Tipp, dass Bulle bei uns sei, bestimmt von seiner verflossenen Mona. Mitten in der Nacht wurde ich von dem Getrampel wach, das sie veranstalteten. Ich lag ganz still, als sie auch in mein Zimmer guckten und sahen, dass dort kein Platz war für so einen großen Typen. Dann guckten sie hinter den Vorhang, und ich hörte nur, wie der Polizist sagte: »Na, Günther, dann steh doch mal auf und komm mit!« Er schien belustigt, und Bulle leistete keinen Widerstand, man kannte sich. Mama reichte ihm gleich seine Reisetasche, die gepackt hinter dem Vorhang stand, er gab ihr

noch einen Kuss, und dann führten sie ihn ab. Wieso sie ihn diesmal fanden? Der Polizist hatte ihm auf die Hand getreten und gemerkt, dass sich das komisch anfühlte, und dann hatte er unter dem Federbett nachgesehen.
Damit war die Zeit mit Bulle vorläufig zu Ende. Charly tauchte auch wieder auf: Es lief nichts mehr zwischen ihnen, aber er hatte nichts zum Pennen. Er hatte sich verändert, sah unzufrieden aus, fertig, war mehr auf Droge als vorher.
Es gab auch wieder einen Schrecktag: Ich kam von der Schule, und im Wohnzimmer lag ein Zettel: Mama wollte mit Charly in der City jemanden besuchen, sie wollten abends wieder da sein. Ich setzte mich erst mal mit was zu essen vor die Glotze. Gegen 20 Uhr gab es die Peter-Illmann-Show. Da klingelte das Telefon, Charly war dran, ein wenig aus der Puste; Mama und er würden bald nach Hause kommen, ich sollte mir keine Sorgen machen. Ich fragte, wo Mama sei. Die könne gerade nicht drangehen; falls es zu lange dauern würde, solle ich mich schon mal schlafen legen. Im Fernsehen kam gerade Sade mit »Smooth Operator«, es ging mir voll rein. Ich ahnte, dass irgendwas mit Mama war. Mit halbem Auge sah ich mir noch einen Film an und ging irgendwann schlafen. Niemand hatte sich gemeldet.
Am nächsten Morgen hatte sich immer noch nichts getan. Ich wusste nur, dass sie mit Charly zu diesem Typen mit der fetten Stones- und Beatles-Sammlung wollte, ich hatte nicht mal eine Telefonnummer. Ich fand, dass ich wieder mal einen Grund hatte, die Schule zu schwänzen. Da wurde die Tür aufgeschlossen: Charly führte Mama rein, sie sah schwach und ausgelaugt aus, einfach elend. Sie wich meinem Blick aus und sagte, sie wolle ein wenig Ruhe haben. Ich fragte, was denn eigentlich los gewesen sei. Charly antwortete für sie: Sie hätte gestern einen Kreislaufkollaps gehabt und sei dann irgendwie eingeschlafen. Sie hätten sie nicht mehr wach gekriegt und mich auch nicht mehr anrufen wollen, weil es schon so spät war. Was sie mir ver-

schwiegen, war, dass sie sich eine Überdosis gesetzt hatte, aus »Versehen«. Sie soll schon ganz blau gewesen sein und hatte aufgehört zu atmen. Charly musste sie dann mit Kochsalzlösung zurückholen. Ich ging an diesem Morgen doch noch zur Schule, ich hatte keine Lust mehr zu schwänzen.
Mama verschwieg Bulle natürlich ihre Eskapade, schon weil Charly in der Geschichte vorkam. An etwas anderes als an Bulle dachte sie fast gar nicht mehr: Sie klaute ihm jede Menge kitschiger Postkarten, und er schrieb jede Menge triefender Briefe zurück, ummalt mit Ornamenten und anderen künstlerischen Ergüssen. Ich fand es zutiefst schleimig, aber Mama meinte, dass sei Liebe, und ich würde auch noch dahinter kommen.

In der Schule fühlte ich mich nicht wohl, sie kamen mir alle falsch vor. Eines Tages schmierte mir ein Mitschüler Prittstift an die Backe. Ich fuhr ihn an, er machte es noch mal und grinste doof dabei. Ich schrie ihn an, da packte er mich, stieß mich zu Boden und trat mir in den Bauch. Die Lehrerin kam und riss ihn weg. Ich rannte raus, mein Bauch zog, und da ich nicht glaubte, dass ich Fahrrad fahren konnte, schob ich mein Rad schluchzend nach Hause. Auf dem Klo sah ich Blut in meinem Schlüpfer! Voller Panik rief ich Mama, aber sie meinte nur grinsend, dass ich meine erste Regel gekriegt hätte. Ich war ein bisschen enttäuscht, weil ich dem Typen gerne so richtig einen verpasst hätte.
Am 30. Oktober war ich mit Mama bei Bulle im Knast, es war langweilig. Mama knutschte die ganze Zeit nur mit ihm rum.

Am 31. Oktober kam Mama abends von den Nachbarn zurück. Sie hatte einen Schatten gesehen, der sich an der Hauswand langschlich. »Zappel ist draußen!«, sagte sie. Wir schlossen schnell alle Fenster. Vor Nervosität räumte ich mein Zimmer

auf, da hörte ich eine vertraute Stimme. Zappel war von einem Nachbarn ins Haus gelassen worden. Mama und ich stellten uns ans Fenster, wir warteten auf Charly. Als er dann kam, traf er Zappel am Fahrradkeller, und Charly fragte ihn: »Was willst du denn eigentlich noch hier?« Zappel erkannte Charly mit Bart erst gar nicht, als er es dann gecheckt hatte, nahm er die Arme hoch. Charly war aber schneller und schlug ihn zusammen. Dann zog er ihn an den Haaren nach draußen. Mama ist mit einem Eimer Wasser runter und hat das ganze Blut weggewischt. Ich war froh, dass Zappel endlich mal richtig was aufs Maul bekommen hatte.
Aber Zappel nervte weiter rum. Er rief gerne mal die Bullen an: Bei uns sei im Backofen Heroin versteckt! Mitten in der Nacht klingelte es dann an unserer Tür, und die Bullen wollten in unseren Backofen gucken.
Ich verliebte mich in Brian Jones, den ersten Toten der Rolling Stones. Ich las über sein Leben und war fasziniert, auch davon, dass er schon tot war, das machte ihn unerreichbar, aber man hatte genug Platz für Phantasien. Dazu hörte ich die Stones-Platten von Zappel. Er kam in dieser Zeit auch mal zu uns, drückte mir die »Beggars Banquet« in die Hand, als Entschuldigung für den Stress, den er gemacht hätte. Ich war fast gerührt, aber auf jeden Fall verlegen. Papa sagte über Brian nur: »Ach, diese Schwuchtel! Der hat's doch nicht gebracht, der Haschkopp!« Dann legte er eine Stones-Dokumentation in den Videorekorder und drehte es so laut, dass die Leute auf der Hildesheimer Straße noch was davon hatten. Dieses Video hatte er meistens an, wenn ich ihn besuchte, anscheinend wollte er mich so richtig draufbringen – was ihm ja auch gelang. Ich suchte mir aus seiner Plattensammlung ein paar interessante Sachen raus, leider hatte die Bob-Dylan-Platte ein Einschussloch, genau in dem Lied, weswegen ich mir die LP eigentlich ausleihen wollte: »Like a Rolling Stone«. Papa meinte nur: »Na und? Da wollte ich in die Mitte treffen!«

Mama erzählte mir, sie sei früher auch total in Brian Jones verknallt gewesen; das machte sie wieder zu meiner Verbündeten, irgendwie. Eines Tages kam sie an und erzählte, dass sie Bulle heiraten würde, weil er dann früher aus dem Knast käme. Ich verkroch mich in mein Zimmer und hörte die Stones-Platten, immer und immer wieder …
An Weihnachten 1984 erinnere ich mich nur so weit, dass Mama mir Geld gab für eine LP von den Stones. Ich ging ins LEZ und holte mir die »Exile on Main Street«.
Kurz vor Sylvester besuchte ich Celina im Roderbruch. Sie holte mich von der Haltestelle ab, Schnee fiel, und es waren kaum Menschen draußen. Bei ihr aßen wir erst mal, ihre Mutter war hypernett und fragte mich immer, ob ich denn nichts mehr essen wollte. Ja, sie war die Freundlichkeit in Person - vielleicht hatte sie endlich das richtige Beruhigungsmittel gefunden, sodass sie ihre Kinder nicht mehr schlagen musste. Celina hörte nur die letzte Grütze. Sie fand Radiomusik ganz toll: Wham mit ihrem Scheiß-Weihnachtslied und die ganzen anderen Schmalzlappen. Es war so, dass Celina und mich inzwischen Welten trennten: Sie war ein Jahr älter und erzählte von ihren ersten Grabbelerfahrungen. Ich hatte nur von unbedeutenden Schwärmereien zu berichten und dass ich wahrscheinlich schon wieder einen neuen Stiefvater bekomme. Wir hatten beide unseren komischen Film am Laufen und wussten es noch nicht in Worte zu fassen. Es war alles ziemlich holprig, es gab einige Schweigepausen. Nach ein paar Stunden fuhr ich wieder nach Hause.
Anfang Januar war ich nicht mehr in Brian Jones verliebt, dafür fand ich nun Keith Richards und Ron Wood voll gut. Wenn ich Stones hörte, stellte ich mir vor, dass ich bald eine elektrische Gitarre haben würde, dann wollte ich Musiker wie Keith Richards werden, außerdem fließend Englisch lernen, damit ich mich später mit den Stones unterhalten konnte! Das waren Teenagerträume, die keiner nachvollziehen konnte. »Was willst

du denn immer mit diesen alten Säcken?«, fragte mich Mama. Mir war es egal, ich sah die Stones so oft bei Papa auf Video, dass ich den Eindruck bekam, sie seien gute alte Bekannte.

Hochzeit im Knast

Mama machte Ernst. Am 31. Januar 1985 fuhren wir in die JVA, Papa war als Trauzeuge dabei. Wir betraten einen dämmerigen, vergitterten Raum, den Kuchen stellte ich auf den Tisch. Bulle riss erst Mama, dann mich in seine Arme und drückte uns Küsse ins Gesicht, mir war es vor Papa etwas peinlich. Dann kam auch schon der Pastor und begann mit der Trauung, er stellte ihnen die verhängnisvolle Frage, die sie beide mit Ja beantworteten. Nach dem formellen Teil brachte ein Wachmann eine Thermoskanne mit Kaffee, und der Kuchen wurde aufgeschnitten. Papa scherzte mit dem Wachmann, während Bulle und Mama sich liebkosten. Ich aß meinen Kuchen mit gesenktem Blick und sah nur manchmal zu Papa rüber, der einen Spruch nach dem anderen riss. Nach einer Stunde gingen wir wieder.
Es stand in den Sternen, ob Bulle durch die Heirat überhaupt irgendwelche Vergünstigungen bekommen würde. Mama besuchte ihn weiterhin im Knast. Einmal brachte sie ein Geschenk mit, das er ihr gemacht hatte: einen maßstabgetreuen Abdruck seines Schwanzes aus knallrotem Wachs. Sehr groß fand ich ihn allerdings nicht. Sie stellte ihn in den Wohnzimmerschrank, nun konnte ihn jeder sehen.

Erste Therapieauflagen

Vielleicht war das Jugendamt durch die Hochzeit wieder auf uns aufmerksam geworden, jedenfalls bekamen wir Post vom Vormundschaftsgericht, das am 12. März 1985 beschlossen hatte: »Der Kindesmutter wird aufgegeben, sich mit ihrer Tochter um eine Familientherapie zu bemühen und an der regelmäßig teilzunehmen. Die Entscheidung beruht auf den Vorschriften des §1666. Das Jugendamt berichtete, dass Silvana in ihrer Entwicklung in einem erheblichen Maße geschädigt sei. Unter Berücksichtigung der Probleme der vergangenen Jahre, des gegenwärtigen Schulversagens, der familiären Situation, der geäußerten Selbstmordabsichten, der massiven Ängste vor der Rückkehr des Stiefvaters sowie ihrer großen Kontaktschwierigkeiten sei ein Verbleib von Silvana bei der Mutter nicht mehr verantwortbar. Das Jugendamt stellte den Antrag, der Kindesmutter die elterliche Sorge zu entziehen und das Jugendamt als Vormund einzusetzen. Ferner beantragte es die Genehmigung der aushäusigen Unterbringung für Silvana. Die Kindesmutter beantragte, den Antrag des Jugendamtes abzulehnen, hilfsweise als Maßnahme eine Familientherapie anzuordnen. Zur Begründung gab die Mutter an, dass es bei Silvana zu den Schulschwierigkeiten aufgrund einer kieferorthopädischen Behandlung gekommen sei, sie hat deshalb im ersten Schulhalbjahr Kontakte zu Freunden abgebrochen. Es ist dann auch zu dem Leistungsabfall in der Klasse gekommen. Inzwischen hätten sich die Kontaktschwierigkeiten gebessert, und sie wolle sehen, dass Silvana Nachhilfeunterricht erhalte. Nach einem Bericht der Lehrerin zeige Silvana positive Ansätze zu einer Veränderung ihres Verhaltens. Die Mutter war ferner der Auffassung, dass die Ängste ihrer Tochter nicht so gravierend seien, bei den geäußerten Selbstmordabsichten habe es sich mehr um einen Wutausbruch gehandelt. Die Anhörung von Silvana hat ergeben, dass es bei ihr insbesondere aufgrund der familiären Situation zu Verhaltensauffälligkeiten gekommen ist. Sowohl ihr Auftreten vor Gericht wie auch ihr Verhalten in der Schule sprechen eindeutig dafür, dass hier therapeutische Hilfe dringend angezeigt ist.«

Ich weiß gar nicht, was die mit Verhaltensauffälligkeiten meinten! Ich lief nicht sabbernd durch die Gegend und war auch sonst eher bemüht, unauffällig zu bleiben, schon wegen meiner

Klammer. Vielleicht war ich denen »zu ruhig«, vielleicht war ich in meinem Verhalten zu eigensinnig, vielleicht hatte ich auch nur einen komischen Blick drauf: missmutig, misstrauisch, verstimmt. Als ich das mit den Verhaltensauffälligkeiten las, war ich gleich doppelt unsicher – ich wusste gar nicht mehr, wie ich nun rüberkommen sollte. Woher wussten die eigentlich von meinen Selbstmordabsichten? Manchmal hatte ich diese Möglichkeit erwähnt, mich aus dem Staub zu machen, aber es hing wohl auch mit den Wirren der Pubertät zusammen; die ungerechte Behandlung durch Bulle, die Nichtachtung von Mama, es wuchs mir alles über den Kopf, und ich hatte die letzten Jahre keine Möglichkeit gehabt zu reflektieren. Es ging alles immer so schnell: Zappel, Charly, Bulle, tausend Leute um einen herum, die Umzüge ...

Ich ging ein paar Mal zu Connys Mutter und ließ mir Nachhilfe geben. Nachhilfeunterricht wollte mir auch Graf Henning von der Trenck geben, bekannt auch als »der wilde Graf«. Er war ein Kumpel von Papa, der zu Hause einen Zeitungsausschnitt an der Wand hatte: Henning wird am Kröpcke von den Bullen gestellt, nachdem er im Mövenpick mit einer Knarre rumgefuchtelt hatte. Er rastete wohl ab und zu mal aus; zu mir war er nett. Er wohnte um die Ecke, in einem Hochhaus mit Swimmingpool, und er sah original so aus wie Charles Bronson! Er holte sich Tabletten von Mama.

In der Anhörung vom 18.Februar stand noch meine Aussage: »Silvana in Abwesenheit der Mutter und des Jugendamtes gehört. Sie erklärte, dass ihre Schulleistungen im ersten Halbjahr nicht sehr gut gewesen sind. Sie habe Mühe gehabt, sich in den neuen Klassenverband einzuleben. Dort sei eine Clique gewesen, in die sie nicht so schnell reingekommen sei. Dies sei jetzt inzwischen besser, sie habe inzwischen Freunde in der Klasse. Ihre Freizeit verbringt sie mit ihren Freunden im Jugendzentrum in Laatzen oder im LEZ. Etwa ein bis zwei Mal im Monat suche sie ihren Vater auf, dort könne sie Video gucken. Auf Be-

fragen: etwa einen Tag nach der Scheidung sei Herr X [Zappel] in der Wohnung aufgetaucht. Er habe in ihrem Bett gelegen. Sie ging davon aus, dass Herr X durch das Fenster eingestiegen sei. Sie habe ziemliche Angst vor Herrn X gehabt. Inzwischen sei diese Angst jedoch nicht mehr so stark. Herr X sei noch einmal später da gewesen und habe Papiere abgeholt. Vor der Scheidung haben beide noch mal Krach gehabt. Geschlagen worden sei sie von Herrn X nicht. Mit einem Henning sei ihre Mutter nicht zusammen. Das sei ein Bekannter, den die Mutter jetzt gar nicht mehr sehen würde. Er sei überhaupt nicht da. Zu ihrer Mutter habe sie ein recht gutes Vertrauensverhältnis. Zu den Mitarbeitern des Jugendamtes habe sie kein Vertrauen, da diese verursacht hätten, dass ihre beiden Brüder innerhalb von drei Stunden der Mutter weggenommen wurden.«
Was die nicht alles wussten: dass Henning manchmal bei uns vorbeikam! Woher hatten die das?

Freundinnen

Ich freundete mich mit den beiden Nicoles an; die eine war hellblond, klein und dünn, sie wirkte fast schon magersüchtig. In ihrem stark geschminkten Gesicht prangte der angemalte übergroße Mund, sie könnte heute gut in der Pornobranche arbeiten. Nicole hatte ständig was Neues, sie klaute kräftig. Nicole H. war ein schlankes, etwas verschämt guckendes Mädchen; sie war auch blond, allerdings mehr die Straßenköter-Variante. Sie hatte noch eine jüngere Schwester, und ihre Eltern sahen nach Milieu aus. Zu diesem Clan gehörte noch die Chinesin Sui Ping, sie war lustig und auch etwas prollig. Wir waren ein komisches Kleeblatt: das aufgetakelte Püppchen Nicole, die resolute, prollige Sui Ping, die verschämte Nicole H. und ich – schüchtern, leicht abwesend, aber doch irgendwie aufgeweckt. Wir hingen im LEZ ab und starteten erste Klauversuche. Ich erzählte, dass Mama auch zocken geht, das beeindruckte sie. Charly besorgte einen Kneipen-Flipper, den er in unseren Keller stellte, wir konnten flippern bis zum Umfallen – es war der Hit! Nebenbei entdeckte ich, dass die Häuser durch die Kellergänge miteinander verbunden waren! Das gab mir ein sicheres Gefühl für den Fall, dass es mal wieder hart auf hart kam mit meinen Eltern.

Wir hatten ein schwarzes Schaf in unserer Klasse: Manuela. Sie hatte einen Jennifer-Rush-Mund samt Doppelkinn. Es ging das Gerücht um, dass ihr Schamhaar schon so eine enorme Länge erreicht hätte, dass man Zöpfe daraus flechten könnte. Das mussten wir auf jeden Fall sehen! Wir schleimten uns bei ihr ein, und als wir sie so weit hatten, waren wir enttäuscht.

Am 18. April 1985 ging ich zum ersten Mal zu der therapeutischen Behandlung bei der Caritas am Steintor. Frau K. war eine ältere, gedrungene Frau mit einem breiten Mund und einem allzu freundlichen Wesen. In der ersten Stunde sollte ich einen Baum malen. Sie war sehr angetan von meinem Baum, sie meinte, das sehe sehr gesund aus. Sie zeigte mir den Hasen von Dürer, und wir unterhielten uns über das Zeichnen. Dann war die Stunde auch schon vorbei. In meinem Tagebuch erwähnte ich Frau K. überhaupt nicht, als ob sie in einer anderen Welt existierte. Ich erzählte meinen Freundinnen auch nicht viel darüber. Es war ja auch gar nichts Besonderes los da, einmal gingen wir in den Spielkeller, der wirklich einladend aussah, aber ich sollte nichts anfassen, also saß ich einfach da und sah mir die bunten Sachen nur an. Sie meinte, dass ich doch schon viel zu groß sei für Spielzeug. Trotzdem hätte ich das eine oder andere gerne angefasst!

Bulle bekam einen Beschluss vom Gericht. Darin stand, dass die Vollstreckung des Restes der Freiheitsstrafe nicht zur Bewährung ausgesetzt werde. Begründung: »Der Verurteilte hat am 1.9.84 trotz früheren Versagens Vollzugslockerungen erhalten, die er missbraucht hat. Er ist von diesem Ausgang nicht zu-

rückgekehrt und konnte erst am 25.10.84 festgenommen werden. Eine günstige Zukunftsprognose ist, trotz der während der Haft erfolgten Eheschließung, nicht erkennbar.«
Bulle schlief manchmal woanders. Als Mama einmal weg war, klingelte er bei uns. Sie kam auch kurz darauf, wusste aber nicht, dass Bulle schon da war, denn er hatte sich hinter meiner Tür versteckt, um sie zu überraschen. Sie begann sofort irgendwas von Charly zu erzählen. Ich sah sie sofort warnend an, aber sie plapperte weiter und ließ tatsächlich so einen Satz fallen wie: Wie gut, dass Bulle davon nichts mitkriegt ... Ich sagte nur noch: »Oh Mama, halt doch endlich mal dein Maul!« Sie sah mich erstaunt an (»Wie redest du denn mit mir?«), da kam auch schon Bulle hinter der Tür hervor, packte sie und verpasste ihr eine Ohrfeige. Dann zog er sie ins Wohnzimmer und knallte die Tür zu. Sie schrie, und er schrie, es polterte. Da wütete schon wieder so ein Typ bei uns rum! Ich verfluchte Mama in den Nächten, in denen ich wach lag, auf den Lärm lauschte und auf die Eskalation wartete.
Bei Bulles Ausbrüchen war auch der Punkt erreicht, wo ich es fast nicht mehr mitkriegen wollte, wenn etwas passierte; er war eine Nummer zu groß für mich. Eines Tages war es dann so weit, dass ich bei einem handfesten Streit wegrannte, zu Nicole H. Ich erzählte ihr aufgeregt, dass ich es nicht mehr aushielte, dass meine Mutter ständig geschlagen würde und dass ich Angst hätte, dass dieser Typ uns alle auslöschen würde. Ich konnte kaum klar denken. Bei Nicole konnte ich nicht bleiben, ihre Mutter würde bestimmt bei meiner anrufen. Wir überlegten fieberhaft, was wir tun könnten, und rauchten eine nach der anderen. Sie rief dann Belinda an, ein ruhiges Mädchen, das ich nur vom Sehen kannte. Belinda meinte, wir sollten zu ihr kommen. Ich konnte in ihrem Keller schlafen, bei ihr oben würden sie auch nur doofe Fragen stellen. Sie legte mir Iso-Matten aus und brachte mir eine Decke. Ich hatte Kerzenlicht, Micky-Maus-Hefte, Ascher und ein paar Brote, die mir Belinda machte.

Es war fast romantisch, wenn die Umstände nicht so beschissen und es nicht so kalt gewesen wäre.
Am nächsten Morgen erwachte ich verknittert und verkühlt, Belinda schloss gerade die Tür auf. Belinda und Nicole gingen zur Schule, ich ging zur Telefonzelle und rief mit leicht zitternden Fingern zu Hause an. Mama fragte vorwurfsvoll, warum ich denn abgehauen sei. Bulle nahm ihr den Hörer aus der Hand und sagte mit zuckersüßer Stimme: »Muckelchen, komm bitte, ich mache auch bestimmt keinen Stress!« Einigermaßen erleichtert ging ich nach Hause.

Am 19. Juni wurde Nicole bei Karstadt im LEZ erwischt. Nicole H. und ich warteten draußen auf sie, doch dann mussten wir gehen. Zu Hause erzählte Mama, Nicole sei mit den Bullen bei ihr aufgetaucht und habe sich in ihre Arme geschmissen: »Mama, bitte schimpf nicht, ich habe geklaut …« Mama hat sich dann bei den Bullen freundlich bedankt, dass sie ihre Tochter (!) nach Hause gebracht hätten! Mit einem Augenzwinkern meinte sie, dass sie es abgewichst finde von Nicole. Ich war sauer und enttäuscht von den verqueren Wertvorstellungen meiner Mutter. Ich konnte also damit rechnen, dass sie es nicht schlimm fände, wenn ich mir meine Dinge zusammenklaue?
Am 13. Juli war ich bei Papa, um die 16-stündige Übertragung von Live Aid zu sehen und aufzunehmen. Ich machte es mir auf dem Sofa bequem, Papa war mit seinen Kumpels saufen. Ich saß die ganze Nacht vor der Glotze und sah jede Menge uninteressanter Bands, ich wartete auf die Stones oder das, was zu der Zeit von ihnen übrig war. Das Musikprogramm war einfach grottenöde, und ich musste gegen meine Müdigkeit ankämpfen. Wenn ich kurz vorm Einnicken war, ging ich auf den Balkon und schnappte Luft, das machte mich kurzzeitig wach. Dann kam Mick Jagger, aber nur im Duett mit Tina Turner. Als Bob Dylan endlich gegen Schluss der Veranstaltung die Bühne betrat und sein Ständchen bringen wollte, folgten ihm Ron Wood und

Keith Richards! Schlagartig war ich wach, drückte die Aufnahmetaste des Videorecorders und hüpfte aufgeregt auf dem Bett rum. Ich war hin und weg vor Symphatie zu Keith Richards, verliebt saugte ich mich an der Mattscheibe fest. Als es zu Ende war, spulte ich das Band zurück und sah es mir in aller Ruhe noch mal an, dazu rauchte ich genießerisch eine Zigarette. Dass ich rauchte, durfte Papa nicht wissen.
In diesem Sommer fuhren wir öfter mit der Bahn nach Alt-Laatzen und gingen in die Masch. Dort gab es eine Kiesgrube, an der wir abhingen. Am Anfang machte es Spaß, und ich ging sogar schwimmen in dem Loch. Aber irgendwann kam Bulle mit den Konsorten von der Mauer dazu, und da hatte ich keinen Bock mehr, schwimmen zu gehen oder mich mit nackter Haut zu zeigen. Auf einem dieser Ausflüge in die Masch wurde mein Hund Tinchen geschwängert.
Bulle war wieder im Knast, dafür war Charly noch manchmal bei uns, es war ein Spiel mit dem Feuer. Meistens war er ziemlich dicht, seine Sonne ging ein bisschen unter. Als ich eines Abends nach Hause kam, rannte mir Tinchen mit kahlem Kopf entgegen. Charly saß breit auf dem Bett und grinste: »Ich wollte ihr nur ein bisschen die Augen freischneiden, du meintest doch, das müsste mal gemacht werden. Da habe ich mich wohl ein wenig verschnitten …« Mein Hund sah voll bescheuert aus! Ich ranzte Charly an und merkte, dass es ihn nicht erreichte. Ich schnappte mir Tinchen und schwor mir, sie nun immer mitzunehmen, sie nicht mehr bei diesen Irren zu lassen.
Bevor Bulle wieder aus dem Knast kam, gab es noch eine komische Situation. Ich kam in der Dämmerung nach Hause und hörte aus dem Wohnzimmer vertraute Stimmen. Ich traute meinen Augen kaum: Da krochen Zappel und Charly total dicht durchs Zimmer, ein Herz und eine Seele – wenn man bedenkt, dass sie sich eigentlich nicht aufs Fell gucken konnten. Sie hatten ja auch beide verloren: Keiner war mehr der Typ von Mama, das Rennen hatte ein anderer gemacht. So waren sie auch

keine Konkurrenten mehr, mussten nicht mehr den Dicken machen und konnten sich ungehemmt dem Rausch hingeben. Mama kam triumphierend aus der Küche und fragte: »Na, wie findest du die beiden neuen Freunde?« Sie krabbelten auf dem Teppich rum und suchten irgendwas. Was Charly suchte, konnte ich nicht verstehen, er bekam seine Zähne kaum auseinander, aber bei Zappel hörte ich was mit »Ohrring« raus. Da krabbelte er auch schon durch den Flur in mein Zimmer. Lachend ging ich hinter ihm her und lotste ihn wieder ins Wohnzimmer, wo Charly inzwischen am Boden lag und an seinem Hosenbund rumnestelte, es war ihm wohl zu eng. Er zog sich die Hose runter, dann begann er wieder durchs Zimmer zu krabbeln, dabei schlackerte seine Hose um seine Beine. Ich zog sie ihm lachend aus – nicht, dass er sich noch verhedderte! Ich fragte Mama, was sie mit den beiden gemacht hätte. Sie meinte, sie hätten irgendwelche Pillen genommen. Wir beobachteten sie noch einige Zeit und lachten uns kaputt: Sie versuchten aufzustehen, was nicht klappen wollte; sie wollten sich unterhalten, aber verstanden sich selbst kaum; wenn sie versuchten, auf unsere Fragen zu antworten, verdrehten wir ihnen das Wort im Mund! So gelacht hatten Mama und ich schon lange nicht mehr zusammen! Irgendwann sackten sie weg, wir zerrten Charly aufs Bett und Zappel aufs Sofa. Am nächsten Morgen wachten sie pillenverkatert auf und verpissten sich ziemlich schnell.

Am 3. September war es so weit, der Sack kam aus dem Knast. Ich versuchte es hinzunehmen und mich nicht drum zu kümmern. In der Nacht zum 10. September bekam Tinchen ihre Jungen. Ich holte Mama und Bulle, und wir sahen zu. Ich war entzückt, aber wusste auch: Nun muss erst mal eine Plane besorgt werden, sonst scheißen die mir alles zu. Die nächsten Wochen lebte ich mit sieben Hunden in meinem mit einer Plastikplane abgedeckten Zimmer. Die Nicoles halfen mir beim Rausgehen, aber manchmal musste ich auch alleine mit ihnen raus, das war

voll die Action! Ich wurde sie dann alle schnell los, Papa kannte ja genug Leute.
Seit Bulle aus dem Knast war, war ich mehr mit meinen Freundinnen unterwegs. Wir hatten alle unseren Schwarm, den wir in der Schule beäugen konnten. Als wir im Oktober 1985 das zehnjährige Schulfest hatten, machte ich eine »merkwürdige« Entdeckung: Dass man nicht nur in einen verliebt sein kann! Denn die Schülerband hatte einen Gitarristen mit dunklen Locken um ein süßes Gesicht. Er trug ein Stones-T-Shirt und hatte so dünne Beine wie Keith Richards! Ich war schlagartig hin und weg. Meinen Freundinnen sagte ich aber noch nichts, denn noch war ein anderer aktuell. Aber ich war dermaßen schüchtern, dass ich immer die Flucht ergriff, wenn der sich näherte. Das sah natürlich ziemlich doof aus, zumal er wusste, dass ich ihn gut fand. Ich bekam Panikschübe – wovor eigentlich? Wie auch immer, mein zweiter Schwarm wurde nun der süße Gitarrist der Schülerband.

Als ich eines Morgens die Tür zu ihrem Zimmer öffnete, um mich zu verabschieden, bevor ich zur Schule ging, sah ich, wie Bulle Mama im Nacken gepackt hielt und ihren Kopf gegen die Wand schlug. Es ging alles so schnell, ich hatte vorher nichts von einem Streit gehört. Ich schloss die Tür und flüchtete mit rasendem Herzen. Von der Telefonzelle rief ich zu Hause an; falls Bulle den Hörer abnahm, wollte ich wieder auflegen. Aber Mama war dran, sie klang erschöpft. Ich fragte, ob alles in Ordnung sei, sie bejahte es kläglich.

Anfang November 1985 lieh ich mir Papas Who-Platten aus. Immer wenn ich ihn besuchte, lief das Video »The Kids Are Allright«. Ich fand natürlich Keith Moon total süß, und als Papa sagte, dass er auch die Solo-LP von ihm habe, nahm ich sie kurzerhand mit und übersetzte jedes Wort. »Quadrophenia« sah ich mir eines Abends allein im Fernsehen an. Ich war schwer beeindruckt von dem Schluss, und die Musik dazu berauschte mich ... Mit meinem Schwarm hatte es sich ausgeschwärmt, es kam raus, dass der Typ meine Art nicht gut fand. Mein schwarzhaariger Schwarm war sowieso viel interessanter.

Das Ende der unschuldigen Teenyzeit

Mama bestellte immer noch kräftig aus allen möglichen Katalogen, ich suchte mir einen pink Teddymantel mit schwarzen Tupfen aus. Ich hing wieder mehr mit Melanie ab, wir kokettierten mit dem Kifferimage, und ich hatte ein Cannabisblatt am Ohr hängen. Melanie konnte Bulle auch nicht ab, so schlief ich öfters bei ihr. Wir tranken Sekt und rauchten heimlich Kippen. Wir rissen ein Poster von Nikki Sudden vom Unigebäude ab und fanden ihn total süß: ein Kiffer wie aus dem Bilderbuch! Als ich eines Abends mit Tinchen draußen war und ein Päckchen Samson mit Blättchen fand, dachte ich: Das ist ein Zeichen, ich soll mir die Kippen selbst drehen! Ich fand, dass es viel cooler aussah, wenn ich auf dem Raucherhof in der Schule neben meinen Klassenkameraden stand und mir ganz souverän eine drehte.
In diesen Ferien fing ich an, mit den Freunden meiner Eltern abzuhängen. Ellen und Erle wohnten in Alt-Laatzen im Obdachlosenasyl. Die beiden waren locker drauf, machten viele Sprüche und Späße, ich fühlte mich einigermaßen wohl, behielt aber immer meinen Teddymantel an – ich schwitzte mir den Arsch ab, aber der Mantel blieb an! Wir spielten meistens Karten-Schwimmen. Dabei kifften sie. Erle fragte mich manchmal scherzhaft: »Na, Minna! Willst du auch mal ziehen?« Dabei sah er schelmisch über die Pfeife hinweg. Ich verneinte immer etwas verlegen; klar wollte ich auch mal probieren, aber ich war mir nicht sicher, ob sie alle dichthalten würden.
Kurz vor Weihnachten bekamen wir einen Mahnbescheid wegen nicht gezahlter Miete. Mama machte sich schon wieder auf die Suche nach einer neuen Wohnung.

Am 27. Dezember war ich mit Ellen, Erle, Mario, Kuli, Uwe und Bulle im P null 10, der damaligen Laatzener Dorfdisco. Ich trank sechs Weinbrand-Cola, nebenbei bekam ich mit, wie die Leute sich darüber unterhielten, dass ich süß sei. Mir schwirrte der Kopf, konnten die denn alle nicht richtig gucken? Ich hatte immer noch diese fiese Klammer – sie wurde mir bald darauf rausgenommen – und fühlte mich auch sonst völlig unförmig. Mir war schon ganz schön schwindelig, und Bulle meinte, dass ich nun keinen Tutschi mehr bekomme. Kuli sagte: »So ein hübsches Mädchen darf doch machen, was es will!«, und sah mich dabei ganz süß an. Ich wurde nicht mal rot, weil ich schon so besoffen war. Kuli war mein Schwarm unter den Freunden meiner Eltern, er hatte einen Schlafzimmerblick. Als wir gingen, musste Bulle mich stützen. Im Taxi wurde mir total schlecht, und ich hing meinen Kopf aus dem Fenster, dabei fing ich an zu kotzen. Als ich endlich im Bett lag, brachte Mama mir einen Eimer, in den ich reinreiern konnte. Ich fühlte mich unfähig, irgendeine Bewegung zu machen, sobald ich es doch tat, drehte sich alles noch mehr – Achterbahn total!

THC

Sylvester 1985 habe ich zum ersten Mal richtig gekifft! Ich saß schon mittags bei Ellen und Erle rum, die beiden machten was zu essen. Uwe war auch da, er rauchte eine Pfeife mit purem Haschisch nach der anderen. Erle kam zwischen dem Kartoffelschälen oder Zwiebelschneiden immer mal ins Zimmer und stopfte sich auch eine Purpfeife. Plötzlich sagte er: »Hier Minna, du kannst ruhig mal probieren, ich sag Bulle auch nichts!« Ich sah ihn etwas skeptisch an, aber als Ellen mir auch versicherte, dass sie auf jeden Fall dichthalten würden, Uwe auch, nahm ich die Pfeife, und Erle gab mir Feuer. Ich fand, dass es gar nicht schlecht schmeckte, und hustete ein wenig. Ich saß im Sessel und ließ es auf mich wirken, starrte vor mich hin und hörte Musik. Später rauchte ich noch mal und setzte mich dann in den Türrahmen zum anderen Zimmer, weil ich dort die Musik besser hören konnte. An diesem denkwürdigen Tag hörte ich zum ersten Mal die Doors ganz bewusst, sie spielten »Light My Fire«. Wie es an diesem Sylvester zu Ende ging, weiß ich nicht mehr.

Das nächste Mal kiffte ich bei Tini, bei der ich nun öfters rumhing, sie wohnte mit Willy Berlin im Vorlo-Hochhaus in einem Ein-Zimmer-Appartement. Willy kannte ich schon, seit ich denken konnte. Er war von Kopf bis Fuß tätowiert, auf der Stirn hatte er sechs Sterne, Tini erzählte, dass er auch auf dem Schwanz tätowiert sei! Ich war schwer beeindruckt. Fast hätte ich Willi dazu gekriegt, mir ein Cannabisblatt auf den Arm zu stechen. Er hätte es wohl gemacht, wenn Papa nicht gegenüber gewohnt hätte, ließ sich aber nur zu einem Punkt überreden.
Am 18. Januar 1986 linkte ich zum ersten Mal meine Eltern. Ich war bei Tini, und wir gingen mit Willy und Kuli zum dicken Bender. Mama und Bulle hatte ich erzählt, dass ich bei Papa schlafe, das hatte ich auch vor, aber beim dicken Bender war es voll lustig. Um acht Uhr abends ging ich zu Papa und erzählte ihm, dass ich meine Tage hätte und keine Tampons. Er gab mir Taxigeld, aber ich sollte vor seiner Tür wegfahren, damit er sah, dass ich einstieg. Ich fuhr aber nur um die Ecke, zu Bender. Da haben wir »Viel Rauch um nichts« gesehen. Um halb zehn sind Willi und Tini abgehauen. Um zwölf nahmen Uwe und Kuli mich noch mit ins P null 10. Als wir in der Ecke beim Fernseher saßen, habe ich ein bisschen gehascht, ich dachte, ich wäre eine Feder, und der Fernseher schien zu hüpfen! Uwe und Kuli sagten mir dauernd, wie süß ich sei: »Bist echt ein süßes Mädchen, ganz ohne Flachs«, sagte Kuli. Heute ist mir klar, dass die beiden sich nur nicht über mich hergemacht haben, weil sie Angst vor Bulle oder Papas Waffen hatten.
Am 3. Februar musste Mama ins Krankenhaus – angeblich, weil sie gefallen war. Ich glaube eher, sie hatte Stress mit Bulle. Im

Arztbrief stand: »Psychophysische Erschöpfungszustände bei Schwangerschaft 10. Woche. Patient hatte vor Aufnahme gehungert und viel geraucht. War am 31.1. auf den Kopf gefallen bei Kollaps. Kurze Bewusstlosigkeit mit Übelkeit. Schädelanzeichen für Fraktur. EEG: Hinweis auf Contusio. Patient steht Schwangerschaft ambivalent gegenüber. Therapievorschlag: psychiatrische Therapie (ambulant). Patient geht auf eigenen Wunsch.«

Am 1. März zogen wir wieder um, direkt neben das LEZ in die Hochhausfront in den sechsten Stock. Beim Anblick der zwei Balkone war mein erster Gedanke: Na, hoffentlich schmeißt er uns hier nicht mal runter! Und als ich den Müllschlucker sah, überfiel mich der Gedanke, dass Bulle uns zerstückelt und dann durch den Müllschlucker sechs Stockwerke runterjagt. Bulle demonstrierte uns, wie stark er ist, indem er Mama mit dem einen Arm hochhielt und mich mit dem anderen.

Ich begann eine neue Kladde; auf die ersten Seiten schrieb ich nur Sprüche, danach auch meine eigenen Gedanken. Ich wollte Mama austesten, wie sie darauf reagierte, wenn sie es mal wieder fand. Es gab einen Break in den Texten, ich schrieb: »Wir sind tot, tot, tot! Alle sagen, das Leben sei schön – kann mir mal einer sagen, warum!?« Dazu zeichnete ich Totenköpfe, Särge und zerbrochene Herzen. Durchs Kiffen hatte ich noch mehr Probleme, Kontakte zu knüpfen, und stand in der Schule so ziemlich einsam rum. Dass ich mich nach den Weihnachtsferien verändert hatte, blieb nicht verborgen. Die beiden Nicoles waren auch nicht mehr so präsent, Nicole H.'s Vater starb an einem Hirntumor, daraufhin zogen sie nach Hamburg. Wo die andere Nicole abgeblieben ist, weiß ich nicht mehr.

Im Frühjahr 1986 hing ich meistens in Alt-Laatzen bei Tini und Willy rum. Willy hatte manchmal epileptische Anfälle, einen bekam ich mit, als er gerade aus der Dusche kam: Plötzlich fing er an zu schreien und kippte krampfig nach hinten! Tini holte sofort ein Portemonnaie, das sie ihm zwischen die Zähne klemmen wollte. Kurz darauf war es vorbei, und Willy konnte sich an nichts mehr erinnern.

Wenn ich abends nach Hause kam, war ich immer darauf bedacht, dass Mama und Bulle von meiner Kifferei nichts mitkriegten. Eines Abends war Judith bei uns, und ich las ihr und Mama meine gesammelten Drogensprüche vor. Mama meinte zu Judith, dass ich wahrscheinlich nie mit Drogen anfangen würde, weil ich das Desaster von ihr und Zappel ja mitbekommen hätte! Dazu rauchte sie einen Stick mit Judith.

Ich schwänzte wieder verstärkt die Schule. Morgens ging ich pünktlich weg und trieb mich dann im LEZ rum oder ich fuhr nach Alt-Laatzen, kiffen. Mamas Bauch wurde immer dicker, und sie selbst immer dünner. In dieser Zeit hatte ich einen komischen Nachttraum: Ich bin in einem riesigen Saal, alles ist ganz kahl. Ich stehe mit Bill Wyman an einem großen Brunnen in der Mitte, wir reden irgendwas und lachen uns kaputt darüber. Plötzlich kommt Anita Pallenberg in den Saal – ich weiß nicht woher, denn es gibt keine Türen und Fenster. Sie trägt ein schwarzes Gewand, die Haare hängen ihr fettig runter. Mit wutverzerrtem Gesicht kommt sie auf mich zugerannt und sticht mir eine riesige Spritze in den Arm. Ich taumle und sehe Bill mit weit aufgerissenen braunen Augen dastehen. Anita macht ein entspanntes Gesicht, fast fröhlich sieht sie aus. Dann sehe ich nur noch Punkte, Kreise und komische Formen in allen Farben vor mir. Ich lache mich schlapp.

L.A.

Melanie war in dieser Zeit meine beste Freundin, auch wenn ich ihr nicht alles erzählte, was in meiner Seele vorging – ich wusste es selbst noch nicht genau. Durch Melanie lernte ich Linnenkamp kennen, ein 200-Seelen-Kaff in der Nähe von Stadtoldendorf, wo ihre Eltern ein Haus hatten. Wir verbrachten ein Wochenende dort und waren zum ersten Mal ganz auf uns alleine gestellt. Das nächste Mal fuhren wir in den Osterferien hin. Am ersten Abend wollten wir die vier Kilometer von Linnenkamp nach Stadtoldendorf trampen, es hielt aber nur ein fetter hässlicher Sack an. Wir stiegen nicht ein und gingen die Landstraße zu Fuß weiter. In Stadtoldendorf fanden wir sofort unseren Stammladen: das Balou, eine Bistro-Kneipe. Wir bestellten uns mit unseren 14 Lenzen zwei Campari-O und stießen auf unsere zweiwöchige Freiheit an. Beim Trampen von Dorf zu Dorf lernten wir einige Leute kennen, zum Beispiel Eykenboom. Er wohnte in einem coolen Haus in Wangelnstedt, seine Eltern waren Alt-Hippies. Bei ihm hörte ich zum ersten Mal »Three Imaginary Boys« von The Cure. Ich liebte diese Platte! Natürlich verknallte sich Melanie in Eykenboom, in der Hinsicht war ich noch etwas zurückgeblieben, denn mit Typen hatte ich nur schwärmerisch was am Hut. Wir fuhren in diesem Jahr ständig nach Linnenkamp, wir benannten es in L. A. um.

Sergio

An einem normal schlechten Tag ging ich mit Melanie zum wöchentlichen Jazz-time-Festival ins LEZ. Dort konnte man seine Lehrer treffen oder andere Scheißköpfe wie zum Beispiel die verhassten Klassenkameraden mit ihren doofen Eltern. Ich war also eher selten dort. Wir setzten uns etwas abseits an den Eingang und rauchten. Plötzlich kam ein Pulk von Leuten durch die Tür – in der Mitte ein Typ, der von anderen umringt wurde. Er sah hippymäßig aus, aber nicht lächerlich, eher lässig, er hatte braunes welliges Jim-Morrison-Haar und grünbraune Augen. Ein Blitz durchfuhr mich, und ich musste aufstehen, um zu sehen, wo sie langgingen. Wir verloren sie aber schnell aus den Augen – das verdammte Jazz-time war zu voll! Aber ich erfuhr

bald, wer mich derart aus der Fassung gebracht hatte. Denn zu den Leuten, die bei uns zu Hause standardmäßig abhingen, hatten sich auch Joseph und Wendy hinzugesellt. Ein paar Tage nach dem Jazz-time erzählte ich Joseph, dass ich immer noch keine Platten von den Doors hätte. Joseph meinte, er könne mir eine LP mitbringen. Und dann sagte er den entscheidenden Satz: »Mein Cousin ist auch voll der Doors-Fan.« Ich fragte gleich, wer denn sein Cousin sei. »Sergio«, sagte Joseph, »Sergio ist gerade wieder weg, er war zu Besuch hier und ist vor ein paar Tagen weitergefahren.« Irgendwie kam mir dieser unbekannte, interessante Typ in den Kopf, ich fragte Joseph, wie sein Cousin aussähe, und die Beschreibung passte. Nun wusste ich, wie mein neuer Schwarm hieß: Sergio.
Joseph brachte mir ein paar Platten mit, auch eine »Best of« von den Doors war dabei. Die anderen Platten waren alle am Rand angesengt, sie gehörten Sergio und hatten bei einem seiner Kumpel in Italien gestanden. Der Typ war breit eingenickt und bekam nicht mit, wie alles Feuer fing. Es waren so außerordentlich schöne Platten wie die »Wave« von Patti Smith, »Transformer« von Lou Reed und ein Live-Album von ihm, die »Tattoo You« von den Stones und was von Hendrix und Dylan! Ich war begeistert und saß nun viel vor meinem Plattenspieler und hörte die angeschmorten LPs meines drogensüchtigen Schwarms Sergio und zeichnete dazu. Ich malte Bilder aus dem Playboy ab, ich malte Mick Jagger ab, weil Keith Richards zu schwer war – und ich malte meine Seele ab: bunte verschlungene Bilder, in denen einzelne Körperteile auftauchten.
In den Sommerferien in L. A. sahen wir bei den Nachbarsjungen den »Christiane F.«-Film; ich fand den Film oberflächlich und hatte meinen eigenen im Kopf.
Wir erzählten allen, dass wir bei Melanies Oma wohnen würden, die noch sehr rüstig sei. So hielten wir uns notgeile Typen vom Hals, die alle scharf auf Melanie waren. Wir landeten mal bei einem Typen, der in Mamas Alter war. Ich saß im Wohnzim-

mer und durchforstete seine Plattensammlung, als Erstes legte ich »Station to Station« von David Bowie auf. Melanie lag mit dem Typen im anderen Zimmer, und ich war froh, dass ich meine Ruhe hatte und qualmen konnte, dazu kochte ich mir in dieser fremden Wohnung einen Kaffee nach dem anderen. Es war auch ein anderer Typ in der Wohnung, er unterhielt sich mit mir, ließ mich aber ansonsten völlig in Ruhe – sehr gut!
Diese Abstecher nach L. A. waren immer interessant, das Leben lief hier anders. Morgens kochten wir uns gern mal eine Dose Ravioli und aßen sie im Bett; das war auch unser Hauptaufenthaltsraum: das Schlafzimmer von Melanies Eltern. Dort hatten wir den Blick auf die Straße und konnten sehen, wer uns besuchte oder wann der Bäckerwagen vorbeifuhr. Es gab kein einziges Geschäft im Ort und auch keinen Kiosk, nur eine Kneipe, die kaum aufhatte. Abends gingen wir an den Dorfrand zur Kirche, schaukeln und rauchen. Manchmal kam Markus mit seinem Moped vorbei und nahm jeweils eine von uns mit zu einer Spritztour über die dunkle Landstraße. Es war eine schöne Zeit.

HIV

Als ich diesmal aus Linnenkamp zurückkam, hatte Mama schon entbunden. Am 13. August 1986 hatte sie meine Schwester Yvonne auf die Welt gebracht. An meinen 15. Geburtstag zwei Wochen später kann ich mich nicht erinnern. Aber ich erinnere mich, dass kurz nach der Geburt Mamas Frauenarzt anrief; er bat sie, in seine Praxis zu kommen. Als sie wiederkam, rief sie mich sofort zu sich. Sie sagte: »Ich bin HIV-positiv!«, und sah mich dabei Hilfe suchend an. Ich sagte: »Ja, und?«, denn ich verstand gar nichts. Verzweifelt sagte sie: »Das ist Aids!« – »Aber du bist doch positiv, ist doch gut!« – »In diesem Fall ist es aber negativ«, meinte sie, ihre Augen waren ganz schwarz vor Panik. Ich sah zu Bulle rüber, der auch schon aufstand und sie in den Arm

nahm, er winkte mich raus. Später holte Bulle mich rüber, und Mama erklärte mir, welche Krankheit sie hatte. Sie glaubte, sich an Zappels Spritze angesteckt zu haben – er hatte ihr erst gebeichtet, dass er Aids hatte, als sie schon zwei Jahre zusammen waren. Bulle meinte, dass wir jetzt alle zusammenhalten und Mama auch mit dem Baby helfen müssten. Wir mussten auch einen Test machen, waren aber alle negativ, auch Bulle, obwohl sie immer ohne Gummi gepoppt hatten.
Mama stürzte innerlich ab. Deshalb traf es sich gut, dass Bulle ein alter Knast-Kollege über den Weg lief: Norbert. Er sah superseriös aus: kleinwüchsig, grau meliertes kurzes Haar und ein unauffälliges Gesicht. Das Auffälligste an ihm war, dass sein linker Zeigefinger fehlte, er war ihm bei der Flucht aus dem Knast weggeschossen worden. Er war nun täglich da, denn er wurde unser Hausdealer. Mama konnte Bulle nun leichter zu Heroin überreden, denn Norbert zahlte Bulle mit Drogen aus; wenn er für ihn zum Beispiel den Teppich verlegte, gab es zwei Päckchen mit Heroin und Koks. Aber er brachte auch bei jedem Besuch einfach so etwas mit. Er kam rein und schmiss erst mal ein Päckchen auf den Tisch. Tini fand die neue Droge auch ziemlich interessant; Norbert war hinter ihr her, und sie ließ sich gerne aushalten. Mit Willy war schon seit einiger Zeit Schluss.
Die neue Situation kam mir insofern zugute, als ich nun zu Hause kiffen durfte, denn das war ja noch harmlos im Vergleich zu dem, was sie da trieben. Bulle meinte, er habe es schon seit längerem gewusst, habe aber abgewartet, ob ich von selbst damit rausrücken würde. Mama wusste es sowieso schon und meinte nur mit Stecknadelaugen: »Ich hätte es auch besser gefunden, wenn du es uns gesagt hättest, du weißt doch, wie wir dazu stehen. Oder hast du Angst vor Bulle?« – »Nein«, sagte ich zögernd. Bulle sagte, das bräuchte ich auch nicht zu haben, und stopfte mir ein Gerät. Wir hatten eine Wasserpurpfeife aus Holz mit Messingfuß, an einem grünen Schlauch aus der Aquarienabteilung zogen wir. Bulle gab mir Feuer.

Das Kiffen war auch echt harmonisch, bei uns trafen sich alle, und wir spielten abends Karten, Bulle wurde total nett und albern. Manchmal, wenn ich keine Lust hatte, bei ihnen zu sitzen, kam Bulle in mein Zimmer und brachte mir eine gestopfte Wasserpfeife. Ich lief in Bulles schwarzem Wollpulli rum, er ging mir fast bis zu den Knien und verdeckte alles, was da wachsen wollte.
Einen Monat nach Yvonnes Geburt wütete Bulle schon wieder rum. Er schlug Mama auch, es tat mir weh, vor allem, weil sie diese Scheißkrankheit am Arsch hatte. Es gab auch voll den Stress mit Bulle, weil ich meine Haare schwarz gefärbt hatte und immer nur in Schwarz rumlief, mit Nietenarmbändern; er hätte mich gern braver gesehen. Aber wenn Heroin im Hause war, war alles gut. Dann lief der Motor wie geschmiert!
Eines Tages fiel mir folgender Text ein: »Eine fliegende Spritze kam auf mich zu, sie war riesengroß und riss meine Venen auseinander. Ich fühlte mich wohl. Ich fühlte mich frei. Ich wollte fliegen, doch ich lief. Ich wollte laufen, doch ich flog. Meine Träume wurden wahr, meine Probleme waren weg. Ich fühlte mich in einer anderen Dimension – schon höher als die Wolken. Doch leider war dies der Anfang vom Ende!« Ich gab es Mama, und sie meinte, dass sie es gut fände und dass es die Sache gut beschreibe.
Norbert brachte ein Video mit: »Pink Floyd in Pompeji«. Ich war schwer begeistert und ein wenig genervt, dass ich es mit meinen Eltern sah und nicht in Ruhe abdriften konnte. Ich sortierte die Pink-Floyd-Platten von Zappel aus dem Wohnzimmerregal und nahm sie an mich.
Am 28. Oktober schrieb ich: »Hier laufen nur noch Junkies rum. Und ich häng mittendrin. Nicht mehr lange, und ich bin ne Fixerin. Höre gerade Lou Reed, war auch mal'n Fixer. Keith Richards auch und Patti Smith – kann also gar nicht so schlecht sein zu drücken. Hab Angst, was zu verpassen, nix mehr abzukriegen. Hab Angst zu sterben, hab Angst, zu früh zu sterben. Hab keine Freunde, hab nix. Hier laufen nur noch Junkies rum,

ich kenne nur Verbrecher.« Ich glaube, zu der Zeit habe ich das erste Mal Heroin geraucht. Ich erinnere mich nicht mehr, woher ich es hatte. Bei uns war es auch deshalb so heroinlastig geworden, weil jeder das Thema Aids vermeiden wollte.

Die Sucht meiner Eltern war inzwischen so weit vorangeschritten, dass sie oft »einen Affen schoben«, auf Entzug waren. Das brachte natürlich einen gereizten Touch in die Alltagsstimmung. Ich dachte verstärkt ans Abhauen, auch weil ich wusste, dass mein Zeugnis superschlecht ausfallen würde. Nach den Sommerferien wiederholte ich die achte Klasse. Da es aber bei uns nicht weiter interessierte, was ich in der Schule machte, ließ ich es auch weiter schleifen.

Ich fuhr mit Melanie oft in die Innenstadt, wir saßen im Ham-Ham in der Passerelle, tranken Kaffee und sahen uns die Abgefuckten an. Am 2. Dezember 1986 wurden wir beim Klauen einer Sonnenbrille bei Karstadt erwischt, das war meine erste Anzeige, und bei der Verhandlung sah ich zum ersten Mal Richter Zippel.

Einmal hatte Norbert keine Zeit, Mama und Bulle was vorbeizubringen, er war mit Tini in einem Restaurant, und sie schickten mich mit dem Taxi dorthin. Norbert lud mich zum Essen ein, ich lehnte ab, weil Bulle und Mama wollten, dass ich mich beeile. Tini gab mir unterm Tisch das Päckchen, es fühlte sich wunderbar dick an. Ich saß noch kurz bei ihnen, dann ging ich aufs Klo. Ich hatte mir schon vorher ein zweites Päckchen gebastelt, in das ich mit meinem Klappmesser einige Messerspitzen schaufelte. Dann fuhr ich nach Laatzen zurück, wo sie schon gierig auf mich warteten.

Weg!

Am Freitag, dem 30. Januar 1987, setzte ich meinen Plan abzuhauen in die Tat um. An diesem Tag gab es Zeugnisse, und ich hatte fünf Sechsen. Melanie schlug vor, zuerst nach Hamburg

und dann nach Vechta zu fahren, da kenne sie Leute. Wir fuhren ins HamHam, tranken einen Kakao und warteten auf Norbert, der mir Geld geben wollte. Ich hatte ihn eingeweiht; er fand auch, dass Bulle sich zu sehr aufspielte und sich zu wenig um mich kümmerte. Norbert hatte die Taschen voll Kleingeld, es waren ziemlich viele Fünf- und Zwei-Mark-Stücke, was zu dampfen gab er mir auch noch. In Hamburg angekommen, suchten wir uns eine Jugendherberge. Wir stellten unsere Rucksäcke ab und tigerten dann noch durch die Stadt. An Mama und Bulle dachte ich nur ganz kurz. Die ständigen Stimmungsschwankungen bei ihnen gingen mir an die Substanz. Und dann spielte sich dieser Typ auch noch auf, dass ich ein vernünftiges Zeugnis mit nach Hause bringen sollte! Wie denn, wenn man zu Hause nur den Irrsinn vor Augen hat?
Am nächsten Morgen fuhren wir nach Vechta. So klein hatte ich mir das Kaff dann doch nicht vorgestellt! Wir gingen zuerst in das einzige Bistro-Café, Banana, es war urwaldmäßig gestylt. Wir qualmten Kippen ohne Ende – wir mussten ja einigermaßen cool aussehen, wenn die Person reinkam, auf die wir warteten: irgendein freakiger Typ, der uns bei sich schlafen ließ. Er hieß Lorenz und nahm uns mit in seine Kommune. Offiziell wohnte in dem roten Backsteinhaus ein Pärchen mit zwei Kleinkindern: Karin und Axe. Es war dort ganz schön asig und siffig. Melanie war begeistert! Im Kinderzimmer gab es ein Gitterbett und eine Matratze, kaum Spielzeug, dafür lagen überall dreckige Klamotten rum. Mein Herz wurde schwer bei diesem Anblick, ich musste an zu Hause denken und dass es bei uns noch nicht so weit fortgeschritten war.
Karin und Axe waren aber wirklich nett und luden uns gleich zum Kiffen ein. Die Kinder tobten durch die Wohnung, während Leute ein und aus gingen, um ihre Drogen zu kaufen. Es kam mir alles so bekannt vor. Ich setzte mich an den Türrahmen der Kinderzimmertür und zeichnete, ich musste irgendwas tun in meinem bekifften Zustand. Melanie unterhielt sich prächtig

mit dem freakigen Lorenz, er war ihr Held! Irgendwann legten sich alle ab, da fiel mir erst auf, wie viele Leute da schliefen. Melanie legte sich auf eine Matratze, und ich ergatterte ein Plätzchen auf dem verdreckten Fußboden neben dem Gitterbett. Ich legte meinen Kopf auf meinen Rucksack und deckte mich mit einem alten Handtuch zu.

Ich wachte davon auf, dass der kleine Junge mich ansah. Er fragte, ob ich ihm einen Kakao machen könne. Ich machte mich auf die Suche nach Kakao und Milch, und es war tatsächlich was da. Dann half ich ihm beim Anziehen. Die anderen erwachten, und wir rauchten die erste Pfeife des Tages. Es war Sonntag. Axe bot mir eine Tablette an, irgendein Barbiturat. Irgendwann gingen wir alle raus und setzten uns auf Holzbänke und tranken Bier. Ich wurde ziemlich dicht. Melanie meinte, dass wir mal unsere Eltern anrufen sollten. Wir gingen zur einzigen Telefonzelle im Ort. Bulle war sauer, es sei ihr Hochzeitstag, und den hätte ich ihnen völlig versaut! Mama klang ziemlich besorgt und meinte, dass ich nach Hause kommen solle, sie wollte Norbert bitten, mich abzuholen. Melanie rief ihre Ma nicht an. Sie wollte bei Karin und Axe bleiben und machte mit ihnen aus, dass sie auf die Kids aufpassen und sauber machen würde, dafür könnte sie frei da wohnen. Norbert und Tini kamen bald. An die Fahrt kann ich mich nicht groß erinnern, die Tablette schlug voll ein.

Bulle spielte natürlich erst mal die beleidigte Leberwurst, er und Mama saßen auf dem Sofa und versuchten streng zu gucken, aber ihre Stecknadelpupillen verrieten sie: Es war alles nur pro forma, sie waren nicht mehr richtig sauer auf mich. Mama umarmte mich und sagte: »Mach so was bitte nie wieder. Ich hatte Angst, dass dir was passiert!« Ich drückte sie auch an mich, und da forderte Yvonne auch schon ihren Tribut. Mama nahm sie auf den Arm und sagte: »Guck mal, sie hat dich auch vermisst!« Und sie hielt mir das strahlende Baby hin. Bulle sagte mir auch, er sei froh, dass mir nichts passiert sei, und stellte mir eine ge-

stopfte Wasserpfeife hin. Nachdem wir noch die fünf Sechsen besprochen hatten, war es auch erst mal gut mit dem Thema.
Melanies Ma rief an und fragte, wo Melanie sei. Ich sagte nur: »Vechta«. Ich dachte, sie können ja versuchen, sie da zu suchen, aber der Freund von Melanies Mutter kannte sich in Vechta aus, und sie fanden sie ziemlich schnell.
Melanie war in dieser Zeit mit Mario zusammen. Er hing fast täglich bei uns ab, ein Freund des Hauses. Er lief meist mit einer Jeanskutte über einer Motorradlederjacke rum und hatte eine Feder im Ohr, dazu ein ziemlich feistes Gesicht. Seinen Eltern gehörte der Kiosk neben der Mauer. Er schrieb Melanie mal einen siebenseitigen Brief – und auf der letzten Seite fragte er sie, ob sie mit ihm schlafen wolle. Er hat sie auch entjungfert.
Irgendwann klingelte eines Nachts das Telefon bei Melanie – Bulle war dran und meinte, dass er bei Mario sei und sie eine Überraschung für sie hätten. Sie schickten ihr ein Taxi. Außer Bulle und Mario war noch irgendein Typ da, und auf dem Tisch lag ein Blech mit Shore, das sie Melanie anboten. Natürlich lehnte sie ab, sie kiffte ja noch nicht mal. Sie erzählte mir, dass die sie bestimmt total breit machen wollten, um sich dann über sie herzumachen! Ich weiß nicht mehr, was ich damals zu dieser Story gesagt habe, vielleicht: »Warum hast du dir die Shore nicht abgepackt und mir mitgebracht?«
Im Frühjahr 1987 besorgte sich Mama wieder verstärkt Tabletten, am liebsten Optalidon, die Pillen aus ihrer Kindheit, mit 30 mg Codeinphosphat. Sie fragte mich eines sonnigen Tages, ob ich mal eine probieren wolle, vielleicht hatten wir nichts zu kiffen im Haus. Tini war auch da, Mama hatte Sekt gekauft, und wir spülten die Optalidon damit runter.
Ohne meinen täglichen Rausch ging gar nichts mehr. Den Februar über wurde es mehr. Jede Seite in meinem Tagebuch handelt davon, wie traurig ich bin, wie langweilig mir ist, dass ich keine Leute kenne und warum ich eigentlich geboren bin! Als ich am 14. Februar von der Schule kam, stand ein fetter Strauß

Rosen in meinem Zimmer. Die Karte verriet, dass er von Norbert zum Valentinstag war. Wahrscheinlich wollte er mich aufmuntern.

Heroin total

Zur Schule ging ich nur sporadisch, ich trieb mich im LEZ herum. Meistens ging ich erst mal zum Bäcker und trank einige Tassen Kaffee von dem Geld, das mir Mama morgens hinlegte. Am 25. März haute ich aus dem Unterricht ab, weil mir schon wieder die Seele zu schwer war, um es im hellen Klassenzimmer auszuhalten. Ich ging auf den Spielplatz und setzte mich auf die Schaukel. Ich klappte mein rostiges Klappmesser auf und ritzte mir an den Pulsadern rum. Ich drückte es rein und versuchte zu schneiden – aber es passierte nichts, es war eindeutig zu stumpf!
Zu Hause sah Mama mir meine düstere Stimmung sofort an. Sie fragte, ob ich nicht bei Norbert »Pink Floyd in Pompeji« gucken wollte. Er hatte Zeit und kam vorbei. Seit einiger Zeit nahm Norbert sein Pulver auch selbst; so zog er noch eine kleine Line bei uns und ließ Mama den Rest des Päckchens da. Im Auto, wir waren kaum um die Ecke, fiel sein Kopf – während der Fahrt – aufs Lenkrad! Ich rüttelte ihn wach, und irgendwie schaffte er es zu fahren, obwohl sein Kopf ihm eindeutig zu schwer war, er sackte einige Male zeitlupenartig nach vorn. Ich rüttelte ihn wieder und erzählte die ganze Zeit irgendwas, damit er wach blieb.
In seiner Wohnung nahm er erst mal eine Nase Koks, und dann ging's auch wieder. Er machte Pink Floyd an, und ich saugte den Film auf. Es war gegen zwei Uhr nachmittags, ich saß auf dem Sofa, Norbert gegenüber im Sessel, er legte zwei fette Heroinlinien auf einen Kalender und reichte ihn mir: »Hier, willst du es mal so probieren? Tini hat erzählt, dass du es ab und zu rauchst.« Ich beugte mich über den Tisch und saugte jeweils eine der Bahnen in ein Nasenloch ein. Dann lehnte ich mich zurück und wurde schlagartig breit; ich konnte einige Zeit gar

nicht richtig gucken. Vielleicht hat Norbert das falsch gedeutet und gedacht, ich blinzle ihm zu, denn plötzlich sprang er über den Couchtisch – mir direkt auf den Schoß. Ich sah ihn so erstaunt an, wie ich noch konnte, und fragte: »Was wird das denn, Norbert?« Er sah mich genauso erstaunt an und sagte: »Oh! Da muss ich wohl was falsch verstanden haben!« – »Das glaube ich aber auch«, sagte ich. Er stand wieder auf und setzte sich in seinen Sessel. Ich wurde immer breiter, und wenn er gewollt hätte, hätte er mich locker vergewaltigen können, denn ich war zu nichts mehr fähig.
Mama rief irgendwann an und fragte, wann ich nach Hause käme, und meinte, ich könne auch ruhig etwas länger dableiben, Norbert würde mich ja sicher nach Hause bringen. Wenn sie gewusst hätte, dass er schon bei der Hinfahrt weggenickt war! Gegen zehn drängelte Norbert langsam zum Aufbruch. Er brachte mich ins Café Safran, wo er die Chefin kannte, denn ich wollte auf keinen Fall, dass Mama und Bulle mich so sahen. Ich hatte echte Schwierigkeiten zu gucken und ging halb blind zum Telefon, um Mama anzurufen und ihr zu sagen, dass ich im Safran war und bald kommen würde. Dann bestellte ich irgendwas, Norbert hatte mir noch Geld zugesteckt, damit ich ein Taxi nehmen konnte. Ein Rosenverkäufer kam rein, und eine Lesbe kaufte ihm eine ab. Sie kam mit der Rose zu mir und quatschte mich voll. Ich war zu dicht, um ihr überhaupt irgendwas verständlich zu machen, mit tranigem Blick sah ich sie an, vielleicht fand sie das erotisch. Ich bestellte mir bald ein Taxi und fuhr nach Hause. Da angekommen, sah ich niemanden an; ich sagte nur, dass ich enorm müde sei, und ging direkt in mein Zimmer.

LSD

Ich hörte nur noch Doors, Joseph hatte mir die »Absolutely Live« aufgenommen, dazu las ich die Biographie von Jim Morrison noch mal. Darin ging es ja auch um LSD – und was es damit

genau auf sich hat, sollte ich an einem sonnigen Sonntag erfahren. Ich schlief noch, als Mama gegen halb zwölf reinkam und sich zu mir runterbeugte. Sie hatte einen schwarzen Krümel auf der Hand: »Hier, ich hab Bulle gestern nur was vorgespielt – nimm!« Ich betrachte den Krümel und verstand gar nichts! Was hatte sie Bulle nur vorgespielt? Und was war das für ein Fliegenschiss auf ihrer Hand? Sie erklärte mir, dass Bulle gestern auf Trip gewesen sei und nicht gemerkt habe, dass sie es nicht war. Sie wollte das mit mir machen! Bevor ich noch was fragen konnte, steckte sie mir den Krümel in den Mund. Sie sagte noch: »Der Kaffee ist gleich fertig. Und wenn du so ein komisches Gefühl im Nacken kriegst, so eine Art Nackenschlag von innen, dann fängt es langsam an!« Ich zweifelte an der Wirkung dieser Substanz und drehte mich noch mal auf die Seite. War doch kaum zu sehen, der Krümel! Als ich zu Mama in die Küche ging, merkte ich es: der Nackenschlag! Ich sagte es ihr, und sie grinste mich an. Sie meinte, dass sie auch schon was merke, aber Bulle dürfe davon nichts mitkriegen. Na toll, das war ja wieder was! Da steckte sie mir so ein Zeug in den Mund und sagte dann, dass Bulle davon nichts merken dürfe!
Mama sagte, ich solle erst mal wieder rübergehen, sie würde mir den Kaffee gleich bringen. Mit Tinchen war sie auch schon draußen. Sehr gut! Ich machte die Doors an. Mama kam mit dem Kaffee rüber, grinste und fragte, wie es mir gehe. Ich fand es komisch, aber interessant. Ich saß auf der Bettkante, hielt die warme Tasse in meinen Händen und starrte in den aufsteigenden Dampf. Die Doors drangen in mein Hirn, und die Luft schien zu flirren. Die heiße Tasse kam mir eigenartig lebendig vor. Ich musste über diese neue Optik lächeln und fühlte mich eigenartig behaglich in meiner Haut.
Mama kam wieder und meinte, dass Bulle und Yvonne noch schliefen. Wir hatten also noch unsere Ruhe. Sie sah ganz anders aus mit diesen schwarzen Augen – und nicht schwarz, weil sie einen Affen hatte, denn dann war diese Schwärze durch-

drungen von innerlichem Leid. Diese schwarzen Augen aber waren voller Lebensfreude! So hätte ich Mama am liebsten immer um mich gehabt! Sie lachte vor sich hin und steckte mich damit an. Ich hatte erst mal keine Möglichkeit mich zu wundern, weil ich über alles lachen musste – da haben wir vielleicht den kosmischen Witz gespürt?

Irgendwann stand Bulle auf und ging aufs Klo. Die Toilette lag direkt neben meinem Zimmer, und ich hatte den Eindruck, dass die Wände an diesem Tag aus Pappe waren: Ich hörte ihn atmen, ich hörte, wie er seinen Roman umblätterte, ich hörte, wie sein Schiss ins Klo plumpste. Mama und ich versuchten, uns zusammenzureißen, damit wir nicht laut loslachten. Bulle machte kurz meine Tür auf und meinte unsicher, aber belustigt: »Ihr seid doch bekloppt, ihr beiden!« Mama fragte, ob ich einen rauchen wollte, damit er nicht misstrauisch wurde, weil ich so am Gackern war. Na klar wollte ich kiffen – was für eine Frage! Ich waberte grinsend rüber und setzte mich in den Sessel. Bulle knuffte mich in die Seite: »Na, Fliegenpilz! Wie geht's dir?« Ich fing an zu lachen, wegen des Fliegenpilzes und wegen der Optik: Er füllte das gesamte Sofa aus – niemand hatte da noch Platz! Er stopfte mir eine Wasserpfeife, und ich zog wie nie! Bulle schien es aber nicht zu merken, dass ich voll auf Pille war. Vielleicht war er noch weich gespült von seinem Trip letzte Nacht. Nachdem ich schnell noch eine hinterher geraucht hatte, verschwand ich in meinem Zimmer: Das unkontrollierte Lachen wollte mich schon wieder schütteln! Mama ging es nicht anders, sie kam gleich hinterher.

So verging dieser Sonntag: Lachend wanderten wir von Zimmer zu Zimmer. Immer wenn wir uns ansahen, wurde es schlimmer, was dazu führte, dass sie sich im Klo und ich mich im Bad einschloss! Aber weil wir durch die Substanz das Gras wachsen hören konnten, hörten wir auch unser Gegacker. Teilweise hatte ich richtige Blackouts vor lauter Lachen.

Als wir uns dann auf dem Flur trafen, sagte sie plötzlich: »Ich habe schon mal einen Trip mit dir genommen!« Ich sah sie erstaunt an, sagte: »Deshalb fühle ich mich also immer so komisch!«, und musste schon wieder hemmungslos grinsen. »Doch, als ich mit dir schwanger war, aber da wusste ich es noch nicht!« – »Und warum erzählst du mir das erst jetzt?«, fragte ich, musste aber schon wieder losprusten bei dem Gedanken, wie sich wohl ein Baby auf Trip fühlte. Sie lachte auch und schloss sich wieder im Bad ein, damit sie sich beruhigen konnte. Ich ging lachend in mein Zimmer. Wir waren lachende Zeitreisende auf einem Trip durch unsere Wohnung, mit einem Berg von Bulle auf dem Sofa! Yvonne kam mir vor wie ein kleiner Marsmensch, sie war voll süß und sah uns mit großen Augen an.

Am Spätnachmittag schickte Mama mich zum Kiosk. Sonntags hatte nur der hinterm LEZ auf. Sie schrieb mir einen Zettel und fragte mich, ob ich das auch geregelt kriege. Ich versicherte ihr, dass ich voll klar sei, und ging mit Tinchen aus der Wohnung. Ich nahm nicht den Fahrstuhl, sondern lief die sechs Etagen runter – eine nicht enden wollende Kettentreppe ... Draußen fiel mir sofort auf, wie unwirklich mir alles vorkam – in dieser unwirklichen Welt war ich zu Hause?! Gleichzeitig sah alles total wirklich aus, wirklicher als in Wirklichkeit – höchst verwirrend! Alle Farben waren intensiver, und die Luft flirrte. Wie gut, dass niemand auf der Straße war.

Als ich endlich beim Kiosk ankam, war ich froh, dass Mama mir einen Zettel mitgegeben hatte, denn ich wusste gar nichts mehr über diese irdische Aktion – was wollte ich denn? Mit einer fetten Tüte wandelte ich zurück; ich freute mich über die Sonne und die leeren Straßen, lief grinsend nach Hause. Es war so ein neues Gefühl, sich einfach am Dasein zu freuen. Mir war, als hätte ich eine neue Haut an, eine, die mir besser passte. So eigenartig glücklich hatte ich mich noch nie gefühlt. Wie der Tag und der Abend zu Ende gingen, weiß ich nicht mehr. Aber ich wusste, dass ich eine neue Droge gefunden hatte, eine Droge, die mir echten Spaß brachte! Noch nie hatte ich so abgelacht,

und mit Mama war es auch total gut! Warum konnte Mama nicht immer so lustig sein? Warum nahmen wir nicht immer LSD? Ach, es war so schön! Ich brauchte davon unbedingt viel mehr!
Welches Gefühl sich mir bei dieser Droge noch auftat, konnte ich erst nach späteren Trips in Worte fassen: Es war das Gefühl, »zu Hause« zu sein. Egal wo ich war – ich war zu Hause! Mir konnte nichts passieren, und ein Gefühl der Unsterblichkeit tat sich auf. Vielleicht sprangen deshalb manche Leute auf Trip von Dächern, nicht nur, weil sie überzeugt waren, fliegen zu können, sondern auch, weil sie spürten, dass sie unsterblich sind, dass nur die »Hülle« dran glauben muss.
Nach diesem Trip stellte ich mein Zimmer um. Den Tisch, auf dem ich immer saß, schob ich vors Fenster, ich legte zwei Matratzen drauf und schlief nun in Fensterbankhöhe, hatte das Gefühl, im Himmel zu liegen! Auf meiner Höhe konnte ich direkt bei den Bullen gegenüber reingucken, sah, wenn sie morgens ins Büro gingen. Ich stand jeden Morgen um sechs Uhr auf, damit ich noch Ruhe hatte, bevor die anderen aufwachten. Ich kochte Kaffee, machte die Doors an, rauchte und überlegte, ob ich zur Schule gehe oder mich irgendwo rumtreibe.

Razzia

Ich bekam auch mehr von diesem wunderbaren LSD-Zeug, graue Bomben, die mir der neue Freund von Melanie gab, Tom, er war 25. Eines Tages gab er mir eine Plastiktüte voll Opiumknospen. Ich fragte, wie ich das konsumieren sollte. »Du musst sie mindestens sechs Stunden kochen und dann den Sud trinken«, sagte Tom. Zu Hause stellte ich die Tüte zur Lagerung auf den Balkon.
Es war der 2. Juni 1987, als es morgens kurz nach acht an der Tür klingelte. Bulle war auf einem Messejob. Mama öffnete verschlafen, und rein kamen einige Zivilbullen, sie hatten einen Durch-

suchungsbefehl. Mein erster Gedanke war, dass sie wegen meinen Drogen da waren! Aber es war so, dass Mama auf einem Kurz-Messejob mal wieder lange Finger gemacht hatte, und nun suchten sie nach Euroschecks und einem Briefumschlag mit Geld. Und sie durchsuchten wirklich alles! Mir rutschte das Herz in den Schlüpfer, als ein Bulle auf den Balkon ging. Ich hörte, wie er die Tüte vom Boden aufhob und sie öffnete. Aber er ließ sie wieder fallen. Ich atmete auf, da kam die nächste Gefahr: Sie gingen in mein Zimmer, und einer der Bullen öffnete den Schrank, in dem meine Weste mit den grauen Bomben lag. Ich hörte, wie das Zellophanpapier, in das sie eingewickelt waren, knisterte. Ich schwitzte und stand stocksteif neben der Wohnzimmertür und wartete, was als Nächstes passierte. Es passierte nichts! Denn sie fanden nicht, was sie suchten, weil Mama schon wieder schlauer war als wir alle zusammen: Sie hat die Sachen schon längst eingelöst oder durch den Müllschlucker gejagt! Die Bullen verpissten sich endlich, und ich lief in mein Zimmer, um nach meinen grauen Bomben zu sehen: Sie waren noch da! Dann ging ich auf den Balkon und holte die Opiumknospen, denn ich fand den Tag günstig, um sie zu kochen und die Schule dabei zu schwänzen.

Mama machte sich fit für die Stadt, sie wollte Shore besorgen und Klamotten verticken. Von meinen Opiumknospen wollte sie nichts wissen, als ich zu ihr meinte, dass wir doch für heute genug Törn hier hätten. Gegen neun Uhr setzte ich den Topf auf, dann nahm ich ein Stück graue Bombe, weil ich mir das Warten nicht zu lang werden lassen wollte. Mama fing an, mich voll zu labern, ob ich denn jetzt noch vernünftig auf Yvonne aufpassen könnte? Ich versicherte ihr, dass ich damit gut klarkommen würde, ich hatte es schon mal gemacht. Yvonne saß eh die meiste Zeit in so einem Ding, das an einem Haken von der Decke hing. Ich schaukelte sie die ganze Zeit, hatte fett Musik an, und das fand sie richtig gut! Als Uwe klingelte, bat Mama ihn, auch dazubleiben, nun war sie beruhigt und fuhr in die City.

In der Küche köchelten die Opiumknospen, Yvonne saß im Hänger und war zufrieden, und Uwe saß auf dem Sofa, rauchte eine Pfeife und amüsierte sich, dass ich an einem Wochentag einfach so LSD nahm. Gegen drei Uhr schöpfte ich mir was von dem Sud ab und trank es. Uwe wollte nicht, ihn hatte wohl schon der Geruch abgetörnt, denn das Zeug roch wie bitterer Kohl. Es schmeckte auch nicht besonders, aber seit wann tun das Drogen? Obwohl ich LSD im Kopf hatte, merkte ich was von dem Sud. Es war wie eine warme Welle, die mich angenehm durchspülte.

Hermann

Ich lernte Hermann kennen, er wohnte um die Ecke, war drei Jahre älter als ich, hatte lange wellige blonde Haare, einen Führerschein und einen Dackel: Livius, den er manchmal unterm Arm trug, wenn er nicht schnell genug war. Er sah angefreakt aus mit seinem schiefen Schneidezahn und war natürlich am Kiffen. Er nahm mir aus der Nina-Hagen-TV-Show das Lied »Herman hieß er« auf. Ich hörte es nun zum täglichen Drogengebrauch.
Den Herman, um den es in dem Lied ging, kannte ich musikmäßig von Norbert. Er erzählte mir, dass er Herman Brood aus Amsterdam kenne, und brachte mir Musik von ihm mit. Melanie und ich hatten auch ein pubertäres Highlight mit Herman Brood erlebt. Wir waren nach Hildesheim ins Vierlinden getrampt, zu einem Konzert von ihm. Wir standen vor der Bühne und zappelten rum oder schmachteten Herman und seinen süßen Gitarristen an. Nach dem Konzert stellten wir uns vor den Laden und hielten unsere Daumen raus. Plötzlich ging eine Seitentür auf, und raus kamen ein paar Leute, auch jemand von der Band. Es war die Backstagetür! Wir hofften, noch einen Blick auf Herman zu erhaschen, doch vergeblich. Dafür fragte uns ein dicklicher Glatzkopf, ob wir es nicht ein bisschen zu gefährlich

fänden, mitten in der Nacht zu trampen, und bot uns an, mit einer aufgebrezelten Frau und einem Typen im Taxi mitzufahren, die auch nach Hannover mussten. Er bestellte uns schöne Grüße von Herman. Die Frau saß mit uns hinten, und ihr Parfüm riss an meinen Schleimhäuten. Ihr Gesicht hing ein wenig in den Seilen, sie sah nach Shore aus. Sie nickte, zwischen uns sitzend, weg. Melanie und ich sahen uns über sie hinweg grinsend an – wir fuhren in einem Taxi, das Herman Brood bezahlt hatte. Cool!
Mama bekam Vorladungen wegen ihrer Bestellungen auf falschen Namen. Inzwischen hatten wir unsere Wohnung komplett eingerichtet, oder die bestellten Sachen wurden für Shore vertickt. Ich hing jetzt viel mit Hermann rum, er war übrigens begeistert von meinem Familienleben. Mama und Bulle hatten immer noch nicht bemerkt, dass ich auch immer gieriger auf Shore wurde, so versteckten sie es kaum. Ich nahm mir heimlich was und streckte es mit Tabletten. Ich hatte mich richtig bewusst auf Shore eingelassen, ich konnte ja nicht ständig auf Trip durch die Gegend laufen.
Am 10. Juni hatte ich Weinkrämpfe. Vielleicht weinte ich um das Stück Seele, das ich gerade im Begriff war zu verlieren. Wie auch immer, am 16. Juni hatte ich meinen ersten Klappmann. Ich schrieb dazu: »Seitdem mir das in der Straßenbahn passiert ist, habe ich Angst vor mir! Es war völlig abgefahren – ich stand in der Ecke in der Bahn und dachte, ich müsste kotzen. Hermann saß und drehte sich Kippen vor. Wir waren gerade am LEZ, und eine Station mussten wir noch, ich bin zur Tür und drückte den Knopf, dann wurde mir immer schlechter – meine Ohren sausten, und ich rief zu Hermann: ›Hey … heeyyy!‹ Das Ohrensausen wurde immer schlimmer, dann verschwamm alles vor mir – klick. Ich dachte dann, ich würde in meinem Bett liegen und alles träumen. Mama und Bulle fielen mir ein, ich hatte das Gefühl, als ob mich jemand auf den Schienen lang zieht, ich glaubte, meine Füße machten das Geräusch von der

Bahn! Dann öffnete ich die Augen, und Hermann half mir hoch.«
Wenn ich in der Schule war, verschwand ich immer öfter aus dem Klassenraum, während des Unterrichts. In der absolut leeren Schule ging ich aufs Klo und rauchte ein paar Bleche. Das roch nicht so stark wie Hasch. Zum Kiffen ging ich auf den Spielplatz. Wenn ich vom Klo kam, ging ich mit Stecknadelpupillen zurück ins Klassenzimmer und war glücklich und fühlte mich erhaben in meinem anderen Zustand! Mit der Schule war ich sowieso fertig. Es gab wegen meiner unzureichenden Arbeitshaltung keine Schulzeitverlängerung für mich. Es war mir egal.
Die Stimmung zu Hause wurde immer schlechter. Mama riss sich den Tag über den Arsch auf, um genügend Stoff ranzubringen. Bulle saß auf dem Sofa und guckte Tennis, wenn er nicht arbeitete. Wenn ich Shore hatte, sagte ich meist, dass ich mit dem Hund rausgehe. Ich ging dann ins Treppenhaus, das nie jemand benutzte, weil alle mit dem Fahrstuhl fuhren. Ich breitete dann alle meine Utensilien auf der Treppe aus und machte es mir auf den kalten Steinstufen »gemütlich«. In meinem Buch hatte ich das Blech gefaltet, ich brannte es ab und rollte ein Papierröhrchen. Die Kippe legte ich neben mich. Dann wurde das heilige Päckchen aufgefaltet, und mit meinem Mini-Messer schaufelte ich kleine Hucken auf das Blech. Ich steckte mir die Kippe an und nahm das Röhrchen zwischen die Lippen. Vorsichtig hob ich das Blech auf Brusthöhe und hielt das Feuer drunter. Die helle Hucken verwandelten sich blitzschnell in eine dunkelbraune ölige Flüssigkeit, die ich mit dem Feuer von einer Seite des Bleches zur anderen trieb. Ich saugte es in mich rein und spürte auf Anhieb die warme Welle, die mich durchspülte. Ich genoss dieses Feeling und ging mit Tinchen noch spazieren. Das waren meine heimlichen Ausflüge ins Treppenhaus, seitdem ich Shore nahm. Nur Hermann erzählte ich davon, und manchmal kam er mit. Hermann brachte mir ein

Buch von Castaneda mit, und ich verschlang es. Ein anderer Schriftsteller, den ich verschlang, war Alan Watts, er brachte mich zum Lachen.

In den Sommerferien war ich mit Melanie bei ihrer Tante auf einem Bauernhof in der Nähe von Osnabrück. Wir bekamen Besuch von Tom und seinem Freund Assi und fuhren nach Osnabrück. Tom parkte in der Nähe des Bahnhofs. Sie hatten Micros mit, und außer Melanie, die Pillen aus Vechta dabeihatte, nahmen wir alle einen. Tom und ich tauschten die Plätze, und er fing hinten an mit Melanie rumzumachen. Der Trip kroch mir langsam in die Blutbahn, und das Auto wurde mir zu klein. Wir kifften noch schnell eine Purpfeife, und dann stiegen Assi und ich aus – hinein in eine fremde Stadt! Der Trip fing an mir Spaß zu machen, die Häuser bogen sich über mir zusammen, und ich musste lachen und staunen. Assi lachte auch die ganze Zeit. So taperten wir durch die leeren Straßen und freuten uns des Lebens. Ich glaube nicht, dass wir uns weit entfernt hatten vom Auto oder dass so viel Zeit vergangen war, aber als wir zum Auto zurückkamen, waren sie weg! Ich konnte es nicht glauben, dass Melanie mich hier stehen ließ. Wir gingen zum Bahnhof, vielleicht hatten sie ja Hunger gekriegt. Doch da waren sie auch nicht. Ich kriegte die Vollmacke. Wie konnte Melanie mich so im Stich lassen? Ich hatte so einen Hass, wie man ihn nur auf LSD spüren kann, bereit zu töten, wenn es sein muss! Die Sonne ging auf, und das schürte meine Panik – ich brauchte auf Trip absolute Dunkelheit; Licht tat in den Augen weh! Vor dem Bahnhof belebte es sich, die Gesichter sahen alle aus wie Fratzen. Auch Assi sah merkwürdig verzerrt aus. Er schlug vor, ein Taxi zu nehmen. Aber wie hieß die Straße? Wie hieß der Ort? Deshalb konnten wir auch nicht mit dem Bus fahren, wir wussten ja nicht wohin! Wir fanden einen Taxifahrer, der sich ungefähr denken konnte, wohin wir wollten, und waren bald wieder auf dem Bauernhof. Wütend stürmte ich ins Haus, um Melanie zur Rede zu stellen. Aber sie nahm mir den Wind aus den Segeln und kam gleich zuckersüß auf mich zu: »Wo seid ihr denn gewesen? Wir haben euch gesucht! Na, jetzt seid ihr ja wieder da. Ich habe schon Frühstück für dich gemacht und wollte gleich baden – lass uns in der Wanne frühstücken!« Wir verschwanden in der Wanne, alles war wieder gut.

Die Musik der Doors nahm mich noch mehr gefangen. Meine täglichen Dröhnungen bekam ich immer noch aus dem Wohnzimmerschrank. Eine Zeit lang hatten Mama und Bulle einen Nuckelflaschenverschluss voll Heroin. 10 Gramm waren das mindestens, daraus schaufelte ich mir immer kleine Tagesrationen ab, und als es weniger wurde, streckte ich es mit Tabletten. Ansonsten besorgte ich mir LSD. Ich nahm öfters was, gerade mal so viel, dass ich nicht komisch wurde. Ich hatte eine »Geistperson« für mich erfunden, mit der ich auf LSD kommunizierte. Ich stellte mir meinen Geist natürlich so vor wie Jim Morrison, so eine Art mentaler großer Bruder. Schon die ganzen Jahre hatte ich mir meine »Geisterbrüder« ausgesucht: Brian Jones und Keith Moon begleiteten mich auch schon mal. Oder dachte ich etwa, Mr. Morrison unterhielte sich mit mir persönlich? Ich verschwand in erdachten Welten, zu denen ich nichts weiter sage, und zeichnete weiter blutige Augen und maskenhafte Gesichter in bunten Kisten.

Speed-Pitti

An meinem 16. Geburtstag fuhr ich zu Manon, die hinter dem Döhrener Turm wohnte. Sie schenkte mir das Buch »Der große Hirnriss«. Da lernte ich Pio kennen. Ein netter Italiener, über 20, wild und warmherzig, ein Krebsmännchen. Er wohnte auch in Döhren und hatte noch ein Domizil über einer Garage, in der sein Motorrad stand. Was an meinem Geburtstag noch war, weiß ich nicht mehr.

Anfang August ging ich in die Berufsbildende Schule, die BBS 6 in der Goethestraße, mitten in der »bösen« Innenstadt. Ich lernte was über Farben und Raumgestaltung. Die einzigen Leute, mit denen ich zu tun hatte, waren Pitti und Bianca. Bianca erzählte mir gleich in den ersten Tagen von einem »magischen« Spiegelspiel: Bei Vollmond setzt man sich vor einen Spiegel und schreibt oben, unten, rechts und links die Namen von Petrus, Satan, Jesus und Luzifer drauf, dann sieht man den eigenen Totenkopf. Und eine kleine Variante der Session war, dass man um Punkt zwölf Uhr nachts seinen späteren Mann sehen würde. Ich probierte es natürlich aus und sah einen tigerähnlichen Typen, ich bildete mir ein, dass es Sergio war.
Pitti sprach mich gleich aufs Kiffen an. Während des Unterrichts verschwanden wir öfters aufs Klo und kifften oder zogen uns Speed rein, das sie besorgt hatte. Abends gingen wir bei McDonald's am Schwarzen Bären aufs Klo, um in Ruhe eine Nase zu ziehen, bis sie uns irgendwann rausschmissen. So rüsselten wir unsere Nasen auf der Straße, hinter Glascontainern oder parkenden Autos. Ich war froh, endlich eine Verbündete gefunden zu haben. Pitti war auch echt lustig, sie hatte kurzes Haar und lief meist in einer prolligen Jogginghose rum, dazu hatte sie immer eine Kippe in der Hand. Ihre Augenhöhlen waren vom Stress des Lebens schon dunkel geworden. Sie hatte was mit der Schilddrüse, deswegen würde sie immer dünn bleiben. Pitti hatte zu der Zeit auch einen Freund, mit dem sie später ein Kind hatte, der ist aber auch schon an einer Überdosis gestorben. Aber erst mal waren wir jung und unbeschwert, nichts konnte uns in unserer Sucht aufhalten! Ich nahm manchmal schon vor der Schule Speed, ich hatte ja eine lange Bahnfahrt vor mir.
Ich hatte jetzt auch einen Verehrer: Pio. Er brachte mich manchmal zur Schule oder holte mich ab. Als ich einmal bei ihm war, fing er an, mich zu küssen, und wir landeten auf dem Teppich. Seine langjährige Freundin, die auch da wohnte, war bei der Ar-

beit. Ich schlief nicht mit Pio, weil Sergio in meinem Hinterkopf saß, aber ich machte einige Male kräftig mit ihm rum, sozusagen »Hardcore-Petting«. Manchmal hat er mich auch im Auto zu vernaschen versucht, aber da ich noch eine echte Jungfrau war, ließ ich es immer nur bis zu einem bestimmten Punkt kommen. Wahrscheinlich holte er sich später einen runter oder vergnügte sich mit seiner Freundin. Manchmal tat er mir fast Leid, wie er versuchte, sich wieder unter Kontrolle zu bekommen. Aber das war nicht mein Problem – ich wollte Sergio!

Die große Schwester von Hermann tauchte auf, Ella. Sie war gerade freiwillig in der Klapsmühle. Irgendwie war sie innerlich am Durchknallen, vielleicht zu viel LSD? Sie schenkte mir eine Morrison-Flagge, die ich mir vor mein Fenster hängte. Ella hatte lange blonde Haare, Teddyaugen und war ein wenig aufgedunsen von den Pillen, die sie nahm, um sich zu beruhigen. Manchmal saß sie im Schneidersitz auf dem Boden und hatte hospitalistische Anwandlungen, wiegte sich langsam hin und her. Sie war früher mal kurz mit Sergio liiert! Davon wollte sie aber nichts erzählen. So hatte ich nun die verschiedensten Leute um mich: die vertraute Melanie, die lustige verdrogte Pitti, den smarten Pio, den freakigen Hermann, seine verstörte Schwester, meine komischen Eltern mit ihren Leuten ... manchmal kamen auch noch Tom und Assi vorbei.

Zu Hause waren sie inzwischen schon am Spritzen. Mama hatte Bulle davon überzeugen können, dass es nicht schlimm sei, wenn man sich ab und zu mal einen wegmachte. Vielleicht war es auch so etwas wie Sex zwischen ihnen, wenn einer die Nadel beim anderen reinstach. Eines Sonntags ging Mama zur Telefonzelle am LEZ, unser Telefon war mal wieder tot. Ich saß mit Bulle vor der Glotze (wo sonst), und nach circa einer Stunde bemerkte er, dass Mama noch nicht wieder da war. Ich sollte mal gucken gehen, sie war nämlich schon wieder ganz schön angedichtet. Ich schnappte mir Tinchen und ging runter. Ich sah sie schon von weitem in der Zelle hängen – sie hatte die Fragezei-

chenhaltung eingenommen, mit eingeknickten Knien, hängendem Kopf und nach unten verzerrten Mundwinkeln, der Hörer baumelte neben ihr, es war niemand mehr dran. Ich hakte sie unter und ging mit ihr die Straße lang. Zum Glück war Sonntag, denn ich schämte mich für sie, für ihren Anblick.
Eines Tages gab ich Tinchen weg. Ich hatte keine Droge und fühlte mich unwohl, verzweifelt, zerrissen. Ich konnte mich nicht mehr richtig um den Hund kümmern, meine Außenaktivitäten hatten sich auf die Nordstadt, Döhren und Linden verlegt. Ich fuhr viel Bahn und hatte kein Geld, um für den Hund zu zahlen. Mama und Bulle machten voll Stress, wenn ich Tinchen nicht mitnahm, sie gingen auch nicht groß mit dem Hund raus, wenn ich nach der Schule gleich wegblieb. Ich drückte Melanie Tinchens Leine in die Hand, es war vor dem LEZ, ich war total angespannt und völlig aus der Fassung. Heulend und wütend gab ich ihr meinen Hund. Sie sah mich erstaunt an, denn so hatte sie mich noch nie gesehen. Ich drehte mich um und lief nach Hause. Melanie hatte Tinchen nur zwei Wochen, dann gab sie sie auf einen Bauernhof.

Ich beschäftigte mich mit dem Irrsinn an sich und dem Tod. Am 24. Oktober schrieb ich Folgendes: »Wenn dir ein Käfer ins Ohr krabbelt, musst du verdammt vorsichtig sein. Er frisst sich durch die Gehörgänge, bis hin zu deinem Gehirn. Und mit jedem Bissen, den er isst, wird er größer – bis er die Größe deines Hirns hat! Dann macht er klappernde Geräusche, versucht mit den Flügeln zu schlagen. Er kratzt an deinen Augen, er kratzt so lange, bis seine Beine aus deinen Pupillen herausschießen ...«
Am 29. Oktober hörte ich im Radio das Lied »Am Fenster« von der DDR-Band City, nur die ersten Zeilen, und verstand nur die Hälfte, weil es so leise war. Wie angewurzelt blieb ich stehen und versuchte die Worte zu fassen, die sich mir aufdrängten, ich ging direkt in mein Zimmer und schrieb: »Nur einmal reinfassen, im Blute wühlen, das Fleisch fühlen – ich kann's

nicht lassen! Es tropft auf den Boden, es bildet sich ein kleiner Teich. Und aus deinem Hirn kriechen sie raus, die langen Würmer, kommen aus ihrem Haus, aus deinem Kopf, aus dem es tropft …« Vielleicht hat mich bei diesem Text der Geist von Haarmann benutzt; keine Ahnung, was genau mit mir los war, denn ermorden wollte ich ja keinen!
Am 4. November hatte ich schon wieder solche »Haarmann-Allüren«: »Und das Blut rinnt über die weißen Wangen, es tropft aus den Augen, auf die weißen Hände. Alles voll Blut – der ganze Körper, die weißen Wände, alles rot, so blutrot! Welcome my child, welcome to the machine … Ich beiße ein Stück weiches rotes Fleisch aus deinem Bauch – so frisch, so frisch! Die seltsamen Tage sind vorbei. Blutrote Wände … überall!«

Am 5. November direkt nach dem Aufwachen um 5:45: »Cut me! Schneid mir das Hirn raus! Nimm es in die Hände und sieh dir meine Erinnerungen an! Ich möchte dir die Lunge mit beiden Händen rausreißen, dir die Atemwege knicken! Ja, das möchte ich jetzt tun – aber du hast mein Bewusstsein in den Händen, mein Hirn! Ich nehme eine Kerze und lasse das Wachs in deine Augen tropfen. Du schreist – und ich nehme mir deine Stimmbänder … Wehr dich nicht – ich habe schon gesiegt.« Ja, ich wurde immer hassiger.
Auf der ersten Seite in meinem neuen Notizheft stand ein Text von Nietzsche: »Wenn ich grübelte und schrieb, war ich wenigstens für ein paar Tage und Stunden ein anderer; ich war stark und gewaltig und zum Fürchten. Und wenn die Nacht kam, war ich wieder der Elende, der Leidende, der Hilflose, der Einsame, der keine Heimat hat.«
Vielleicht kamen die blutigen Anwandlungen auch daher, dass ich mit meinem Hass auf Bulle nicht weiterkam – ich konnte ihn nicht auslöschen! So versuchte ich es mit mir. Ich hatte Mordphantasien gegen Bulle und Selbstmordgedanken gegen mich. Manchmal wünschte ich mir, dass alles abbrennt oder von den

Bullen aufgelöst wird. Ich wünschte mir, aus dieser Wohnung – dieser Welt – auszuziehen. An die Haltestelle LEZ schrieb ich mit fettem Eddingstift: »Eltern können tödlich sein!«
Die blutigen Storys in meinem Kopf drängten sich auch in meine Nachtträume, es ging unterbewusst weiter, egal wo ich war, fielen mir blutige Storys ein. Waren das wirklich meine Gedanken? War ich dabei, »pervers« zu werden? Wollte ich in den Serienkiller-Zirkus mit einsteigen? Kam das durch die ganzen Horrorfilme, die ich bei Papa sah? Im November fing ich ein Buch an und nannte es »Trip – das Buch zur Pille«. Ich malte jede Seite aus und schrieb die blutigen Texte rein.
Im Dezember fuhr ich mit Mama, Bulle und Yvonne zum Steintor, zu Henni und Diana, sie wohnten über dem EVE-Club. Im Treppenhaus meinte Bulle ganz süffisant: »Na, Minna! Das hättste wohl nicht gedacht, dass du mit 16 schon im Puff bist!« Diana ging anschaffen, obwohl sie echt eine Bratzfresse hatte, das Heroin machte sie auch nicht schöner. Es ging um Shore bei unserem Besuch, ich passte auf Yvonne auf, während sie das Zeug testeten. Henni flog ein paar Tage später in den Knast ein.
Dann stand wieder Weihnachten vor der Tür. Ich fuhr zu Diana in den Puff. Ich hatte keine Lust zu Hause zu sein, wenn sie sich total dichtmachten und ich nichts abkriegte, denn Bulle wusste noch nichts von meinen Shore-Eskapaden. Ich hoffte, dass Diana mir was von ihrer Shore abgab. Doch Diana war schlecht drauf, weil Henni nicht bei ihr war, und rauchte ein Blech nach dem anderen. Um mich kümmerte sie sich überhaupt nicht. Sie saß auf dem Sofa und sah leer in die Glotze. Ich saß daneben, rauchte eine Purpfeife nach der anderen, denn Hasch hatte ich zum Glück noch von Bulle bekommen, und sah auch leer in den Fernseher. Diana legte sich bald schlafen, ich hatte das Wohnzimmer für mich und genoss es plötzlich, da zu sein und meine Ruhe zu haben. Ich zappte mich durch die Programme und schlief einigermaßen zufrieden und ungestresst auf dem Sofa ein. Am nächsten Morgen fuhr ich nach Laatzen zu den bei-

den Drogenmonstern. Dort war es am ach so Heiligen Abend wohl ziemlich lustig gewesen. Leute waren da gewesen, und sie hatten Karten gespielt. Es ärgerte mich, denn ich hatte gedacht, dass die beiden nur stumpf vorm Fernseher hängen würden. Aber nix! Sie hatten es lustig gehabt! Und ich hatte stumpf vor der Glotze gehangen. Ich bekam Geld von Mama und bestellte mir die drei Bücher, die Morrison selbst geschrieben hat.

Am 27. Dezember fing ich mein drittes Notizheft an, an diesem Tag schrieb ich 21 Seiten voll, z.B. folgenden verhassten Text: »Ich lasse die Matschhirne hinter mir. Ich lebe mit ihnen, doch ich rede nicht mit ihnen. Primitiv sind sie – ich hab ihnen nichts zu sagen. Sie nehmen nur, ans Geben verschwenden sie keinen Gedanken. Egoistisch sind sie … Sie hat mich zwar geboren, vor 16 Jahren, als sie selbst noch ein Kind war – und sie ist ein Kind geblieben. Ihr Spielzeug ist die aufgezogene Spritze. Sie kommen nicht mehr klar. Sie kommen nicht klar – nicht mit und nicht ohne (Gift). Ich will ihre giftgierigen Augen nicht sehen, ich will ihre verlebten jungen Gesichter nicht mehr sehen, ihre Unfähigkeit, ein Kind zu erziehen. Und dafür hasse ich sie. Abgrundtief. Diese zwei ungefüllten (ohne Seele) Körper wollen mir was vorschreiben – dabei erziehe ich mich seit jeher selbst. Noch nie aufgefallen, was? Weshalb sollte es euch auch auffallen? Ihr seid viel zu sehr mit dem Affen in euch beschäftigt. Ihr seid zu Affen mit menschlichen hässlichen Körpern geworden. Ihr habt fast panische Angst vor dem Tod und setzt die Spritze an. Doch wenn es so weit ist mit dem Tod, dann dürft ihr euch nicht wundern! Dann seid ihr wirklich tot – ihr hört sofort auf zu existieren, weil eure winzig gewordene Seele in Milliarden von Teilchen zerspringt, die niemals wieder zusammengesetzt werden können. Selber schuld, sage ich dann zu euch, weil ich weiß, dass ich euch überleben werde.«
Mir ging die Sucht immer mehr auf die Nerven, Mamas Giftaugen törnten mich total ab. Ich hasste es aber auch, dass ich

ihre Sucht teilte, demselben Gefühl hinterherjagte. Und dabei waren sie die Letzten, mit denen ich mich verbünden wollte!

Mama blieb nicht verborgen, dass ich hassig war. Ich war abweisend und kaltschnäuzig, ließ nichts an mich ran. Sie sah es auch durch ihre Giftaugen, wie mein Leben mich quälte. Zu dieser Zeit wusste sie schon, dass ich Shore nahm, und gab mir manchmal was aus ihrem Päckchen ab. Sie verarschte Bulle auch, indem sie ihm die Hälfte Apfelsaft oder schwarzen Tee in die Pumpe füllte und den Rest mir gab, also das Pulver, denn vom Ballern war ich noch einige Zeit entfernt.

Sylvester war ich mit Melanie im Drogenladen in der Nordstadt – es war ein Platz für gestrandete Drogis, man konnte da Amtsdinge klären oder sich so aufhalten und Kaffee trinken. Ich hatte Shore, die nicht lange wirkte, deshalb versuchte ich mich mit Sekt zu betäuben. Am Ende der Nacht landeten wir im Mövenpick, Melanie hatte Kaffeegutscheine. Wieder zu Hause, schrieb ich: »Sie erzählten mir, wie breit sie Sylvester waren – so mit Augen zu und in sich versinken, er auch. Und ich erzählte ihnen, wie nüchtern ich war, was gar nicht meine Absicht war, habe viel Gift geraucht – doch in der Nacht war alles vorbei. Der ganze Sekt half mir nicht, nur ich kann mir helfen. Du schenkst mir Drogen, doch kein Verständnis. Du schenkst mir ein Zimmer, doch keine Ruhe. Du schenkst mir Worte, doch die sind unnütz. Ich schenk dir Verständnis, doch du kriechst in die Spritze. Ich will reden, doch du gehst.«

Ich träumte von Sergio und davon, dass ich bald auszog, und saß nachts öfter vor meinem Spiegel und starrte mir in die Pupillen. Ich fuhr durch meine Augen in andere Gesichter, es war wie schnelle Schnitte in einem Film. Ich zeichnete einen Sarg, in dem Mama lag, darüber schrieb ich: »Ich streu dir ein bisschen Shore aufs Grab, ja?« Für Zappel hatte ich schon im Jahr zuvor so ein Sargbild gemalt. Es hatte mich irgendwie befriedigt.

Am 3. Januar schien ich einen Anfall von Stärke gehabt zu haben: »Ich wollte ihn diesmal mit jeder Faser meines Körpers

spüren, den Affen! Diesmal habe ich mit Absicht aufgehört, was zu nehmen. Diesmal habe ich mit Ruhe zugesehen, wie er mich quält. Es tat weh. Es tut immer noch weh ... Er erschreckt mich so, dass mir total kalt wird! Dann bringt er mein Blut zum Kochen ... mir ist heiß! Gleich wird er mich wieder erschrecken – doch ich bin ein Stück stärker! Nicht wegen der Schmerzen, sondern aus Langeweile werde ich wieder nachgeben ...«
Ich personifizierte das Heroin und den Affen: Die Herrin ist weiblich und hinterfotzig. Sie schickt ihre Affen in die sterbliche Welt, damit sie ihr die Seelen holen. Seelen, die alles für die »Herrin« machen. Sie ist so einschmeichelnd und warm, dass einem das Kotzen kommen kann – das machen auch die meisten, kotzen, kurz nach der Einnahme. Ich erinnere mich aber nicht, dass ich viel von Shore gekotzt hätte.
Ich dachte mir, auch am 3. Januar, eine kleine Story aus: »Als ich dem Affen zum ersten Mal gegenübersaß, war er sehr freundlich. Er war wirklich lieb. Ich vertraute ihm ... Es war ein seltsam schönes Feeling, das ich vorher nie hatte. Es war so schön, dass ich ihn noch mal treffen musste. Viele warnten mich, er auch, er sagte, dass er grausam sein kann, wenn ich ihm zu viel und zu oft Futter gebe. Ich gab ihm weniger Futter und auch nicht mehr so oft. Aber im letzten Jahr war ich oft allein. Da traf ich mich öfter mit dem Affen, gab ihm viel Futter. Ich spürte schon, wie grausam er sein kann und wie zahm und lieb er ist, wenn er Futter bekommt. Ich habe mit ihm viel Spaß gehabt, und dass er mich jetzt brutal quält, ist meine eigene Schuld. Würde ich kein Essen mehr kriegen, würde ich auch ausrasten ...«
Anneliese aus dem Drogenladen fand meine Zeichnungen und Texte gut und schlug vor, dass ich sie dort ausstelle! Sie wohnte am Judenkirchhof in dem schönsten Haus mit Garten, bei ihr saß ich manchmal in der Küche und sinnierte vor mich hin. Sie hatte ein sonniges mütterliches Wesen und lachte viel. Sie war hochgradig geschockt von dem Treiben bei mir zu Hause und hörte mit tieftraurigen Augen zu, wenn ich ihr was erzählte. Ich

bereitete meine Ausstellung bei ihr in der Küche vor. Sie meinte zu meinen Sachen, dass ich was von Jim Morrison hätte (!). So ein Kompliment ging natürlich runter wie Öl, auch wenn ich nichts dazu sagte.
20. Januar: »Wann kommt Sergio? Wann sehe ich ihn? Ist er eine Illusion? Will ihn sehen, mit ihm Trips schmeißen, in seine Augen kriechen und viel Spaß haben! Lachen, laufen, lieben! Glücklich sein. Wir sind dann die wahnsinnigen Kinder der Nacht!«

Step-Schule

In der BBS 6 wurde es mir zu anstrengend. Wir sollten 2 x 2 Meter große Kisten tapezieren, ich versuchte es, aber irgendwas stimmte immer nicht. Ich ging da nicht mehr hin. Dann waren wir in der Schulbackstube und mussten Teig kneten usw., das war mir nicht nur zu anstrengend, auch der Lehrer war total ätzend – ein schweinsgesichtiger fetter Typ, der alle antrieb, als ob wir beim Bund wären. Ich ging auch da nicht mehr hin. Im Drogenladen erzählte einer von der Step-Schule und dass ich versuchen sollte, da reinzukommen. Die Schule war so ein sozialpädagogisches Teil für Ex-Drogis. Die Lehrer waren nett, und während des Unterrichts wurde Kaffee gekocht, und man durfte rauchen. Es war ein absolut anderes Schulfeeling! Damit schlief dann leider der Kontakt zu Pitti ein.
Ella war aus dem Frauenhaus in eine Drei-Zimmer-Wohnung in der Sedanstraße gezogen; ihr Vater hatte die Wohnung für sie angemietet. Bis dahin hatte sie noch kein Heroin genommen. Wir tranken Wein, kifften und spielten Go. Ich schlief manchmal bei ihr, sie hatte nur zwei Matratzen, ansonsten waren die großen Zimmer leer. Wir überlegten, ob ich da einziehen sollte. Ich brachte schon mal die Morrison-Flagge mit und hängte sie vors Fenster. Diesen Text schrieb ich am 25. Januar bei Ella: »Ein Gesicht flattert im Wind – grüne Umrisse aus Phosphor ... Die

Pupille öffnet sich, und heraus kommt der Wahnsinn. Die Feier der Eidechse hat begonnen, die Sonne lächelt, der Mond grinst. Kommste mit? Kommste mit auf ne kleine Session? Ne kleine Todessession? Bin nicht besessen, will mich nur treffen, also – kommste mit? Der Wahnsinn ist sehr nah und macht viel Freude. Komm, wir brechen durch, durch das flatternde Gesicht mit Phosphorumrissen, und kriechen durch seine Pupille nach Nirwana, ins süße Nirwana, mit mir – Silwahna.« Ich war gern bei Ella, leider kam sie immer weniger klar. Sie saß oft abwesend auf ihrer Matratze, rauchte Kippen, und manchmal grinste sie oder lachte unvermittelt auf. Ich versuchte ihr zu »helfen«, indem ich das Chaos um uns im Zaum hielt: Ich räumte auf.

Ich erzählte zu Hause, dass ich bei Ella einziehen könnte. Mama hatte nichts dagegen, aber Bulle machte schon wieder spitze Bemerkungen. Er konnte es nicht ab, dass ich mich von ihnen abwandte, dass ich älter wurde, dass er mir nichts mehr zu sagen hatte. Wenn es mir zu viel wurde, ließ ich meinen Gedanken freien Lauf und suchte mir Alternativen zu meinem Auszug: »Werde mich schnitzen, aufritzen, abchecken, ob echtes Blut kommt – zurückfallen und davonfliegen ... weg von euch, von der Welt – hasse euch! Lasst mich!«

Zu meinem Wunsch, aus der elterlichen Hölle auszubrechen, machte mich die latente Sehnsucht nach Sergio ganz kirre. Ich ließ niemanden an mich ran, weil ich daran glaubte, dass es Sergio sein wird, den ich dann ranlasse. Ich dachte, wenn er die Doors genauso liebt wie ich, dann müsste er eine ähnliche Seelensubstanz haben – gute Vorraussetzungen, wie ich fand.

Es gab nur noch ein einziges Mal, dass ich das »Spiegelspiel« spielte. Es war eine Nacht, in der ich kein besonderes Anliegen hatte, ich wollte weder meinen Liebsten sehen noch meinen Schädel. Ich wollte es einfach nur so machen. Das war der Fehler. Ich stellte mich vor den großen Spiegel, und kaum war ich davor, stieß mich auch schon etwas ab! Erschrocken sprang ich zur Seite und landete benommen auf meiner Matratze. Es war,

als ob ein Magnet mich abgestoßen hätte. Total abgefahren, aber auch beunruhigend. Ich hatte erst mal keinen Bedarf mehr, das Spiel zu spielen, ich hatte entdeckt, dass hinter dem Spiegel jemand sitzt, gemerkt, dass hinter dem Spiegel doch eine Kraft steckt.
Ella lernte einige Leute kennen, die mit Shore rummachten. Das war ihr Einstieg in diese verrottete Welt, sie fing ziemlich schnell mit Ballern an, und ich schlief nicht mehr bei ihr. Es war dort so unerträglich geworden wie zu Hause.

Raus aus dem Hass-Haus!

Eines Abends nach dem Duschen griff ich in das Sockenfach von Mama, und als ich die Socken entrollte, fielen mir zwei Gramm in die Hände. Ein Glücksgefühl durchströmte mich, und ich dachte keinen Moment dran, es liegen zu lassen! Voller Vorfreude ging ich in mein Zimmer, nicht ohne mir noch heimlich etwas Alufolie aus der Küche zu holen. Ich kam einige Tage damit hin und war glücklich, ein eigenes Päckchen zu besitzen.
Ich war aber immer so ehrlich, dass ich es Mama erzählte, wenn ich sie abgezogen hatte. Ich ließ mir damit ein paar Wochen Zeit, dann sagte ich ihr, wonach sie nicht mehr suchen brauchte. Sie versteckte immer mit breitem Kopf ihre Drogen und fand sie dann nicht mehr wieder. Wegen der zwei Gramm ist Bulle fast die Schränke raufgeklettert – er war tagelang am Suchen, manchmal half ich ihm sogar. Auch Mama fing immer wieder davon an und zermarterte sich das Hirn. Ich sagte es ihr eines Tages im Fahrstuhl nach dem Einkaufen. Sie lachte kurz auf und fragte, ob noch was übrig sei. Ich sagte nein, und wenn ich aufmerksamer gewesen wäre, wäre mir ihr Gesicht aufgefallen: Sie hatte einen linken Zug um den Mund bekommen.
Am nächsten Tag kam ich nichts ahnend nach Hause und war kaum im Flur – da flog ich auch schon mit dem Kopf an die Garderobe! Bulle hatte mir mit seiner Riesenpranke eine Ohrfeige

geschlagen. »Das war für die zwei Gramm!«, sagte er und setzte sich wieder auf sein Sofa. Benommen ging ich in mein Zimmer. Mama kam hinterher und sagte: »Das musst du verstehen, dass ich es ihm gesagt habe, wir haben hier voll rumgesucht! Ich war auch ziemlich sauer und enttäuscht, dass du es uns weggenommen hast!« Ich sagte, dass ich meine Ruhe haben wollte. Ich verstand die Welt nicht mehr. Alle kamen mir vor wie Feinde. Und meine allergrößten saßen drüben im Wohnzimmer mit ihrer elendigen Sucht ab. Mir tat nur noch meine süße Schwester Leid. Irgendwann kam Mama rein und sagte: »Willst du einen rauchen? Dann komm mit rüber!« Zögernd ging ich ins Wohnzimmer und sah Bulle nicht an. Ich setzte mich und wartete auf mein Gerät. Er stellte es mir hin, gab mir Feuer und sagte: »Mit der Ohrfeige ist das mit den zwei Gramm jetzt auch vergessen, aber ich kam mir echt verarscht vor, zumal du noch beim Suchen geholfen hast!« – »Und das ist ja erst richtig abgewichst«, meinte Mama, schon wieder voll tranig auf dem Sofa hängend. Ich antwortete nicht, war nur erstaunt, dass sie nichts dazu sagten, dass ich inzwischen genauso süchtig war wie sie …
In der Schule saß Softie neben mir, er war fast doppelt so alt wie ich, 31, und hatte lustige Augen. Er bekam meine inneren Quälereien mit, wenn ich vor mich hinkritzelte. Ich erzählte ihm, was bei mir zu Hause abging. Er bot mir an, in der Wohnung seiner Schwester in der Kniestraße zu pennen, sie war für drei Wochen im Urlaub. Ich sollte aber nur nüchtern da schlafen oder zumindest nicht in der Wohnung konsumieren. Von ihm bekam ich endlich eine Kassette der Waterboys, die ich auf einem Video bei Papa gesehen hatte. Ich hörte sie ständig im Walkman auf dem Weg zur Schule. Ich genoss die kurze Zeit in der Kniestraße. Softie bot mir an, sein Zimmer in einer WG in der Fundstraße zu übernehmen, wenn er was anderes gefunden hatte. Das Zimmer ging direkt vom Treppenhaus ab, es hatte eine Eisentür und war nur zehn Quadratmeter groß, dafür hatte es zwei Fenster.

Am 8. März war ich wieder extrem klar in meinen »Zukunftsplänen«: »An dem Tag oder in der Nacht, in der ich aus dem Hass-Haus raus bin, werde ich allen Leuten erzählen, dass meine Eltern tot sind. Ich werde die ganzen Erinnerungen, die Gedanken an sie ins Feuer schmeißen. Ich werde zusehen, wie sie verbrennen, ihre Gesichter zerlaufen. Ich werde meine Geschwister verleugnen und meine so genannten Verwandten vergessen – werde ganz alleine weitermachen. Werde vielleicht was Gutes schaffen. Möchte viele Freunde haben, möchte nicht mehr viele Drogen nehmen. Werde die Nächte durchbrechen, die Grenzen erforschen – viele Türen öffnen. Irgendwann Nirwana entdecken – mit Freunden oder allein.«
Ich plante nun konkret meinen Auszug. Softie hatte was anderes gefunden, und ich konnte in sein Zimmer in der Fundstraße. Ich meldete mich schon heimlich am 16. Februar von zu Hause ab, und Sozi hatte ich auch schon beantragt. Jetzt fehlte nur noch der Mietvertrag, doch damit ging auch alles glatt, ich brachte sogar die geforderte Unterschrift mit; Mama war zu dicht, um zu checken, worum es ging. Am 18. März 1988 machte ich mich heimlich mit all meinen Sachen aus dem Staub. Es lief alles so glatt – wie von Zauberhand geplant! Mein neuer Mitbewohner Frank hatte einen schwarzen Mercedes, in den passte alles rein, was ich mitnehmen wollte. Wir schleppten alles an Mama vorbei, die im Bett lag und schlief. Wir liefen ziemlich oft an ihr vorbei, aber auch als die Matratze Krach machte, bekam sie nichts mit. Bulle war zum Glück nicht da. Ich war froh, als endlich alles im Auto war. Ich wollte sie beide bis auf die Knochen schocken. Wenigstens einmal. Allein die Vorstellung, dass sie irgendwann in mein leeres Zimmer ging!
Nach meiner anfänglichen Euphorie bekam ich Schuldgefühle, ich hatte das Gefühl, Mama und Yvonne im Stich gelassen zu haben. Ich fühlte mich ziemlich allein in meinem neuen Heim. Das Einzige, was redete, war die kleine Schwarzweiß-Glotze, die Softie mir dagelassen hatte. Die Leute aus der WG hatten

immer was zu tun. Ich war auch zu schüchtern, um mich zu ihnen zu setzen. Ich ging nur in die Wohnung, wenn ich ins Bad oder in die Küche musste. Hermann besuchte mich, aber er konnte mich auch nicht wirklich aufheitern. Ich dachte, ich hätte mit dem Auszug aus der elterlichen Hölle was für mich erreicht, aber ich fühlte mich nur schutzlos und einsam. Bulle war natürlich ultra-beleidigt und ließ es mich auch spüren. Er wollte nicht, dass ich nach Laatzen komme. Mama hob dieses komische Verbot aber wieder auf und meinte, dass ich jederzeit nach Hause kommen könne; Bulle würde sich schon wieder einkriegen. Mir war es fast egal, was sie sagten, Hauptsache, sie merkten, dass ich weg war. Sie sollten merken, wie es ist, wenn niemand auf die Kleine aufpasst, wenn niemand den Abwasch macht, die Wäsche aufhängt, die Wohnung saugt, was von der Apotheke holt oder einkaufen geht. Wenn niemand das Scheiß-Rezept vom Arzt holt, niemand mehr da ist, der für sie den Hausdiener macht.
Das hielt aber nur kurz an, denn ein spirreliger Typ, Spargel genannt, hängte sich an Bulles Arschbacken und küsste ihm die Kimme (symbolisch). Er übernahm nun den Job des Hausnegers und bekam dafür ein müdes Lächeln oder auch mal einen Schulterklopfer. Ansonsten durfte er natürlich mitessen und in meinem alten Zimmer pennen. Ich fand es widerlich, denn er soll nicht sehr sauber gewesen sein.

Auf dem Weg zur Schule blieb ich meist an der Bahnhofstreppe hängen. Anfangs ging ich noch weiter zur Schule, das schlief aber immer mehr ein, je mehr der Sommer heranrückte. Mein Lehrer Thomas schmiss mich sechs Mal raus, weil ich am Törnen war. Einmal nahm ich mitten im Unterricht irgendwelche Pillen, Thomas sah mich erschrocken an und fragte: »Du willst doch wohl nicht alle Tabletten nehmen?« – »Doch! Die sind auch nicht so schlimm, geht schon …« Alles wurde immer mehr egal, nur die permanente Sehnsucht nach Sergio gab mir eine

gewisse Energie, eine Energie, die mich durch die Stadt rasen und seitenweise Blätter voll malen oder schreiben ließ. Ich wusste und ahnte, dass es gar nicht anders sein konnte, als dass ich Sergio noch mal treffe, dass wir uns kennen lernen würden. So viel, wie ich an ihn dachte, ging es gar nicht anders!
3. April: »Ella ist jetzt auch ganz unten. Ich denke drüber nach, was ich erreicht und was ich verloren habe. Ich habe den häuslichen ›Schutz‹ verloren, meine Mutter, Ella. Meine Schwester ist jetzt ganz allein und vorläufig auch verloren, da meine Mutter sowieso im Arsch ist und Bulle nicht mit ihr umgehen kann ... Ein neuer Lebensabschnitt fängt an, und ich bekomme die Übergänge nicht mit! Hoffentlich fahre ich hier bald weg, hoffentlich schwebt meine Seifenblase an mir vorbei ...«
Einmal hielt ich mein Alleinsein nicht mehr aus. Meine Mitbewohner waren alle weg, und ich konnte Hermann und Melanie nicht erreichen. Ich fühlte mich mies, isoliert, unsichtbar, unwichtig, nutzlos. Nachdem ich Stunden auf meinem Bett mit düsteren Gedanken verbracht hatte, zog ich mich am Spätnachmittag an und lief zur Bödekerstraße, um mir einen Psychiater zu suchen. Ich hatte das Gefühl, das ich irgendwas gegen diesen Zustand tun musste. Es fing an zu nieseln, und der Himmel verdunkelte sich. Ich fand keinen Psychiater, der noch aufhatte, ich ging wieder nach Hause und machte den Fernseher an. Ich sah fröhliche Menschen auf dem Bildschirm und hasste sie dafür. Ich schrie in meine Bettdecke, ich wusste gar nicht, wie mir geschah! Ich rief bei Mama an, und als Bulle den Hörer abnahm, legte ich schnell auf: Wieder ein Grund, in die Bettdecke zu heulen! Kurz darauf klingelte das Telefon, und Mama war dran, fragte, ob ich bei ihnen angerufen hätte. Da kam mein beschissener Trauerkloß wieder hoch, und ich fing an zu weinen. Mama fragte, ob ich heute bei ihnen schlafen wollte, und ich wollte! Hermann kam vorbei, um mich nach Laatzen zu holen. In mein verhasstes Laatzen! Wir fuhren fast schweigend durch die Stadt, ich konnte Hermann nicht erklären, was mit mir los war.

In Laatzen konnte sich Bulle einen triumphierenden Spruch nicht verkneifen, so was wie: »Na Fliegenpilz! Kommste doch nicht ohne uns klar? Hätte ich dir gleich sagen können, dass es mit 16 noch zu früh ist auszuziehen!« Aber ich schlief doch nur für eine Nacht hier, morgen war ich wieder weg. Ich freute mich über Yvonne, darüber, ihren vertrauten Kleinkindgeruch zu riechen, sie lachen zu sehen. Es war alles fast wie immer, nur Bulle und Mama waren netter als früher. Mein Zimmer war leer von allen persönlichen Dingen, da hatte ich saubere Arbeit geleistet. Muss auch ein ziemlicher Schreck für Yvonne gewesen sein, als sie in ihr vertrautes »Nana«-Zimmer kam und von Nana nichts mehr da war. Das tat mir echt Leid, und am liebsten hätte ich alles auf einmal geändert: Als Erstes hätte ich die Sucht abgeschafft! Dann hätte ich unser Blut gewaschen und unsere Gedanken korrigiert, damit uns nichts »Schlechtes« mehr erreicht! Mit einem immer noch schweren Gefühl im Bauch legte ich mich irgendwann in mein altes leeres Zimmer. Ich hatte wieder gemerkt, weshalb ich die Flucht aus Laatzen ergriffen hatte. Es passierte nichts Schlimmes an diesem Abend, alle waren schon fast zu nett zu mir. Es irritierte mich ein wenig, weil ich das nicht mehr gewohnt war. Und es machte mich auch traurig, weil ich es gern gehabt hätte, wenn sie vorher öfter so gewesen wären. Aber unsere Schirmherrin – das Heroin – hatte ja alles im Griff. Mama kam noch mal rüber und fragte, wie es mir ginge und ob ich wieder zu Hause wohnen wollte. Ich sagte, dass mir das zu stressig sei, alles wieder zurückzuschleppen. Außerdem hätten wir uns alle ja auch ganz schön angekotzt. Sie nickte nur und sah woanders hin, vielleicht fehlte ich ihr echt, sie hatte ja niemanden mehr, mit dem sie richtig reden konnte. Und auch wenn wir uns auf die Nerven gingen, konnten wir nicht leugnen, dass wir Bluts-Verbündete waren. Ich hatte Mama in der letzten Zeit auch oft Sachen an den Kopf geworfen, die sie richtig verletzt hatten. Ich gab ihr den Input wieder, den ich jahrelang von ihr bekommen hatte. Nun war ich größer und lief alleine. Ich merkte an diesem beschissenen Tag, dass ich Mama voll lieb hatte und dass ich mir wünschte, dass Zappel nie in unser Leben getreten wäre und dass sie kein Aids hätte und dass sie Bulle nie kennen gelernt hätte ...

Spooky Tooth

Am nächsten Tag fuhr ich zurück in die Fundstraße und hatte das echte Gefühl, dass ich hier im Moment auch hingehörte. Hermann kam nun öfter vorbei, mit ihm und Melanie war schon seit einiger Zeit Schluss, nun hatte er mehr Zeit. Er brachte öfter LSD mit und immer was zu kiffen. Und ich kam zu einer LP, die sich als wahre Rarität herausstellte: »Ceremony« von Spooky Tooth. Ich kannte den Typ nicht, der sie mir schenkte. Ich aß mit Hermann in der Tempopassage einen Döner. Ein älterer Mann sprach uns an, und wir kamen ins Gespräch. Plötzlich fragte er mich, ob ich Spooky Tooth kenne, ich verneinte es, und er sagte, wir sollten kurz warten, er komme gleich wieder. Es dauerte nicht lange, bis er wiederkam, er fuhr die Platte wohl im Auto spazieren. Er schenkte sie mir mit den Worten: »Hier! Du musst diese Platte haben! Du kannst damit bestimmt was anfangen – aber du darfst sie nicht allein im Dunkeln auf LSD hören!« Aha, mit Gebrauchsanweisung! Am besten funktioniert die Platte also, wenn man sie auf LSD im Dunkeln hört. Ich startete das Experiment mit Hermann. Natürlich waren wir auf LSD, und es war auch dunkel, und die Platte brachte uns echt zum Lachen. Sie war von den Sounds her deshalb so merkwürdig, weil einer der Musiker schwer auf LSD heimlich ins Studio gegangen und seiner Musikwelt eigene Klangelemente hinzugefügt hatte. Es hieß, etliche der Pillen- und Säfteschlucker kamen bei den schauerlich-schönen, mystischen und oft drohend anmutenden Klängen unter die Räder so genannter Horrortrips – für einige von ihnen fuhr sogar nie wieder ein Zug zurück. Hermann und ich fanden es interessant, und wir mussten oft loskichern bei den Klängen, die aus meiner Box waberten. Ein netter Trip und ein netter Typ? Hatte er uns auf einen Horrortrip schicken wollen mit der Platte? Oder wollte er das Teil einfach nur loswerden?

In diesen Tagen bekam ich mal wieder einen Brief von meinem Lehrer Thomas. Die Prüfungen waren in den nächsten zwei Monaten. Ich hatte aber das Gefühl, dass ich im Unterricht überhaupt nichts mitbekommen hatte. Meistens schrieb und malte ich, driftete ab, war fast immer dicht.

Am 18. April 1988 schrieb ich folgende Geschichte, es war auf den Tag genau ein Jahr vor Sergios Tod: »Eine lange Schlange – eine kleine Eidechse. Nach der Feier der Eidechse steckte man mich in den Körper einer Katze. Nach deren Tod fragte mich jemand, ob ich Mensch sein wollte. Ich wurde ein Junge, ein Mann. Tat, was ich konnte, und jeder kannte mich hier – und überall. Lebte intensiv und starb ziemlich früh … Jetzt bin ich hier, die Sechziger sind vorbei, die Siebziger sind vorbei, die Achtziger gefallen nicht mehr, was Neues muss her! Laufe durch die Straßen mit leerem Blick – die Leute denken, ich sei verrückt. Ich setze meine Clownsmaske auf, und die Leute grinsen zurück. Ich sehe einen blutigen Menschen, er liegt auf der Straße. Es ist ein kleiner blutiger Mensch, ich will die Augen sehen – das Gesicht! Ich gehe hin, und plötzlich wirft mich jemand in eine dünne Seifenblase, die nach oben schwebt. Ich sehe hinunter auf die Straße, und der kleine blutige Mensch steht auf, lächelt und winkt … Die Seifenblase fliegt immer höher, immer weiter weg, ich passiere die Sonne – ich sehe Wesen auf der Sonne und winke ihnen zu, leider schwebt die Seifenblase weiter. Auf dem Mond sind auch Wesen, die mir zuwinken. Ich will dahin, und die Seifenblase zerspringt, und ich falle und falle und falle. Ich falle auf einen Planeten unweit von Sonne und Mond. Vor mir ist ein riesiges Mandala, in dem sind bunte Berge und viele Türen. Ich gehe hinein, und um mich herum sind fliegende Augen in verschiedenen Größen. Manche blinzeln, manche starren, manche haben blutige Pupillen. Selbst die Sonne an diesem phantastischen Ort ist blutrot. Ich setze mich auf einen violetten Berg und sehe meine Beine atmen. Ein großer Schmetterling mit einem Spiegel in der Hand kommt vorbei und hält ihn mir vors Gesicht – ich sehe mich! Mein Kopf ist durchsichtig, ich sehe mein Hirn in meinem Kopf – es ist genauso bunt wie die Berge. Neben mir auf dem lila Berg zerläuft eine dünne Blutspur, sie fließt aus einer der Türen. Ich bewege mich auf sie zu und reiße sie auf. Sekundenlang verharre ich, sekundenlang starre ich: Da hänge ich an einem fünf Meter langen Band, blutig, mit meinem Teddy in der Hand … Ich mache die Tür wieder zu und laufe weiter über die bunten Berge, ich laufe auf andere Türen zu. Neugierig öffne ich eine – und dahinter schwebt ein Glaskasten mit Knöpfen, ein durchsichtiger Fernseher! Ich tippe auf die Knöpfe und ich kann auf die Welt sehen. Ich sehe eine gute Freundin, wie sie sich den Druck setzt, Sekunden später fällt sie um, und ich sehe ihre Seele dem Körper entgleiten … Jetzt schalte ich an dem Glaskasten meine Eltern und Freunde ein, um zu sehen, was sie machen. Das Bild wechselt, und ich sehe Mama, sie läuft schreiend und blutend herum. Die Kamera schwenkt ins Kinderzimmer, meine süße Schwester liegt blutend auf dem Bauch in ihrem Gitterbett … Der Mann von Mama kommt mit fiesen Augen ins Kinderzimmer, schreit, greift sich Mama und springt mit ihr aus dem sechsten Stock! Ich kann sehen, wie ihre Seelen erst dem Körper entgleiten, dann aber in Milliarden Teilchen zerspringen … Eine Stimme schwebt in der Luft, sie sagt: ›Deine Schwester ist o. k. Sie ist eben als Meerschweinchen wieder geboren worden, danach wollen wir es noch mal als Mensch versuchen, aber erst mal braucht sie ganz viele Streicheleinheiten, nach diesem letzten Leben.‹ Dann wechselt das Bild, und ich sehe Papa mit vielen Schläuchen im Gesicht und am Bauch, er liegt im Krankenhaus. Ich drehe mich traurig weg, und der Fernseher stirbt an meiner Ignoranz, die Tür zerläuft. Ich schließe meine Augen und laufe über die bunten Berge ... vor mir ist eine kleine Sonne mit einer Strickleiter. Ich klettere hoch, und oben ist es ganz weich und warm - wie im Mutterleib. Von der Sonne aus sehe ich eine Straße, auf der der Mond liegt. Ich sehe meine verstorbene Freundin auf dieser Straße, da ihr der Mond den Weg versperrt, klettert sie drauf, und wir sehen uns! Wir winken uns zu und freuen uns, nicht mehr allein herumgeistern zu müssen. Sie will zu mir kommen - doch plötzlich dreht sich der Mond, und sie fällt, und ich sehe, wie sie in eine geöffnete Tür gezogen wird ... Einen Augenblick später kommt sie auf dem Schmetterling sitzend wieder zum Vorschein, sie winkt mir zu und fliegt davon. Ich bleibe auf der Sonne sitzen und beobachte die Dinge um mich herum. Augen schweben starrend, und verwirrende Straßen winden sich ins Unendliche. Ein Glaskasten kommt angeschwebt, ich schalte ihn ein und sehe, wie die Atombombe explodiert! Die Welt im Feuer, Menschen verglühen ... ich sehe die vielen Seelen, wie sie konfus dem verendenden Körper entgleiten - niemand hatte jetzt damit gerechnet!« Dass dies durch die intensive Einnahme der Doors beeinflusst war, will ich gar nicht abstreiten ...

Norbert schrieb mir aus dem Bückeburger Knast, wo er für die nächsten vier Jahre einsaß - seine Sucht hatte ihn unvorsichtig werden lassen. Der Brief war irgendwie schwülstig: Er wollte mich »gefühlsmäßig« verstehen, und es tat ihm weh, dass ich mich zurückgezogen hatte. Das war nach der fetten Shore-Line, als er mir plötzlich auf den Schoß gesprungen war! Klar hatte ich mich dann zurückgezogen, ich war schließlich völlig verwirrt.

Heroin ohne Ende

Ich hörte intensiv die Waterboys, ich hatte mir drei LPs von meiner Sozi-Kohle besorgt. Kaufen tat ich mir nun auch was auf dem Raschplatz, wo ich auf meinen täglichen Wegen vorbei-

kam. Dort standen zu dieser Zeit viele Schwarze und verkauften Shore, sie saßen auf den Steinen, rauchten Heroinzigaretten und hielten nach potenziellen Patienten Ausschau. Ich »freundete« mich mit Abbu an, der bei mir um die Ecke wohnte. Er war vom Sternzeichen auch Jungfrau und hatte ein kleines Kind.
Abbu brauchte einen Shore-Bunker, und mein kleines Zimmer mit der Eisentür schien ihm dafür ideal. Natürlich war ich einverstanden, denn er gab mir dafür auch gut was ab. Und wenn meine Ration alle war, konnte ich auch eins von den anderen Säckchen aufmachen! So saß ich nun meist in meinem Zimmer, rauchte mir ein Blech nach dem anderen rein und wartete, dass Abbu oder einer seiner Leute vorbeikamen und das Zeug abholten. Die kleinen Säckchen stopften wir immer in die Köpfe meiner Stofftiere, die auf dem Bett saßen. Tinchen hatte ihnen die Nasen abgefressen, und so konnte man dort wunderbar Drogen drin verschwinden lassen.
Mein Mitbewohner Frank hatte den Soundtrack des Films »ChaCha« mit Herman Brood und Nina Hagen. Den nahm ich mir auf und hörte zu meinem täglichen Shore-Gebrauch mit Vorliebe »Doin' it«. An der Bahnhofstreppe lernte ich Jagger kennen, er war gerade aus dem Knast entlassen und erzählte es jedem, der es wissen wollte oder auch nicht. Er hatte eine hellblonde Sid-Vicious-Frisur, meist einen rotschwarz geringelten Wollpulli, eine Motorradlederjacke und eine schwarze Lederhose an. Aber noch trat Jagger nicht so richtig auf die Bildfläche bei mir.

Amsterdam

Am 13. Mai fuhr ich mit Hermann nach Amsterdam! Er hatte sich das Auto seines Stiefvaters geliehen, und wir wollten uns da schönes LSD besorgen. Es war sonnig, und ich legte mein Waterboys-Mixtape in den Recorder. Es war alles mal wieder zu schön, um wahr zu sein, ich fühlte mich befreit von meinen

Alltagsdepressionen, schwelgte in der Musik, und wir sausten der Sonne entgegen … Als wir ankamen, dämmerte es schon. Hermann fand einen Parkplatz neben einem Restaurant. Dann gingen wir an den Grachten entlang, überall standen Dealer rum. Hermann handelte mit einem Schwarzen, ich stand etwas abseits, an ein Geländer gelehnt. Als Hermann sein Geld herausholte, riss es ihm der Dealer aus der Hand, stieß Hermann zur Seite und rannte weg! Die anderen Dealer beachteten die Aktion kaum. Ich lief zu Hermann, er sah mir erschrocken in die Augen und sagte, dass das unser ganzes Geld gewesen sei! Wut schoss in mir hoch – wieso hatte er überhaupt das ganze Geld rausgeholt? Hermann ging es damit auch nicht gut, deshalb ließ ich mich auch nicht mehr groß über diese Scheißaktion aus, ich bemühte mich sogar, ihm das Gefühl zu geben, dass es nicht so schlimm sei; vielleicht war es ja auch besser so – wer weiß, was uns auf LSD in dieser harten Stadt passiert wäre? Er nickte nur bekümmert zu meinen Theorien. Wir gingen zum Auto und legten uns schlafen, wir hatten nicht mal mehr Geld für einen Kaffee. Zum Glück hatten wir noch etwas Hasch.
Von der aufgehenden Sonne wurden wir beide gleichzeitig wach, renkten unsere Knochen ein, klappten die Sitze hoch und fuhren direkt los, ohne noch einen Blick zurückzuwerfen. Hermann hatte Ersatzbenzin im Kofferraum, falls sich jemand fragt, wie wir zu dem vollen Tank kamen. Ich war froh, als wir wieder in Hannover waren. Abbu kam vorbei und brachte einige Beutelchen Shore mit, daran labte ich mich erst mal, nach dieser tollen Amsterdam-Kurzaktion.

Am 20. Mai meldete sich mein Lehrer Thomas wieder, diesmal war er richtig schlecht drauf: »Hallo Silvana, mir reicht es jetzt! Wenn Du Dich nicht unmittelbar meldest, wirst Du sofort und ohne weitere Rücksprache abgemeldet. Mit muffigen Grüßen, Thomas.« Eigentlich hatte ich mir vorgenommen, die Prüfungsarbeit in Bio über das Gehirn zu machen, ich hatte mich sogar schon schriftlich etwas darauf vorbereitet. Das Gehirn war ja schon privat mein Hauptthema, so viel wie ich damit anstellte. Aber weil ich mich kaum noch in die Schule traute und nicht wusste, wie ich die Fragen beantworten sollte, die Thomas mir stellen würde, wurde daraus nichts.

Das erste Mal (was?)

Ich versuchte mein Fernweh zu bekämpfen, indem ich LSD nahm und meine alte Stadt mit anderen Augen sah. Hermann war immer dabei, wir hingen öfter am Tempel ab. Manchmal saßen wir fast die ganze Nacht dort, nur die Kälte trieb uns irgendwann in die List zurück.

Nach so einer Trip-Nacht ging ich eines Morgens noch ziemlich verstrahlt in die Hauptwohnung unserer WG, um mir Kaffee zu kochen. Am Küchentisch saßen vier von »Fury in the Slaughterhouse«; weil der rothaarige Christoph nicht dabei war, erkannte ich sie nicht, aber es interessierte mich auch nicht besonders. Ich ging ohne ein Wort zu sagen rein und setzte Wasser auf, dann ging ich ins Bad und machte mich frisch. Wortlos holte ich den Kaffee und blieb für den Rest des Tages in meinem Zimmer. Abends kam Abbu, er hatte Shore dabei, ich rauchte ohne Ende. Nach einem LSD-Trip ist man erst mal ganz schön ausgebrannt; wahrscheinlich schlief ich bewusstlos ein.

Ich erwachte davon, dass Abbu gerade von mir aufstand, und auf dem Laken war ein Blutfleck. Er zog sich den Fromms vom Schwanz und meinte: »Du warst ja wirklich noch Jungfrau! Das hatte ich nicht geglaubt!« Ich sagte ihm leicht benommen, dass er mir ruhig glauben könne, was ich ihm erzähle, das hätte schon alles seine Richtigkeit. So habe ich also von meinem ersten Mal absolut nichts mitbekommen, und vielleicht war es auch besser so, denn ich hätte ihn niemals rangelassen! Aber besonders böse war ich Abbu trotzdem nicht, denn ich bekam ja von ihm meinen Seelenfrieden umsonst. O.k., ich hatte das

Risiko des Bunkerns auf mich genommen, aber das war mir egal, ich war ja erst 16. Ich sagte mir: Scheiß drauf, dass du jetzt entjungfert bist und Sergio es nicht war! Wer weiß, ob der jemals wieder nach Deutschland kommt, und wer weiß, ob er mich dann überhaupt mag? So war dieses ›Drama‹ auch erst mal abgehakt: Der Schutz meines Jungfernhäutchens hatte sich erledigt!

Mama rief an, sie war mit Yvonne in der Stadt und musste zum Raschplatz, sie wollte mal kurz gucken, wie ich wohne. Ich freute mich auf sie. Als sie kam, schien die Sonne gerade voll ins Zimmer, Mama meinte, dass es ja ziemlich klein sei, und sagte, Yvonne müsste mal, außerdem wollte sie kurz ein Blech rauchen, das wollte sie nicht vor Yvonne machen. Ich ging mit Yvonne in die Hauptwohnung aufs Klo und stratzte dann mit ihr durch die die Zimmer, auf dem Fernseher in der Küche standen jede Menge Überraschungseier-Figuren, sie sah sich alle an. Nach etwa einer Viertelstunde ging ich wieder rüber zu Mama. Sie juckte sich breit an der Nase rum und hatte tierische Steckis. Sie wollte auch gleich wieder weg, guckte sich noch nicht mal die Wohnung richtig an, es interessierte sie doch nicht, wie ich wohnte. Sie meinte, sie würde mich bald mal wieder besuchen. Dazu sollte es aber nicht mehr kommen, denn die Ereignisse überschlugen sich im Juni 1988, und der Besuch von Mama war nicht ganz unschuldig daran. Aber das wusste ich zu dem Zeitpunkt noch nicht, ich war so gutgläubig zu denken, dass sie tatsächlich nur ein paar Bleche geraucht hatte – aber sie hatte sich natürlich einen Druck weggemacht! Wäre ich aufmerksamer gewesen, hätte ich bemerkt, dass man vom Blecherauchen erst nach einiger Zeit so aussieht, wie sie aussah. Aber das ist nur eine kleine Schlüsselszene in dem Ganzen gewesen, ein dummes Missverständnis – aber immer schön der Reihe nach, denn mein Wunschtraum erfüllte sich!

Sergio

Ich war in Laatzen, warum, weiß ich nicht mehr. Vielleicht hatte Mama mich damit gelockt, dass sie eine Überraschung für mich hätte. Ich kann mich noch erinnern, wie ich in der Küchentür stehe und Mama sich gerade auf dem Kühlschrank was aufkocht. Über den Löffel gebeugt sagte sie grinsend: »Wenn du wüsstest, was ich weiß …« Gelangweilt fragte ich: »Wieso, was weißt du denn?« Sie zog den heiligen braunen Saft durch den Filter in die Spritze und klopfte dann die Luft raus. »An was hast du die letzte Zeit am meisten gedacht?«, fragte sie grinsend, schon den Arm abgebunden. Ich überlegte und kam zu dem Schluss, dass ich in der letzten Zeit meist an Drogen gedacht hatte. Bevor ich ihre Frage beantworten konnte, sagte sie – sie konnte es wohl selbst kaum noch aushalten: »Sergio ist hier!« In mir explodierte es: »Was? Wo denn? Wie, Sergio ist hier?« Sie grinste: »Hermann wollte ihn anrufen und dann herkommen, um dich abzuholen.« Ich fing an zu zittern, und mein Herz raste, wollte sich überschlagen! Plötzlich wurde ich unsicher: Wie sind denn meine Haare heute, wie sehe ich überhaupt aus? Habe ich genug Shore, um mich vorher zu beruhigen? Mama war schon aufs Klo gegangen, während ich mir noch Gedanken um meinen Style machte. Sie schoss sich den Scheiß in den Kopf, ich versuchte fieberhaft, mein Gehirn wieder einzusammeln.
Als sie vom Klo kam, sagte ich, dass ich unten auf Hermann warten wollte, ich war jetzt zu hibbelig, um in der Wohnung zu sitzen. Anstatt nach unten ging ich ins Treppenhaus und breitete mein Blech aus. Die Stufen waren kalt am Arsch wie immer. Ich schaufelte mir kleine braune Berge aufs Alupapier und zog sie gierig ein. Es verschaffte mir nur eine kurze Beruhigung, denn sobald ich daran dachte, dass ich gleich Sergio treffen würde, war der Kick auch schon wieder weg! Ich rauchte einen Hügel nach dem anderen. Die Tür ging plötzlich auf, und Hermann kam ins Treppenhaus. Er grinste: »Na, wie findest du die Neuig-

keit? Sergio kommt gleich auf den Spielplatz hinter der Schule.« Ich zog an meinem Röhrchen wie eine Geistesgestörte, gierig, bereit zu sterben vor lauter Unsicherheit! Hermann drängelte, er drehte noch den Joint zu Ende und meinte, dass wir jetzt losmüssten. Auf den Treppenstufen merkte ich erst, wie dicht ich war, und es machte mich ein wenig sicherer; mit einem Wattebausch als Hirn ließ es sich doch ganz gut denken, fand ich.
Je näher wir dem Spielplatz kamen, desto nervöser wurde ich. Die Spannung stieg, und als wir beim Spielplatz ankamen, war da kein Sergio! Ein wenig erleichtert und ein wenig enttäuscht setzte ich mich auf ein Drehkarussell und drehte mir eine Zigarette. Plötzlich sagte Hermann: »Da kommt er!« Da kam ein Typ, der absolut nicht freakig aussah, aber die beiden umarmten sich. Hermann stellte mich vor, Sergio grüßte mich, dann setzten sie sich auf die Bank. Sergio sah nicht mehr so bunt aus, er hatte schlichte dunkle Klamotten an. Oder fiel mir zuerst auf, dass die Morrison-Haare weg waren? Er trug jetzt so eine Frisur wie Ville Valo, der Sänger von HIM. Aber ich fand ihn immer noch gut, auch wenn er nicht mehr als abgefuckter lässiger Morrison-Verschnitt daherkam. Sergio sprach kaum Deutsch, er unterhielt sich mit Hermann auf Englisch. Hermann zündete den Joint an, ich stand neben der Bank und sah Sergio von der Seite an, seine Stimme war leise, er sprach ruhig. Es ging ihm nicht besonders, er war noch nicht lange clean und hatte wohl auch nicht aus freien Stücken vor aufzuhören. Deswegen war er auch hier – warum war er überhaupt hier? Ich hatte ihn mir doch nicht tatsächlich herbeigewünscht?
Sergio erzählte, dass er direkt aus Indien komme und dass die Shore da sehr billig sei und alles andere auch. Er wohne jetzt bei seiner Cousine, bis er hier eine eigene Wohnung hätte. Er sollte mit einer Maria verheiratet werden, das sei schon seit der Geburt abgemachte Sache. Who the fuck is Maria? *Ich* hatte ihn mir doch herbeigewünscht! Ansonsten wolle er erst mal bei einem Verwandten im Restaurant arbeiten; es war der Italiener am

Raschplatz, direkt bei der Drogenszene. Wir rauchten noch ein paar Tüten, dann meinte Sergio, er müsse zurück, sonst würde seine Cousine misstrauisch werden. Die Verwandten wollten ihn von der Droge wegbringen, wollten seine wilde Seele durch die Heirat mit einer Frau bannen, die er sich nicht selbst ausgesucht hatte! Wir verabschiedeten uns, und mir war klar, dass ich ihn nicht zum letzten Mal gesehen hatte.
Am nächsten Morgen war mein erster Gedanke: Sergio ist da! Voller Elan stand ich auf und kochte mir gut gelaunt Kaffee. Dann machte ich mich frisch und rauchte ein paar Bleche. Ich suchte aus den Gelben Seiten die Nummer des Restaurants am Raschplatz raus und rief an. Nicht dass es mir leicht fiel, beim ersten Versuch legte ich direkt auf, um erst mal noch einen zu rauchen. Dann riss ich mich zusammen und wählte noch mal. Jemand hob ab, und ich fragte nach Sergio. Er kam an den Apparat, und wir wechselten ein paar Worte. Wir verblieben so, dass Hermann und ich ihn von der Arbeit abholten. Glücklich legte ich auf und war erstaunt, wie leicht das ging. Ich schrieb: »Jetzt habe ich dich, und doch bist du so weit weg. Du hast große Pupillen – ich auch!« So viel zu dem Affen, den wir in uns trugen. Sergio blieben meine Stecknadelpupillen beim ersten Treffen natürlich nicht verborgen – Junkie erkennt Junkie!
Hermann und ich holten ihn später ab, Mama kam auch mit, sie wollte Shore vom Platz holen. Wir fuhren mit dem Auto zu mir. Mama saß vorne neben Hermann, ich war glücklich, dass ich mit Sergio hinten saß. Er erzählte irgendwas von den Doors, er flocht sie fast überall mit ein. Dauernd erwähnte er Jim Morrison, mein Englisch war zu schlecht, ich nickte nur selig und erkannte einige Zitate wieder. Als er meine Morrison-Flagge sah, sagte er: »Oh, Jim! That's very good!« Ich gab Mama ein Päckchen Heroin, und bevor sie wieder verschwand, fragte Sergio sie fast flehentlich nach einer Spritze. »Ach ja!«, meinte sie und gab ihm eine. Ein Stich durchzuckte mich, sie fanden es ganz normal zu spritzen, davon war ich noch weit entfernt.

Ich machte mir ein Blech fertig und rauchte es stumm, während ich aus den Augenwinkeln beobachtete, wie Sergio sich das Zeug aufkochte. Und dann passierte es: Sergio klappte zusammen! Er setzte sich den scheiß Druck und fiel im nächsten Moment nach hinten, verdrehte die Augen. Erschrocken sprang ich zu ihm. Hermann rannte in die Wohnung, um Salz zu holen. Ich hielt Sergios Kopf in meinem Schoß und schüttelte ihn, er war völlig ohne Reaktion. Hermann machte die Kochsalzlösung klar, und als er sie ihm setzen wollte, kam Sergio wieder zu sich. Erleichtert half ich ihm auf, er war tierisch breit – total weggeschossen. So wurde aus meinem schönen Sergio ein hässlicher, er sah aus wie Mama! Seine vormals schönen Augen waren nun kalt, viel zu hell und nach innen gerichtet. Aber in dem Moment dachte ich über solche unschönen Dinge nicht nach – ich war froh, dass er nicht über den Jordan gegangen war. Ich war immer noch brennend in Sergio verliebt und ich hegte die Hoffnung, wir würden alle bald superclean sein (könnte doch sein …).
Wir gingen an die frische Luft und landeten im Großen Garten. Die beiden erzählten sich irgendwas auf Englisch. Ich war trotzdem nicht blind – irgendwas gefiel mir überhaupt nicht. Es war nicht so, wie ich es mir erhofft hatte, es war abgefuckt, mit Heroin verbunden und very unbunt. Und er war noch nicht in mich verliebt! So gemein es auch klingt – und ich weiß nicht mehr, ob ich es bewusst oder unbewusst gemacht habe: Ich versuchte ihn erst mal durch die Shore einzuwickeln, auf mich zu fixieren, wenn es nicht anders ging. Er war so zwiespältig und zerrissen, absolut unfähig, sich in solch einem Zustand zu verlieben. Er war verliebt in die Shore, eines seiner Lieblingszitate war »Heroin – it's my life and it's my wife« von Lou Reed.
Am 13. Juni warteten Hermann und ich bei Sergios Cousine vor der Haustür. Irgendwann kam er und war völlig aufgewühlt. Seine Cousine hatte seine Taschen durchsucht und seine Utensilien gefunden, sie hatte ihm die Hölle heiß gemacht! Hermann

fuhr uns zu mir, er musste aber gleich wieder los – und ich war das erste Mal allein mit Sergio. Ich rauchte ein paar Bleche, er auch, weil ich keine Pumpe hatte. Irgendwann gingen wir raus, die Sonne schien noch, und wir steuerten den Großen Garten an. Sergio war nicht gut drauf. Schade, dass er nicht spürte, was ich die zwei Jahre für ihn gefühlt, auf ihn projiziert hatte. Schade, dass er genauso drogenverseucht war wie ich und meine gesamte Familie. Schade, dass ich viel zu jung war. Schade, dass mein Traum zu Ende war.

Wir landeten im Tempel, es war fast dunkel, niemand sonst war da. Plötzlich bekam Sergio einen melancholischen Anfall. Er saß auf den Tempelstufen, beugte sich vornüber und fing an zu weinen. Ich nahm ihn in den Arm, und er heulte herzzerreißend in meine Armbeuge. Er erzählte schluchzend, dass er sich mit seiner Familie zerstritten habe, weil er die Heirat nicht wolle, und dass er nicht mit dem Heroin aufhören könne. Ich strich ihm über den Kopf und sagte: »Hey, we make it! We make it.« Was ich damit genau meinte, weiß ich nicht, ich wollte ihn einfach nur trösten. Plötzlich sprang er auf und rannte weg, in die Dunkelheit. Ich fand ihn bei einer Baumreihe, nahm ihn an die Hand und sagte, dass wir jetzt nach Hause fahren sollten. Wir hielten ein Taxi an, im Auto nahm Sergio meine Hand und streichelte sie, ich war happy.

Bei mir zogen wir noch ein paar Bleche durch und legten uns hin. Es war Mitternacht. Wir fingen an rumzumachen, ich dachte die ganze Zeit: Das ist Sergio! Sergio und kein anderer! Ziemlich schnell kamen wir zur Sache, zuerst gefiel es mir – ich erspürte dieses neue Gefühl, dass jemand in mir steckt. Sergio stöhnte und bewegte sich schneller, ich wusste nicht genau, was als Nächstes passieren würde – und Sergio sollte es mich auch nicht rausfinden lassen, denn er kam und kam nicht! Neben meinem Bett stand eine Uhr, auf die sah ich immer mal wieder. Gegen zwei Uhr tat mir der Arsch schon etwas weh, und ich drückte ihn an mich, um ihm zu zeigen, dass es nicht schlimm

sei, was immer auch schlimm sein könnte! Aber er ließ nicht locker. Er war wie im Wahn, wahrscheinlich war es so ein Gefühl, als ob einem ein Wort nicht einfällt, das schon auf der Zunge liegt, oder wie ein Rülpser oder Nieser, den man genau spürt, der aber festsitzt. Er wollte einfach nicht von mir ablassen. Ich musste zwischendurch immer mal aufkichern, wusste gar nicht mehr, wie ich mich bewegen sollte, weil ich mich auch fast nicht mehr bewegen konnte. Mein Hintern fühlte sich gegen fünf Uhr mehr als wund an – Sergio war immer noch nicht fertig. Ich verlor das Bewusstsein. Als ich die Augen wieder öffnete, lag Sergio immer noch auf mir und stieß sich einen ab, sein Schwanz musste inzwischen auch schon ganz wund sein – aber wir hatten ja Heroin im Blut, das schützt vor Schmerzen jeder Art! Das war auch der fehlerhafte Punkt bei dieser Aktion: das Heroin. Es ließ alle Funktionen einschlafen; er war zwar steif, aber das war auch alles, er kam nicht wieder runter, äußerst gemein das! Um sechs Uhr endlich sah auch Sergio ein, dass es nichts brachte. Er rollte von mir runter, und ich fühlte mich befreit, hatte mich fast schon an sein Körpergewicht gewöhnt. Ansonsten dachte ich: Wenn das immer so lange dauert, dann mache ich das aber nicht so oft, dafür habe ich gar keine Zeit! Diese Gedanken störten mich aber nicht in meiner Verliebtheit zu Sergio. Es kam mir wie ein Traum vor, dass er nun echt da war.
Gegen Mittag erwachten wir, die Sonne knallte durch die Morrison-Flagge in mein Zimmer. Hermann kam vorbei, und wir rauchten eine Tüte, dann gingen die beiden in die Stadt. Sergio wollte nicht mehr bei seinem Cousin arbeiten, er musste was anderes finden. Ich lag den sonnigen Nachmittag über auf dem Bett. Als es dämmerte, kamen sie zurück, Sergio hatte Steckis, Hermann grinste doof. Irgendwann kam Abbu vorbei, und ich brachte mich auf ein Level mit Sergio.
Er klappte in dieser Zeit insgesamt drei Mal bei mir um, immer schlug er wie vom Blitz getroffen nach hinten und verdrehte die Augen, es war unheimlich. Leider wurde er durch die Shore

auch hässlich, kratzte sich nur an der Nase rum, redete äußerst langsam, und seine Augen verdrehten sich bei dem Versuch, sich zu konzentrieren. Es war mühsam, und ich sorgte die ganze Zeit für Musik und breitete mich ebenfalls ab. Ich sagte Sergio auch, dass ich es nicht gut fände, wenn er immer wegkippte, ich hätte Angst um ihn. Langsam verstand ich seine Familie – man musste echt befürchten, dass er sich einfach so erledigte, auf der Jagd nach dem perfekten Rausch!

Am Samstag ging ich mit Sergio durch die Stadt, ich war stolz, mit ihm im Arm rumzulaufen. An der Bahnhofstreppe saßen wie immer ein paar Punks. Ich erinnere mich an Jaggers abschätzigen Blick, als er mich mit Sergio sah. Alle Leute, die wir trafen, meinten, Sergio sei ganz gelb im Gesicht. Ich sagte nur: »Ach, er kommt gerade aus Indien, da hat er wohl eine komische Bräune gekriegt.«

Hermann fand auch, dass Sergio zu gelb für diese Welt war. Wir wollten ihn in die MHH bringen. Hermann kam vormittags, er meinte, dass er sich noch einen Joint baue, und dann könnten wir ja los. Plötzlich zog er noch eine Spritze aus der Tasche und gab sie Sergio. Ich war genervt und ging rüber, um mich frisch zu machen. Aus der Dusche sah ich, wie mein Mitbewohner Frank im Bademantel aufgeregt auf dem Baugerüst entlanglief, das an der Hausfassade angebracht war, und durchs Küchenfenster in die Wohnung stieg. Was hatte er in meinem Zimmer gesehen? Er stellte sich doch nicht wegen des Joints so an? Als ich zurückkam, setzte Sergio sich gerade einen Druck! Ich fuhr ihn genervt an und fragte ihn, ob Frank die Pumpe gesehen hätte. Er log mich an und sagte: »Nein.« In diesem Moment spürte ich dieselbe Abneigung gegen ihn, wie ich sie meinen Eltern gegenüber empfunden hatte.

Wir brachten Sergio in die MHH. Dort warteten wir uns erst mal in der Notaufnahme drei Stunden den Arsch ab. Sie nahmen ihn auf, denn er hatte akute Hepatitis, und gegen den aufkommenden Affen gaben sie ihm auch was.

Als ich nach Hause kam, war meine Tür offen, und alle meine Sachen waren in blaue Mülltüten und Kartons verpackt – alles! Meine Doppelmatratze, die das ganze Zimmer ausgefüllt hatte, stand an die Wand gelehnt. An meinem Regal hing ein Zettel, mit einer Insulinspritze festgemacht. Die hatten sie sich wohl extra besorgt, um ihrer Botschaft mehr Nachdruck zu verleihen. Was auf dem Zettel stand, weiß ich nicht mehr.
Ich kann mich nicht erinnern, was ich dann gemacht habe. Bin ich noch mal in die Hauptwohnung, um mit irgendwem zu reden? War Hermann dabei und sind wir direkt nach Laatzen gefahren? Habe ich erst mal wen angerufen, z.B. meinen Vater, um ihn zu fragen, ob ich bei ihm schlafen konnte? Auf jeden Fall landete ich in Laatzen. Ich glaube, ich habe bei Mama gepennt. Als ich ihr von der Insulinspritze erzählte, meinte sie, das sei ihre gewesen.
Nun war ich ohne Wohnung, ohne privaten Kram, ohne Privatsphäre, ohne alles. Und Sergio war auch lädiert, krank. Er hatte sich fast ausgeträumt, der Traum, die Seifenblase hatte sich aufgelöst und war zerplatzt.
Mit Hermann fuhr ich täglich zu Sergio. Er erzählte die ganze Zeit was von Shiva und war mit dem Kopf ganz weit weg. Wir saßen viel auf dem Balkon, rauchten und redeten. Sergio hatte ein »Om«-Zeichen auf dem Oberarm, ich wusste schon von Joseph, dass er das Zeichen überall hinmalte. Er drehte immer mehr ab, er war verwirrt, vieles verstand ich nicht. Wir fuhren meist in der Dämmerung zurück.

Scheiß Mario

An dem Tag, an dem er entlassen wurde, passierte mal wieder eine richtig beschissene Sache. Ich war früh aufgestanden, weil ich Sergio abholen wollte. Ich hatte ein paar Tage kaum Shore genommen, weil meine Superconnection mit Abbu vorbei war. Ich fand es auch gar nicht so schlecht, weil ich abgenervt war,

dass die Sucht zwischen Sergio und mir stand, dass wir nicht klar denken, geschweige denn klar fühlen konnten. Ich wollte echte Gefühle von Sergio und keinen Breitkopf, dem es egal ist, wen er in den Arm nimmt oder mit wem er schläft. So hielt ich meine Zustände aus, um mit gutem Beispiel voranzugehen. Abends gab mir Mama zum Einschlafen Tabletten, es war also auszuhalten.
Ich fuhr erst mal nach Alt-Laatzen zu Mario, um ihn nach Hasch zu fragen, damit Sergio und ich einen rauchen konnten. Die Sonne schien, und ich freute mich auf Sergio. Ich klingelte bei Mario, in der Hildesheimer Straße, wo mir die Zeiten mit Zappel einfielen – ein fast netter Flashback, denn im Vergleich kam mir mein damaliges Leben gar nicht so schlecht vor. Mario sagte, ich solle mich aufs Sofa setzen. Dann schloss er die Tür und die Vorhänge. Ich sagte ihm, ich müsse gleich wieder los, weil Sergio entlassen würde. Mario grinste nur dämlich und zog sich die Hose aus. Er sagte, ich solle mich auch ausziehen. Ich antwortete, das würde ich nicht machen, weil ich los müsste und weil ich mit Sergio zusammen sei! Er ging nicht drauf ein und begann an mir rumzunesteln. Ich hielt abwehrend die Hände vor die Brust, er bog sie auseinander und meinte, dass ich mich nicht so anstellen solle. Dann warf er mich aufs Bett und zog mir die Hose runter. Da es Juni war, hatte ich nicht tausend Sachen an, so war das Ausziehen schnell erledigt. Ich resignierte und stellte mich zwischen den Beinen taub. Er stand nackt vor mir und sah mich lüstern an, streifte sich dabei den Fromms über – da klingelte es an der Haustür!
Erleichtert setzte ich mich auf, aber Mario sprang aufs Bett und hielt mir den Mund zu. Sein Besucher, es war Heinzi, auch ein Freund des Hauses, war schon oben an der Tür und sagte: »Ey, Mario! Ich weiß doch, dass du da bist! Mach mal auf jetzt!« Aber Mario dachte gar nicht daran, er wollte nur eins: endlich mal seinen beschissenen jämmerlichen Schwanz in die Möse der Stieftochter des besten Kumpels stecken! Heinzi ging, und Mario er-

ledigte seinen selbst gestellten Auftrag. Ich kann mich nicht mehr an den Akt erinnern, ich hatte nur den einen Gedanken: Sergio – und dass ich zu spät komme und er sich von mir im Stich gelassen fühlen würde. Das wog so schwer, fast schwerer als der doofe Typ über mir, eklig, keuchend, angestrengt jagte er dem perfekten Orgasmus hinterher. Er klaute mir meine Zeit! Wann war er denn endlich fertig? Mir fielen die sechs Stunden mit Sergio ein ... Nachdem er endlich seinen unerbetenen Saft in das Gummi gespritzt hatte, rollte ich ihn auch schon ungeduldig von mir runter, hassig suchte ich meine Sachen zusammen. Er lag auf seinem Bett, rauchte eine Zigarette und sah mir grinsend zu, wie ich mich anzog. Ich schleuderte ihm einige Dinge an den Kopf, ich konnte es mir in dieser Position nun erlauben. Ich war verletzt über diese Respektlosigkeit mir gegenüber. Er hatte in den letzten zwei, drei Jahren ständig bei uns rumgesessen, und ich konnte mich nicht erinnern, dass ich jemals mit ihm geflirtet hatte, eher im Gegenteil, war ich doch immer total vermummt durch die Gegend gelaufen, mit dem schwarzen Pulli von Bulle oder anderen Teilen, die nichts von meiner Brust erahnen ließen. Vielleicht hatte er sich schon seit Jahren einen auf mich runtergeholt.
Ich verschwand aus der Wohnung, ohne noch mal nach dem Hasch zu fragen – nachher wollte er noch mal. Aber ich drohte ihm mit Papa, mit Bulle, mit Sergio – mit der ganzen Welt! Aber erst mal ging ich zu Papa, da sammelte ich mich kurz und rief in der MHH an. Sergio war schon weg. Auch das noch!
Ich weiß nicht mehr, wo ich Sergio dann wieder sah, aber er war ein wenig verstimmt, dass ich ihn nicht abgeholt hatte. Ich sagte ihm, mir sei was dazwischengekommen. Ich weiß nicht mehr, wie es an diesem Tag weitergegangen war, wahrscheinlich habe ich mich so dicht gemacht, wie ich es eigentlich gar nicht mehr wollte, das würde meinen Blackout erklären. Mama habe ich von der Vergewaltigung erzählt, ich weiß nicht mehr, wie sie reagiert hat.

Eines Abends war ich bei ihr und rief Hermann an, der immer noch um die Ecke wohnte. Er sagte: »Ich wollte mir gerade die Pulsadern aufschneiden, da hat das Telefon geklingelt …« Ich fragte ihn: »Wieso?«, da legte er auf. Ich raste zu Hermann rüber – da stand auch schon ein Krankenwagen vor der Tür! Ich blieb an der Ecke stehen und beobachtete, wie Hermann eingeladen wurde. Drehten denn jetzt alle langsam ab? Was hatte Hermann denn plötzlich? Wir waren täglich zusammen unterwegs, fühlte er sich zwischen mir und Sergio allein? Ich hatte keine Ahnung. Ich rief Sergio an und sagte ihm Bescheid. Ich fühlte, dass ich für ihn nicht die große Liebe war und dass er wegen mir auch nicht von der Shore lassen würde. Aber solange er in Laatzen war, waren wir zusammen. Wir besuchten Hermann täglich im Agnes-Karl-Krankenhaus. Er war deprimiert und hing mit seinen verbundenen Handgelenken die meiste Zeit in der Raucherecke ab. Er war ein paar Tage dort, und danach habe ich Hermann aus den Augen verloren.
Ich schlief manchmal bei Papa, da hatte ich mehr Ruhe, er ging morgens gegen fünf zur Arbeit. Hatte ich noch vor zwei Jahren Angst gehabt, dass er erfährt, dass ich rauche, so war es mir nun fast egal, wenn er mitkriegte, dass ich mir Hammertabletten mit Alkohol einflößte. Ich lag auf dem ausgeklappten Sofa und war superdicht. Hier sah es noch genauso aus wie früher, als ich mir »Live Aid« aufnahm und noch unschuldig und rein war. Ich wechselte wieder für ein paar Nächte über zu Mama und Bulle. Es war zwar deprimierend, in der alten Wohnung zu sitzen, ohne mein eigenes Zimmer zu haben, aber dort konnte ich auch in Ruhe törnen.

Sergio kam nun überallhin mit, wo ich auch hinging. Ich hatte keine Lust, in Laatzen abzuhängen, so waren wir viel unterwegs. Bulle fand Sergio auch gut. Ich nahm ihn mit in den Drogenladen, wo mir jemand was vom Jugendschutz erzählte. Da meldete ich mich, weil ich was Neues zum Wohnen brauchte. Ich traf mich mit einer Sabine, und sie wollte mir gleich helfen, schnell wieder eine Unterkunft zu finden. Das nächste Mal traf ich sie in der Theaterstraße auf dem Jugendamt; Sergio lehnte zusammengesackt an einer Mauer, während ich reinging, um einen Platz in einer Jugendwohngruppe klarzumachen.

An diesen Juli habe ich keine großen Erinnerungen, geschrieben habe ich auch nicht oft, ich ließ mich durch die Zeit treiben und klammerte mich an meine unbestimmte Verliebtheit zu Sergio. Er wollte wieder zurück nach Turin, er kam hier nicht klar. Er schenkte mir seine Hütte in Indien, falls er vor mir sterben würde. Aber er meinte, ich könnte da auch jetzt schon hin, wenn ich wollte – Träumereien.

Eine nette Sache passierte mir noch mit Sergio. Auf dem Marktplatz stand ein Feuerspucker, den Sergio begrüßen wollte. Der Feuerspucker lud uns zu sich nach Sri Lanka ein, er gab mir seine Karte: »Silva T. Lantin (Fire dancer), Sea Beach road, Kalutara North, Sri Lanka«. Allein die Adresse hörte sich nach einem bunten besseren Leben an!

Am 24. Juli, einen Tag vor Sergios Abreise, schlief ich bei Papa. Wir waren vorher noch bei Mama gewesen und hatten mit Bulle ein paar Wasserpfeifen geraucht, die beiden verstanden sich wirklich gut. Einige Sachen musste ich übersetzen, aber Sergio konnte inzwischen auch ein wenig Deutsch, genug, um sich in Drogenkreisen zu unterhalten. Abends hatten wir uns verabschiedet und für den nächsten Morgen am Bahnhof verabredet.

Am 25. schrieb ich morgens: »Es ist sechs Uhr 27. Sergio fährt um halb neun nach Turin. Ich liebe ihn, er mich auch. Er sagt, er kommt wieder. Glaub ich nicht. Wir treffen uns gleich am Bahnhof. Ich hab ihn lieb, mein Baby. Ich schätze, ich muss das Teil bald nehmen, damit ich nicht so depressiv bin. Ich liebe ihn. We meet us again.« Nach diesen Zeilen ging ich aufs Klo und nahm eine fette Codeintablette. Dann fuhr ich zum Bahnhof.

Ich hoffte, dass er irgendwann wieder der Sergio sein würde, in den ich mich verliebt hatte, als ich ihn das erste Mal sah. Aber zugleich ahnte ich, dass noch ganz viel passieren musste, wenn Sergio wieder »hochkommen« wollte. Sicher war: Hier in Deutschland würde er es nicht schaffen.

Ich sah ihn schon unten im Bahnhof, er sagte nicht viel, war aber happy, gleich im Zug nach Hause zu sitzen. Viel Zeit blieb nicht, ich kann mich nur an das letzte Bild erinnern: Der Zug steht schon da, und Sergio nimmt mich in den Arm – ich drücke ihn fest an mich, und er drückt zurück. Der Zugpfiff ertönte, und wir ließen uns los. Er griff sich seine Tasche, und wir gaben uns noch einen Kuss, dann stieg er ein – und war für immer verschwunden ... Ich winkte ihm nicht mehr hinterher, ich ging direkt runter in die Fußgängerzone. Meine Tränen machten mich blind für die anderen Leute. Ich ging zur Bahnhofstreppe, setzte mich und starrte in die Morgensonne; ich hielt den Kopf nach hinten, damit die Tränen wieder zurückflossen.

Jedem, den ich an diesem Tag traf, erzählte ich, dass ich bald nach Indien fahren würde, ich hätte da eine Hütte geschenkt bekommen.

Viele neue Leute

Ich bekam einen Platz in der Jugendwohngruppe Heesestraße in Linden, gleich bei Pitti um die Ecke. Mein Zimmer war im zweiten Stock und hatte ein Hochbett. Die Büros waren im ersten Stock und im Erdgeschoss. An die anderen Jugendlichen kann ich mich kaum erinnern, sie waren jünger und drogenmäßig völlig unbedarft, so hatte ich auch nicht viel Lust, mich mit ihnen zu unterhalten.

Ich zog zum 1. August ein. Die Betreuer hatten sich mir alle vorgestellt und mich in Ruhe einrichten lassen. Beim Einrichten hatte ich ja Übung, so ging das ziemlich schnell. Ich setzte mich auf die Matratze, die unten lag, und faltete mein Blech

aus, tat Shore drauf und weihte damit erst mal mein Zimmer ein. Ich war mir nicht sicher, wie es mit mir weiterging. Die Auflagen der Betreuer gefielen mir auch nicht – ich sollte jeden Tag zur Schule gehen und noch andere Pflichten erfüllen, die ich vergessen habe. Sabine vom Jugendschutz und ich hatten ein bisschen geschummelt und gesagt, dass ich drogengefährdet sei, und nicht, dass ich schon voll dabei war. Die Betreuer waren ganz nett, aber mir fehlte der Draht. Am ehesten kam ich mit Ingrid klar, sie hatte hellrote Haare und aufgeweckte Augen, man konnte ihr kaum was vormachen. Sie war sehr darauf bedacht, dass ich mich da wohl fühlte. Die anderen waren mehr so Statisten, hatten ihre Arbeitszeit und ihren Feierabend. Regeln waren mir völlig neu, völlig fremd, alles sträubte sich in mir.
Manchmal hielt ich mich noch in Laatzen auf. Mama hatte einen Oliver kennen gelernt, er wohnte in Alt-Laatzen, rauchte Shore und war die meiste Zeit ausnehmend schlecht drauf. Irgendein Ingrimm saß in ihm fest. Ich war ein paar Mal bei ihm, und wir unterhielten uns über Gott und die Welt, während er mir ein paar Bleche ausgab. Am 19. August schrieb ich in mein Buch »Trip – das Buch zur Pille«: »Erinnerung an Oliver. Er ist jetzt tot. Am 3.8. hab ich ihn gesehen, am 4.8. war sein Geburtstag – Shore-Shore. Vor drei Tagen haben sie ihn aus seiner Bude geholt. Fünf Tage lag er da schon rum …« Einen Monat später starb ein anderer Junkiekollege meiner Eltern bei Willy Berlin auf dem Klo. Auf dem Kranz stand: »Von deinen Laatzener Freunden«.

Rainer

Ich war jeden Tag im Café Connection auf dem Raschplatz. Da konnte ich auch am besten Mama treffen. Die meisten Junkies glaubten erst nicht, dass sie meine Mutter war, weil sie noch so jung aussah. Wir zeigten dann immer unsere Persos. Im Con-

nection arbeiteten Guido und Lennard, sie fanden es nicht gut, mich da zu sehen, weil ich noch so jung war. Aber was sollten sie machen? Ansonsten lernte ich Rainer und Marcus kennen. Marcus war der beste Freund von Jagger. Rainer bin ich die ersten Male heimlich gefolgt, ich wollte sehen, wo er hinging und sich seinen Druck wegmachte. Außerdem fand ich ihn interessant. Er ging beim Amtsgericht so eine Wendeltreppe ganz nach oben, sie war eigentlich gesperrt, aber er kletterte durch die Gitter. Er sah mich nicht, weil ich mich immer schnell verpisst habe. Wie ich später erfuhr, wohnte Rainer in Lingen und kam nur zum Shorekaufen auf den Raschplatz.
Als er das nächste Mal auf der Bildfläche erschien, sprach ich ihn an. Er reagierte etwas ungeduldig und gereizt. Ich ließ mich nicht abwimmeln und fragte ihn nach seinem geheimen Platz. Er war erstaunt, dass ich es wusste, und nahm mich mit. Dort oben, das Amtsgericht im Blick, sah ich ihm zu, wie er sich sein Zeug aufkochte und sich den Schuss in den Kopf schoss. Er sah ein bisschen aus wie Matt Dillon, er hatte ein kantiges Gesicht, einen ausdrucksvollen Mund, lange dunkelbraune Haare und immer einen leicht gehetzten Gang. Er war Steinbock, im Jahr der Schlange geboren, genau wie Zappel, aber solche Sachen wusste ich damals noch nicht. Ich verliebte mich erst mal in ihn, und wir kamen irgendwann zusammen.
Die Auflage, zur Schule zu gehen, befolgte ich weiterhin nur sporadisch. Ich versackte meistens am Bahnhof, es war Sommer, und wir tranken Rotwein und tigerten im Pulk durch die Passarelle, es war eine richtig nette Runde zu der Zeit. Rainer war ein echter Pillen-Freak, er hatte einmal Tavor dabei. »Das sind die, von denen Barschel abhängig war, der hat davon sieben Stück am Tag gefressen«, klärte er mich auf, in dem Sinne, dass es nicht schlimm sei, wenn ich eine davon nehme. So gab er mir an einem Mittag eine Tavor, von denen Uwe Barschel sieben am Tag fraß. Ich erinnere mich nur noch, wie ich das Teil oben am Kröpcke auf der Rolltreppe in den Mund steckte und

Rainer mir eine Dose Cola hinhielt. Die Sonne schien heiß vom Himmel, und wir fuhren in die Passarelle runter – und vom Rest des Tages weiß ich absolut nichts mehr. Totales Blackout! Als ich wieder durchkam, stand ich mit den Bahnhofpunks vorm Kaufhof – ich hielt eine Flasche Wein in der Hand und lachte über irgendwas. Rainer meinte, dass ich total gut drauf gewesen sei – daran konnte ich mich nur nicht mehr erinnern; wer weiß, ob ich nicht nackt durch die Passarelle gejumpt bin! Diese Barschel-Pillen waren mir unheimlich, und ich nahm sie nicht wieder. Als Barschel starb, guckte ich bei Mama Fernsehen. Es kam gerade was über die Hintergründe seines Todes. Mir fiel es wie Schuppen von den Augen: Er sah aus wie Mama! Seine Augen hatten voll den Pillenblick, und auch seine ganze Gestik ... Ist das denn niemandem aufgefallen?
Am 8.8.88 wollte ich unbedingt was machen, was mich an dieses Datum erinnern würde, also nahm ich LSD. Das Punkerpärchen Deff und Sancho und noch ein paar Leute, an die ich mich nicht mehr erinnere, waren bei mir. Wir waren alle auf Trip, und es war echt lustig! Wir landeten auf dem Klettergerüst vorm TAK (Theater am Küchengarten). Dort turnten wir wie die kleinen Kinder rum und bestaunten jeden Furz, der sich uns in die Pupille schob. Wieder zu Hause, legten sich die anderen bald ab, sie wollten, dass ich schöne Musik mache, ich machte eins von meinen Mixtapes an und schrieb zwei Briefumschläge voll, um mich herum und auf dem Boden lagen Leute und drifteten ab: »8.8.88 – zwei Wochen nach Sergio. So! Die Abnabelung ist vollendet! Einfach so. Schon lange. Du darfst dich nie auf jemanden verlassen und niemals erzählen, dass man es auch auf dich kann. Du darfst dich an niemanden binden. Du bist ganz allein. Trennungen tun weh. Was sich in zwei Wochen alles ändert, verändert. Freunde gehen, Freunde (?) kommen. Denk niemals, dass du jemanden bräuchtest. Du brauchst nur dich. Trip. Alles, was ich heute weiß, habe ich in meinem vorigen Leben gelernt. Alles, was ich jetzt kann, konnte ich vorher auch

schon, jetzt vervollständige ich das Puzzle. Ich bin vollendet, wenn ich diesmal sterbe. Ihr könnt mir nichts vormachen. Jagger – Sergio … Rainer – nix! Ich bin allein. Ich bleib allein mit mir und meinen unsichtbaren Freunden. Immer auf der Suche?«

Was ging in diesem Jahr eigentlich bei Mama und Bulle ab, außer dass sie weiter kräftig dabei waren, voll drauf zu sein? Sie bekamen laufend neue Klageschriften, Mahnungen, Forderungen. Mama wurde öfter beim Klauen erwischt – und auch sämtliche Katalogfirmen kamen ihr langsam auf die Schliche. Bulle hatte Verfahren laufen wegen Schwarzfahren und Geldforderungen wegen Sachbeschädigungen und Körperverletzungen, außerdem war da noch was mit einer Reststrafe. Mama meldete mal wieder das Telefon auf meinen Namen an, ohne mich zu fragen und ohne jemals zu bezahlen! Also da war alles beim Alten. Ich bekam in dieser Zeit nicht viel von ihrem Elend mit. Wenn ich Mama auf dem Raschplatz traf, gab sie mir immer ein paar Rohypnol. Als ich die erste Rohypnol aß, war es wie ein Hammer, ich musste mich bald schlafen legen, dabei war es nur ein Viertel gewesen! Am nächsten Tag nahm ich dieselbe Menge und war gerade mal tierisch breit, ohne den Superschlafeffekt. Am Tag darauf konnte ich schon eine halbe nehmen und war angenehm dicht, es war also mal wieder ein Teufelszeug, das sich enorm schnell höher dosierte.

Im August ging ich öfter zur Schule, ich fühlte mich halbwegs integriert mit der Wohngruppe im Rücken; ich ließ mit jedem Tag ein Stückchen Sergio hinter mir. Ich dachte noch an ihn, fand es aber fast schöner, wenn ich aus der Ferne von ihm träumen konnte. Ich hängte mir ein Passfoto von ihm neben mein Kissen, es war auf ein Stück Pappe geklebt, und drum herum malte ich ein buntes verschlungenes LSD-Bild.

In der Wohngruppe hatten wir nichts zu essen, wir sollten uns selbst drum kümmern, so blieb der Kühlschrank leer, Essen

passierte per Zufall oder irgendwo draußen zwischen Tür und Angel, wichtiger war der nächste Törn.
Es war eher selten, dass ich alleine schlief, es waren immer Leute mit, oder Rainer war bei mir. Er schlief sonst in der Bachstraße, einer Schlafeinrichtung für wohnungslose Junkies, wo es auch Hilfe bei Behördenangelegenheiten gab. Man konnte sich da sauber machen und was essen, es kostete ein paar Mark. Der einzige Nachteil war, dass man morgens um 9 Uhr 45 raus sein musste, das hieß, nie ausschlafen, und Drogen durfte man da auch nicht konsumieren, wer es doch machte, flog raus. Ich schlief für eine Nacht da, weil Rainer irgendwelche Papiere für den nächsten Tag brauchte und ich nicht allein sein wollte. In dem Zimmer schliefen noch andere Typen, Rainer und ich teilten uns eine Matratze.
Eines Morgens, ich war gerade aufgestanden, Rainer saß auf meinem Hochbett, und irgendwer lag noch unten auf meiner Matratze, kippte Rainer plötzlich nach vorne und verkrampfte sich total. Mit dem Hals schlug er in die Spiegelscherbe, die neben meinen LPs stand. Ich sprang aufs Bett und riss die Scherbe weg. Der Typ reagierte gut, er packte Rainer an den Beinen und zog ihn auf die Matratze, wo er sich kurz darauf entkrampfte. Er wusste gar nicht, was abging, und sah nur erstaunt in die Runde! Er entschuldigte sich, weil er nicht erzählt hatte, das er manchmal epileptische Anfälle bekam. Das Cover meiner Doors-Platte war mit Blut beschmiert, aber es fügte sich so perfekt in das Gesamtbild, dass es nur auffiel, wenn man das Cover gegen das Licht hielt, dann sah man das echte Blut.
Der August verging wie im Fluge, und schon stand mein 17. Geburtstag vor der Tür. Ich kann mich an diesen Tag nicht mehr erinnern, ich glaube, ich war am Bahnhof und auf dem Raschplatz und landete später in meiner Wohngruppe mit den Leuten vom Bahnhof. Es war verboten, dass Typen in der Wohngruppe schliefen, so was musste alles erst vorher abgeklärt werden. Ich schmuggelte die Leute immer rein, es war zu dämlich, was die

hier für Regeln hatten, ich fand es lächerlich und brach sie alle! Ich schlief ja nicht mit den Leuten, die bei mir übernachteten, es waren alles nur Kumpels.
Am Bahnhof lernte ich Annette kennen. Sie erzählte, dass sie gestern fast ihren Vater erschlagen hätte, deshalb sei sie nun hier, um sich zu verstecken. Sie kam aus Barsinghausen. Ich nahm sie und ein paar andere mit zu mir – alle verhielten sich mal wieder höchst solidarisch: Vatermord, das geht!
In diesen Tagen techtelte ich ein bisschen mit Marcus rum. Ende September bekam ich Post von Rainer, er war im Knast gelandet. Am 27. September wurde ich beim Schwarzfahren erwischt, das leitete die Latte von Anzeigen ein, die ich in den nächsten Monaten bekommen sollte.

Skinheads

Die Betreuer steckten einen neuen Jugendlichen in das Zimmer neben mir. Ich fand ihn nicht besonders unsympathisch, kam menschlich locker in die Wertung, vielleicht auch ein bisschen zu locker. Als ich ihn am nächsten Tag sah, hatte er sich eine Glatze geschoren und nannte zwei stadtbekannte Skinheads seine neuen Freunde. Die beiden und ihr Anhang waren nun öfter nebenan. Bald lieferten wir uns Kleinkriege mit der Lautstärke der Musik, mein Nachbar hatte leider die bessere Anlage. Eines Tages kam ich aus der Schule, und meine Tür war eingetreten! Ich meldete es entrüstet bei den Betreuern, und mein Nachbar bekam eine Ansage. Es fehlte nichts im Zimmer, aber allein das Auftreten der Tür war eine Machtzeichensetzung. Ich holte mir einen Dreizack von einer Baustelle und stellte ihn neben meine Tür – falls jemand käme in der Nacht, wollte ich ihm den reinrammen, schwor ich mir. Teilweise eskalierte es ziemlich mit den Skins im Nebenzimmer; bei mir saßen die Bahnhofspunks rum und ließen sich auch nicht das Maul verbieten. Mein Nachbar und ich versuchten immer ein bisschen zu schlichten, manchmal gingen wir mit unserem Pulk einfach weg. Mein Nachbar war eigentlich ein ganz Netter und Vernünftiger, ich verstand gar nicht, warum er sich mit diesen Arschlöchern einließ.

Die Skinheads brachen die Keller bei uns auf. Die Betreuer wussten nicht, wem sie glauben sollten, weil es auch die Punks hätten sein können. So bekamen alle Hausverbot! Das führte eines Abends zu einer unschönen Situation an der Haltestelle Lindener Marktplatz. Ich wollte nach Laatzen, um mir neue Tabletten von Mama zu holen. Die Rohypnol, die ich noch hatte, steckte ich mir an der Haltestelle in den Mund – diese Dinger konnte man einfach so zerkauen, sie schmeckten fast gut. Ich drehte mir eine Zigarette und wartete auf die Bahn. Ein Pulk Leute kam aus der Posthornstraße, ich beachtete sie nicht weiter – warum auch, ich konnte eh nichts und niemanden erkennen, in dem Zustand, in den ich gerade versank. Ich hörte, wie ein Weib sagte: »Ey! Ist das nicht die Alte, wegen der ihr in der Heese Hausverbot habt?« – »Ja, stimmt!«, meinte einer und kam auf mich zu. Er zog mich an meinem Pony hoch und hielt mich in der Luft, mit der anderen Hand holte er sich den Tabak aus meiner Fracktasche, dann ließ er mich fallen! Die scheiß Skinheadweiber lachten nur gehässig. Die Bahn kam, und ich rappelte mich hoch, sie stiegen hinten ein, ich stieg voller Hass vorne ein. Die Leute starrten mich an, mir liefen Hasstränen über meine Wangen, ich dachte zumindest, dass es Tränen waren. In Laatzen angekommen, sah Mama mich erschrocken an: »Was hast du denn gemacht?« Ich betrachtete mich im Flurspiegel: Von meinem Pony aus liefen Blutspuren über meine Wangen! Deshalb hatten die Leute so dämlich geglotzt – aber niemand hatte sein Maul aufgekriegt oder mir mal ein Taschentuch angeboten! Ich rief meine Betreuer an und erzählte ihnen, was passiert war und dass ich in Laatzen schlafen wollte.

Am nächsten Morgen ging ich zu Papa, er war bei der Arbeit, und ich schrieb ihm einen Zettel: »Habe 2 x Heringsfilet, 1 Pudding, 3 Comics und deine Knarre mitgenommen. Muss mich vor den Nazis schützen! Melde mich. Ich brauch die Knarre dringender als du, pure Notwehr!« So sah das aus, Leute! Ich war so voller Hass, dass ich sofort losgeschossen hätte, sobald mir ein Glatzkopf vor die Linse gekommen wäre, egal, was für ein Glatzkopf! Ich fühlte mich wie Django, als ich in die Bahn stieg – niemand konnte mir was tun, niemand würde mich jemals wieder an den Haaren hochziehen und in den Dreck schmeißen!

Ich fuhr zum Raschplatz, dort traf ich Jagger und erzählte ihm von der Knarre und den Skins. Er wollte die Knarre sehen und überlegte gleich, für wie viel man sie verticken könnte. Ich war erst dagegen, aber ich hatte auch Lust auf Droge. Jagger fragte die Schwarzen, ob sie Interesse an der Knarre hätten. Abbu war gerade im Knast, so kam er mit einem Kumpel von ihm zurück, und nach einigem Hin und Her war ich mit dem Tausch einverstanden. Ich gab ihm die Knarre und bekam ein gutes Päckchen und etwas Kohle. Mir war es plötzlich egal, ob ich mich vor den Skins schützen musste, ich wollte breit sein!

Die Betreuer in der Wohngruppe bekamen natürlich einiges mit. Sie führten Gespräche mit mir, bei denen sie nicht an mich rankamen, sie schickten mich zu einem Psychiater in der Südstadt, wo mir »geholfen« werden sollte. Ich fuhr nur einmal hin, es war langweilig.

Marcus wollte sich manchmal bei mir einklinken, ich techtelte nicht mehr mit ihm rum. Er hatte keinen Pennplatz. Manchmal war er so unerträglich breit, dass ich ihn nicht mithaben wollte. Eines Tages, als er auch so breit war, bekam er den Spitznamen Scarface. Ich war mit Jagger in der Passarelle am Schlauchen, wir bewegten uns Richtung Bahnhof und sahen Marcus vornübergebeugt auf der Treppe sitzen: Er hielt die Knie angewinkelt und hatte eine Flasche Bier in der Hand. Plötzlich purzelte er die Stufen runter – in die Flasche rein, die vor ihm zerbrach. Irgendwer rief einen Krankenwagen, Marcus war so voll mit Pillen, dass er von der Schnittwunde in seinem Gesicht nichts mitkriegte. Abends traf ich ihn in der Passarelle wieder, seine Wunde war genäht, und er hieß jetzt Scarface.

Zappel

Ich hielt mich jeden Tag am Raschplatz auf. Mama sah ich fast täglich, sie gab mir Rohypnol, wahrscheinlich sind die Pillen der Grund, weshalb ich mich an so wenig erinnere. Aber an eine bedeutende Sache aus diesem Oktober erinnere ich mich, es war gegen Ende des Monats. Ich lungerte auf dem Raschplatz rum und hielt Ausschau nach meinen damaligen Verbündeten, Jagger und Marcus. Ich stand oben auf dem Treppenabsatz, um mich herum voll das Gewusel, überall schwarze und weiße Dealer und ihre Patienten. Plötzlich sah ich einen Typen auf die Treppe zukommen – es war Zappel! Sein Blick streifte mich kurz, aber er erkannte mich nicht. Grinsend ging ich auf ihn zu und sagte: »Na, lange nicht gesehen!« Er sah mich kurz an und meinte knapp: »Ja.« Ich sagte: »Ey, erkennst du mich nicht, oder was?« Er sah etwas genauer hin und fragte dann: »Minna? Was machst du denn hier?« Ich lachte ihn an: »Dasselbe wie du wahrscheinlich.« Wir kamen ins Gespräch über Mama und was so passiert war.

Ich sah Zappel nun öfter. Er war genau wie Mama dabei, Klamotten zu klauen und sie am Steintor zu verkaufen, meistens bei Gerdchen, dem Besitzer des Drink out. Ich machte einige Klautouren mit Zappel, er zeigte mir Läden, in denen es gut ging, und nahm mich auch mit zu einem Pillenarzt in der Marienstraße, dort gingen alle Junkies hin. Mama begleitete ich auch manchmal zu dem Pillenarzt, ich wartete meist unten mit Yvonne im Treppenhaus.

Einmal schmuggelte ich Zappel nachts in mein Zimmer, er hatte seinen Zug nach Barsinghausen verpasst. Er legte sich oben aufs Hochbett, falls doch ein Betreuer vorbeigeschissen kam,

ich schlief unten. Es war doch auch o.k., dass mein Ex-Stiefvater bei mir schlief. Komisch war die Situation schon, denn nun machte ich gemeinsame Sache mit dem Schrecken meiner Kindheit – wie habe ich ihn gehasst! Es war seltsam, was die Droge so alles veränderte. Dass ich mit meinem Stiefvater über die Szene lief, löste einen merkwürdigen Stolz in mir aus. Es gefiel mir, das zu erwähnen, wenn wir Geschäfte machten, manchmal sagte ich auch spaßeshalber: »Ja, Papa!« Die anderen Süchtigen guckten dann immer ganz komisch, es war für sie einigermaßen schockierend, dass eine ganze Familie drauf war. Mama und Zappel trafen sich auch auf dem Raschplatz wieder, es war aber locker zwischen ihnen, sie vertickten sich gegenseitig Pillen oder legten zusammen für ein Päckchen.
Mama bekam Post vom Jugendamt, sie sollte mit mir am 2. November dahin und mit den Betreuern und einem vom Jugendamt ein Gespräch führen. Ich kann mich nicht erinnern, dass ich da war.
Im November lief ich klauend mit Zappel durch die Innenstadt. Später landeten wir immer am Steintor, und ich musste an der Ecke warten, weil Zappel nicht wollte, dass ich mit in den Puff komme. Das verstand ich nicht ganz, weil ich doch letztes Weihnachten schon im Puff verbracht hatte. Mir war noch nicht bewusst, dass an der Ecke, wo ich wartete, der Straßenstrich war …

Total lädiert

Zappel nahm mich mit nach Barsinghausen zu Freddy und Claudia, es waren alte Freunde meiner Eltern. Sie hatten drei Kinder. Ich fand es echt gemütlich dort, so wie ich es zu Hause auch hätte haben wollen. Zappel war oft da, er verkaufte ihnen seine Pillen. Ich fühlte mich gut aufgehoben und genoss die Atmosphäre. Wenn wir morgens ankamen, gab es erst mal Kaffee und was zu kiffen – dann wartete ich auf Zappel, bis er vom

Arzt wiederkam. Zappel hatte in Barsinghausen ein Zimmer bei den Christen, ich holte ihn da mal morgens ab, er wollte zum Sozi und mir später Drogen abgeben. Ich wartete vorm Sozi, saß auf einem Steinblumenbeet und rauchte. Plötzlich höre ich: »Dass du jetzt auch so bist! Das ist doch alles Mist, wieso hast du bloß auch damit angefangen?« Es war Zappels Mutter, sie war ziemlich außer sich und ging schnell weiter, ohne dass ich noch etwas zu meiner Verteidigung hätte vorbringen können! Ich weiß nicht genau, wie oft ich bei Freddy und Claudia war, bis alles eine scheiß Wendung nahm.

Es war alles wie immer, oder hatte ich mal wieder irgendwas nicht mitgekriegt? Ich war mit einem Typen, an dessen Namen ich mich nicht erinnere, nach Barsinghausen gekommen. Der Typ hatte Pillen, auf die Claudia abfuhr. Er war übrigens ein ziemlicher Hühne, fast so groß wie Freddy, der auch ein ziemlicher Kanten war. Wir saßen rum und breiteten uns ab, Claudia nahm die Pillen und war bald darauf weg vom Fenster, sie legte sich aufs Bett. Freddy brachte die Kinder ins Bett, es war gegen halb acht, irgendeine Sendung war gerade zu Ende. Ich wollte wieder nach Hannover, der Typ wollte auch weg, und wie es dazu kam, dass Freddy plötzlich einen Hormonschub bekam, weiß ich nicht. Ich war so breit, dass ich kaum noch was sehen konnte, ich wusste nur eins: Ich wollte nach Hause und pennen, mir reichte es für heute mit Dröhnung. Aber Freddy meinte, ich würde heute nicht mehr nach Hause fahren! Ich grinste nur und sammelte meine Sachen zusammen. Freddy fing an, den Typen dumm anzulabern, der war inzwischen auch schon ganz schön dicht und versuchte es auf die diplomatische Art. Ich merkte, dass Freddy komisch wurde, und hielt erst mal mein Maul.

Freddy ging aufs Klo. Ich sagte dem Typen, dass er mich auf keinen Fall hier allein lassen sollte. Er versprach es mir. Ich versuchte Claudia wachzurütteln, flüsterte ihr halblaut ins Ohr, dass sie mal aufwachen solle, Freddy wolle mich hier nicht weglassen! Aber sie hörte nichts, sie war in anderen Dimensionen. Freddy war wieder da, und ich sagte ihm, dass wir jetzt einfach gehen würden. Wir standen auf und gingen ins Treppenhaus, der Typ voran. Ich war schon die erste Treppe hinunter, da packte mich Freddy plötzlich am Genick: »Ich hab dir doch gesagt, dass du hier bleibst!« Er zerrte mich am Kragen meiner Motorradlederjacke zurück in die Wohnung und schmiss mich in ein Zimmer, das voll gestellt war mit alten Möbeln. Der Typ rannte die Treppe runter und war weg! Ich hörte, wie Freddy die Wohnungstür abschloss, dann kam er zu mir. Das Bett, auf das er mich geschmissen hatte, war bestückt mit Wäsche. Da lag ich nun auf diesem Berg von Klamotten, und vor mir kniete der wahnsinnig und geil gewordene Freddy und nestelte nervös an meinem Reißverschluss rum. Er war völlig neben sich, war auch kein Wunder, denn er hatte sich alles reingetan, was er kriegen konnte: Pillen, Alkohol, Hasch, vielleicht auch ein bisschen Shore? Ich hatte mir genau dasselbe reingetan und war absolut benebelt. Mein Reißverschluss war nicht so leicht zu öffnen, ich hatte schon immer Probleme mit dieser Hose gehabt – so fuchtelte er und riss, aber er bekam ihn einfach nicht auf. Er war gerade dabei, mir einfach die Hose vom Leib zu reißen, als wie durch ein Wunder plötzlich seine kleine Tochter nach ihm rief! Er ließ von mir ab und ging leicht genervt zu ihr. Ich bin mir sicher, dass sie mitbekommen hat, was abging, denn allzu leise war die ganze Aktion nicht.

Als Freddy bei ihr war, rappelte ich mich vom Bett hoch und überlegte angestrengt, wie ich hier rauskam. Die Tür hatte keine Klinke, mir blieb nichts anderes übrig, als es durchs Fenster zu versuchen. Ich schaute runter: dritter Stock Altbau, ziemlich hoch, aber rechts grenzte einen Meter unter dem Fenster ein Flachdach an das Haus. Da wollte ich draufspringen – bloß weg hier! Ich band meinen Netzschal – kein besonders stabiles Ding, aber über solche Nebensächlichkeiten machte ich mir keine Gedanken – an den Fensterknauf. Ich wollte wie Tarzan auf das

Dach unter mir jumpen! Ich ließ mich fallen, und dann war alles schwarz …

Circa sechs Stunden später, gegen zwei Uhr nachts, erwachte ich. Es fiel mir schwer, die Augen zu öffnen, und das Erste, was ich direkt vor mir sah, war eine Fahrradbremse. Da konnte ich ja froh sein, dass sie mir nicht das Auge rausgehauen hatte! Ich kletterte von dem Fahrrad, auf das ich gefallen war, und wankte von diesem Hinterhof auf die Straße. Ich war so von Sinnen, dass ich rief: »Hilfe! Ich bin vergewaltigt worden!«, denn das war meine letzte Info, bevor ich aus dem Fenster raus war. Ich schrie noch ein bisschen weiter – was für ein Glück, dass Freddy mich nicht noch mal gepackt hatte –, bis endlich ein Auto vorbeikam. Es waren Zivilbullen, und ich war froh darüber! Ich erzählte ihnen alles, und sie brachten mich ins Krankenhaus nach Gerden. Ich zeigte Freddy an und erfuhr, dass schon einige Anzeigen wegen versuchter Vergewaltigung Minderjähriger gegen ihn liefen.

Ich hatte mir den Arm gebrochen und mein Hirn in doppelter Hinsicht erschüttert: erstens physisch und zweitens psychisch, denn es erschütterte mich, dass »Freunde« meiner Eltern mir was antun wollten! Mein allgemeines Vertrauen zum Leben war mal wieder angeknackst.

Da lag ich nun in diesem absoluten Weiß. Alles war sauber und geordnet. Neben mir lag eine Oma, sie war nett und völlig senil. Das machte ich mir bald zunutze. Ingrid aus der Wohngruppe kam mich besuchen. Sie wollte, das ich mich auskurierte, und veranlasste, dass ich meine Sachen nicht ohne ihre Zustimmung zurückbekam. Aber ich dachte nur darüber nach, wie ich mich abbreiten konnte, ich wollte weiter das Vergessen üben … Ich klaute der Oma die Pillen, und als sie zur Untersuchung war, kramte ich ihren Nachttisch durch und fand ihre Geldbörse – es waren über 300 Mark drin! Ich versteckte sie erst mal an einem neutralen Platz. Die Oma sah ihre Börse irgendwann durch und fand es nicht verwunderlich, dass sie leer war. Sie war eine ganz

Süße und merkte nichts, sie gab mir sogar noch die Hand zum Abschied, als ich mich verpisste.
Ich zog zwei dieser Leichenhemden übereinander, meine Turnschuhe hatten sie mir gelassen, damit ich nicht auf Socken durchs Krankenhaus laufen musste. Den Rest meiner Sachen packte ich in eine Tüte, dann schlich ich mich ins Treppenhaus und ging durch die Vorhalle. Ein Arzt kam mir entgegen, er guckte etwas skeptisch, ich sah ihn an mit einem Blick, der sagen sollte: alles in Ordnung hier, hat schon seine Richtigkeit! Langsam ging ich raus, dann lief ich! Mit dem Bus fuhr ich bis zur Deisterstraße – der Fahrer guckte mich komisch an, ich sah wahrscheinlich wie ein Geist aus – und lief in meinem Leichenhemd durch Linden. Auch in der Heesestraße sah mich niemand, ich schlich an der Bürotür vorbei in mein Zimmer und zog mich um. Ich fühlte mich beschwingt in meinem plötzlichen »Reichtum« und weil alles so reibungslos geklappt hatte. Am Raschplatz wollte ich mir erst mal ein vernünftiges Päckchen besorgen; als die Dealer spitzkriegten, dass ich Geld hatte, nervten sie mich alle gleichzeitig ab. Zum Glück kam Jagger dazu und machte mir ein gutes Päckchen klar. Mit ihm und Marcus ging ich dann weg, ich erinnere mich nicht, was noch an diesem Tag passierte, aber daran, dass ich ungefähr sechs Leute zur Shore eingeladen habe. Jagger schüttelte nur seinen Kopf über meine Teilsucht.
Ich war täglich mit Jagger unterwegs, er schlief bei mir, und wir waren seit dem 11. November zusammen. Ich versuchte ihn zu beeindrucken, indem ich mit einer Hand einen Joint baute, es gelang mir auch.
Die Skins machten weiter Stress, einmal stand einer vor der Tür und wollte nachsehen, ob ich nicht so ein doofes Punker-Schwein bei mir versteckt hatte. Jagger lag auf meinem Hochbett. Ich machte nicht auf, redete durch die Tür mit dem Skin, den Dreizack in der Hand – irgendwann ging er, und wir waren erleichtert, dass es keinen Stress gab –, wir waren mit unseren verdrogten Körpern doch gar nicht in Form, uns zu kloppen!

In diesem Zimmer setzte ich mir meinen ersten Druck. Es war der 17. November. Abends ging ich mit Steve zu mir, er war ein Kumpel von Jagger. Wir hatten auf dem Platz nichts klarmachen können, aber er meinte, dass er noch ein paar Filter habe. Mir war nicht so richtig bewusst, dass ich mich darauf eingelassen hatte, mir was wegzumachen – oder war es mir egal? Wie auch immer, wir landeten auf meinem Hochbett, und er kochte seine schlabberigen dreckigen Filter auf. Er zog das Zeug in die Gun und sagte, ich solle meinen Arm freimachen, und er band ihn mir ab. Ich war ein bisschen aufgeregt, wusste nicht genau, was mich erwartete, hoffte nur, dass es mich breit machte. Er stach in meine Vene und zog Blut in die Pumpe, dann drückte er ab. Ich sah ihm interessiert dabei zu, aber mehr war auch nicht, es passierte nichts weiter – scheiß Filter! Er machte sich auch was von dem »guten« Stoff weg und war genauso unbefriedigt wie ich.

Wir hauten bald wieder ab – Jagger war bei einem Martin in der Fössestraße, vielleicht konnte er ja noch was klarmachen oder hatte noch ein paar Pillen auf Lager ... Er hatte aber auch nichts. Ich erzählte Jagger, dass ich heute zum ersten Mal gedrückt hatte. Er war voll wütend auf Steve und meinte, dass er es gut gefunden habe, dass ich noch nicht so weit gewesen war, und dass es voll Scheiße sei zu ballern. Ich wollte es auch nicht weitermachen und hielt mich erst mal daran.

Zurück auf Anfang

So verging der November, und ich bekam gar nicht mehr mit, welche Regeln ich in der Wohngruppe alle verletzte. Ich wohnte da nur und wollte, dass sie mich in Ruhe lassen.

Am 22. November wurde ich im Kaufhof beim Parfümklauen erwischt. Am 24. November war ich im LEZ und wurde beim Klauen von Alkohol erwischt; ich wollte, dass die Rohypnol besser wirkten. Am 25. November bekam Mama einen Brief vom Jugendamt, ich weiß nicht, ob sie mir das erzählt hat; meinen Brief bekam ich erst am 29. November – und da war sowieso schon alles zu spät. Sie schrieben, dass meine weitere Betreuung nicht möglich sei, da ich mich entziehe und da durch meine Drogengefährdung von mir eine nicht zu unterschätzende Gefahr für die anderen ausgehe. Zum 2. Dezember sollte ich meine Sachen gepackt haben. Ich hatte sowieso keinen Bock mehr auf diese Spießer! Ich haute einfach ab, ohne meine Möbel, meine Aufzeichnungen, ohne das Foto von Sergio, es war mir egal. Ich fühlte mich mal wieder unverstanden. Diese Säcke von Betreuern! Hatten die denn nicht mitbekommen, dass ich fast vergewaltigt worden wäre und deshalb aus dem Fenster gesprungen war? Die kannten das Leben ja nur aus Büchern, da konnte man nicht viel erwarten!

Jagger schlief manchmal bei seiner Mutter am Welfenplatz, ich konnte nicht mit, weil er selbst nur das Sofa hatte. So landete ich wieder in Laatzen. Ich schlief bei Mama, Papa oder bei Melanie. Ich konnte auch bei Hugo und Petra übernachten, sie wohnten in dem Hochhaus neben Papas Apartment. Petra war voll lieb, hörte sich alles an, was ich erzählte, und Hugo war auch immer nett. Am 3. Dezember war ich mit Jagger bei Papas Geburtstag. Vorher gingen wir mit Mama ins LEZ, dort klaute ich eine Flasche Jim Beam. Meistens klappte es ganz gut, weil ich die Flasche in meinen Ärmel mit dem Gipsarm schob. Papa hatte die Hütte voll, aber Jagger war dort unerwünscht, vielleicht weil er nach Droge aussah oder weil die einfach nur jemanden zum Anspinnen haben wollten. So richtig ausgeartet ist es aber nicht, weil Jagger bald ging. Ich war sauer auf die Kumpel von Papa. Na ja, zu mir waren sie ja alle immer nett, warum auch immer – ich wollte es gar nicht wissen. Ich verschwand auch bald und ging zu Hugo und Petra.

Am 7. Dezember wurde ich in Laatzen wieder beim Klauen erwischt, diesmal bei Plus, ich hatte mir eine Flasche Baileys unter die Lederjacke gesteckt. Nun hatte ich schon in drei Läden

Hausverbot. Ich war einfach nur dicht von den Rohypnol, und es war mir auch egal, was konnte mir schon passieren?
In der Vorweihnachtszeit fuhr ich mit der Bahn Richtung Laatzen und guckte mir eine Oma aus, der ich die Tasche klauen konnte. Am Altenbekener Damm stieg eine kleine hutzelige aus, ich ging ihr hinterher, fuhr mit ihr die Rolltreppe hoch. Niemand war da, und sie war klein und hatte bestimmt Kohle in der Tasche! Mit einem Schritt war ich bei ihr und wollte ihr die Tasche aus der Hand reißen – sie bekam aber den Oma-typischen Krallgriff und ließ nicht los! Ich riss, sie riss zurück – ich war erstaunt, wie viel Kraft diese Mini-Oma hatte! Ich schrie sie an, dass ich Geld brauche, dass ich nicht mehr weiter weiß und dass Weihnachten ist! Dann ließ ich die Tasche los und rannte weg. Ich fühlte mich dermaßen unfähig – ich konnte noch nicht mal einer Oma die Tasche klauen!
Am 28. und am 29. Dezember 1988 wurde ich beim Schwarzfahren erwischt.
Sylvester waren Jagger und ich im Sumpf, einem Punkerladen neben der Uni. Ich erinnere mich nicht, irgendein Feuerwerk gesehen zu haben. Ich erinnere mich nur, dass wir gegen Morgen aus dem Sumpf kamen und dass es nasskalt war. Wohin ich ging und wo ich ankam, weiß ich nicht mehr.

Es geht noch härter

Das Jahr 1989 (das Jahr der Schlange) war das Jahr, in dem sich alles auflöste – so oder so. Es war das Jahr großer Gefahren, sofern das nicht schon immer so war. Es war ein Jahr, noch näher am Tod, als ich es für möglich gehalten hätte; im Nachhinein kommt es mir ganz unwahrscheinlich vor, dass ich nicht einfach gestorben bin. Ich habe nichts mehr geschrieben. Das Schreiben war für mich kein Ventil mehr. Ich hatte auch keinen Platz und konnte nichts aufbewahren. Es gibt eine kleine Notiz vom 1. Januar 1989: »Und wenn sie dann manchmal dalag wie tot … Ich passte mich ihnen an, jetzt hab ich alles ausprobiert, was sie hinter sich haben oder was sie noch dabei sind zu tun – jeden Törn hatte ich, und ich habe mich entschieden, Gift zu rauchen, für Hasch, Wein & Trips & dafür, weiterhin wahnsinnig zu sein. Ich werde nicht wie meine Eltern ... sterben! Ich werd mich nicht zu Tode drücken oder saufen! Ich werde mich totlaufen – rennen ...«

Im Januar schlief ich oft bei Hugo und Petra. Ich fühlte mich da sicher, hatte aber ein beständiges Ziehen im Magen, eine Art Ahnung (ich weiß, was mich erwartet, wenn ich's zu weit treibe ...). Sie wohnten ganz oben in dem Hochhaus, und manchmal ging ich auf den Balkon und sah runter, stellte mir vor, wie es ist, sich einfach mal fallen zu lassen ... Ich wollte mich nicht so unappetitlich verpissen.

Mit Jagger war ich täglich zusammen, Bulle konnte ihn nicht ab, so tigerten wir meist durch die Gegend. Einmal mussten wir mal wieder vor den blöden Nazi-Skins flüchten, die uns zu viert durch die Passarelle verfolgten. Auf der ziemlich vollen Rolltreppe zur U-Bahn hielt Jagger mich an der Hand und flüsterte, dass wir direkt losstratzen, wenn er meine Hand drückt. Das hätte er mir gar nicht sagen müssen, ich hätte es in der Situation auch so verstanden. Wir rannten los – durch die U-Bahn und ab nach oben auf den sicheren Raschplatz! Jagger rief: »Skins! Die scheiß Skins verfolgen uns!« Die Ausländer in der Spielhalle kamen gleich mit ihren Billardstöcken rausgerannt, und die Schwarzen fanden die Abwechslung auch nicht schlecht. Jagger und ich standen auf der Treppe und sahen uns die Sache aus der Distanz an.

In der Innenstadt trieb ich mich täglich rum, war am Zocken und pfiff mir alles rein, was ich kriegen konnte. Ich fing verstärkt das Schlauchen an, es klappte ganz gut, wenn man nur Kippen oder was zu trinken brauchte. Aber kaum wollte man sich was für Drogen zusammenschlauchen, war der Teufel drin, niemand gab etwas, man sah es einem wohl an, was man kaufen wollte. Einer von Jaggers Lieblingsplätzen zum Drücken war auf den Toiletten in der Markthalle. Wir gingen mindestens einmal

pro Woche hin, meist wenn wir unseren Scheck ausgezahlt bekommen hatten. Wir verschwanden dann auf den Klos und machten uns unser Zeug weg, dann trafen wir uns oben mit Steckis wieder und tranken Kaffee in unserem Stammcafé. Diese Zeit war im Nachhinein noch ganz schön. Einmal versetzte Jagger mir aber einen Superschreck: Wir liefen gerade durch die überfüllte Markthalle, ich sagte etwas und drehte mich um, weil er nicht antwortete – da sah ich, dass sich hinter mir einen Menschentraube gebildet hatte. Jagger lag am Boden und krampfte vor sich hin (müssen sich denn alle meine Freunde so verzerren?). Irgendjemand half Jagger, ich stand nur geschockt da und beobachtete, wie er sich langsam entkrampfte.
Am 19. Januar schrieb Rainer mir wieder aus dem Knast; keine Ahnung, ob ich ihm zurückschrieb.

Die letzte Aktion mit Zappel

An einem öden Sonntag auf dem Raschplatz traf ich Zappel. Er war gerade dabei, sich ein paar alte schwule Daddys auszugucken, um sie abzuziehen. Als er einen hatte, fragte er mich, ob ich ihm helfen würde, ich bekäme auch was ab. Ich ging mit, und Zappel ließ mich an einer Ecke warten. Kurze Zeit später kam er wieder und sagte, ich solle ihm beim Tragen der Anlage helfen. Ich nahm einen der Bausteine, und wir versetzten das Teil. Danach gingen wir zum Geldautomaten, er hatte dem Typ auch die Karte abgezogen. Ich glaube, er hat ihm eine Rohypnol verpasst. Mit der Karte gab es kein Geld, sie wurde eingezogen.
Zappel wollte mit dem Zug nach Wunstorff, dort hatte er jetzt ein Zimmer, und er meinte, dass er mich reinschmuggeln könnte. Ich war scharf auf die Shore, die er mir abgeben wollte. Wir gingen aufs Zugklo, und er kochte auf dem Klodeckel die heilige Sonntags- Shore auf. Ich sagte, dass ich es lieber rauchen wolle, aber er meinte, das sei nur Verschwendung. »Du hast es doch schon mal gemacht, oder?«, fragte er. »Ja«, sagte ich, »aber es war

nicht gut, weil es nur Filter waren.« – »Ja, siehste, jetzt kannst du es mal richtig probieren!« Wir setzten uns neben das Klo. Er band sich den Arm ab und setzte sich seinen Druck. Ich machte es ihm nach, und im nächsten Moment sah ich, dass Zappel total breit wegnickte, er hatte die Spritze noch im Arm. Dann wurde auch bei mir alles schwarz. Ich wachte vor Zappel auf, er hing inzwischen mit dem Kopf auf dem Klodeckel, neben dem Löffel, sein Gesicht hatte eine leicht bläuliche Farbe bekommen. Ich schüttelte ihn, zum Glück wachte er gleich auf. Wir wankten aus dem Klo, und der Zug hielt gerade – wir waren schon in Wunstorff. Na, das ging aber mal schnell!
Es war dunkel, wir gingen zu einem Haus unweit der Bahngleise. Wie früher, als ich noch klein war, lief Zappel immer ein paar Schritte voraus. Ich hastete hinterher. Zappel verschwand in dem Spitzdachhaus und meinte, er müsste erst mal die Lage checken, würde mich aber gleich reinholen. Ich wartete und warf irgendwann Steinchen an sein Fenster. Ich glaube, die Matrone von Vermieterin erschien noch am Fenster und schrie, dass ich verschwinden solle. Von Zappel keine Spur – der blöde Sack ließ mich einfach in der Kälte stehen. Was sollte ich nun machen? Aber mein Schutzengel sah mich wohl da stehen und schickte mir Hilfe in Form von zwei jungen Typen, die plötzlich von irgendwoher kamen. Sie nahmen mich im Auto mit und ließen mich bei sich schlafen. Sie packten mich nicht an. Zappel traf ich kurze Zeit später wieder. Ich machte ihn an, und er entschuldigte sich zahnlos. Ich verzieh ihm, denn es war ja alles noch gut ausgegangen. Das war die letzte Aktion mit Zappel, an die ich mich erinnern kann.

Michaela

Im Februar 1989 traf ich eine neue Verbündete. Michaela war zwei Jahre jünger als ich, ihres Zeichens Löwe, im Jahr des Büffels geboren. Sie kam aus Stuttgart und war mit 12 ins Heim ge-

kommen. Von da war sie abgehauen und wurde seitdem von der Jugendbetreuung unterstützt. Ich glaube, sie ging mit mir in die Step-Schule, obwohl ich mich kaum daran erinnern kann, dass ich da noch hingegangen bin.
Michaela hatte ein Zimmer in der Burgwedeler Straße; wenn ihr Freund nicht da war, schlief ich bei ihr im Doppelbett. Wir kochten dann Nudeln pur, denn Michaela war essensmäßig auch nicht so bestückt. Dazu versuchten wir, Rohypnol in die Spritze zu bekommen. Aber das Zeug war einfach zu dickflüssig, es ging nicht, und wir saugten es wieder aus der Spritze raus. Ich war schon die ganze Zeit sporadisch am Drücken, Jagger kriegte es erst nicht so mit, was sollte er auch dagegen unternehmen? Michaela drückte schon, seit sie 13 war, das schockte selbst mich. Sie sah aus wie ein Engel: zierlich, braune Locken, braune Augen und ein Puppenkussmund. Sie war also ein sehr hübsches Mädchen, dazu strahlte sie eine Selbstsicherheit aus, die ich an ihr schätzte, die mich sicher machte, auf welche kaputte Art auch immer. Wir trieben uns den ganzen Tag in der Stadt rum und versuchten Geld oder Droge klarzumachen. Am Vormittag fuhren wir immer ins Connection, von da aus war es dann kein Problem, irgendwas auszuchecken. Es reichte uns schon, wenn ein Pillendealer um die Ecke kam - zwei Mark für eine Rohypnol hatten wir immer, und wenn wir sie uns auf dem Weg zum Raschplatz schnell zusammenschlauchten. Ich konnte mir nämlich keine Pillen mehr beim Junkiearzt holen. Er hatte mich rausgeschmissen, nachdem ich Taschenkontrolle gemacht hatte und auch mit Geld fündig geworden war. Irgendwie merkte der Arzt es, auf jeden Fall war er very entrüstet und sagte, dass ich nie wiederkommen sollte. Na ja, ich war froh, dass es vorher immer geklappt hatte mit der Zockerei. Denn Taschenkontrolle machte ich bei jedem Arzt, das hatte ich von Mama gelernt. Aber ich wurde immer abgebrühter. Manchmal meldete ich mich nur beim Arzt an, um in die Taschen der anderen Patienten zu gucken.

Im Café Connection war es fast familiär und gemütlich; wir nahmen unsere Pillen und wurden schön dicht, der Tag konnte weitergehen, wie auch immer. Das Connection schloss um zwei Uhr nachmittags seine Pforten, dann musste der gemeine Süchtige sich vor dem Laden auf dem Platz aufhalten oder ab vier zu den Christen am Raschplatz gehen. Dort hatten sie einen Bauwagen hingestellt, wo man umsonst Kaffee und Tee trinken und Kekse essen konnte. Ansonsten konnte man für sich beten lassen, ob man es nun wollte oder nicht, oder sie liehen einem ihr Ohr – man konnte ihnen alles erzählen. Jagger und ich waren öfter da. Manchmal ging ich mit Michaela in der Passarellen-Kaffeemühle aufs Klo, was wegmachen. Es erinnerte mich an andere Zeiten, als ich noch mit Melanie rumhing und alles irgendwie »unschuldiger« war …

Am 13. Februar bekamen Mama und Bulle eine Rechnung über 1226 Mark, weil sie zwei Videos nicht zurückgebracht hatten: »Bob Marley« und »Verfluchtes Amsterdam« – wie passend. Sie haben es natürlich nicht bezahlt, und die Kassetten waren auch schon sonstwo.

Am 14. Februar ging ich zum Sozi in der Friedrichstraße, ich hatte mal wieder Rohypnol im Kopf. Es ging auf die Mittagspause zu, und die Beamten gingen alle zum Essen. Ich war erstaunt, dass sie mich und die junge Schwarze da sitzen ließen. Die Schwarze fragte mich, ob ich nicht eine Scheinehe mit einem ihrer Brüder eingehen wollte, sie würden auch gut dafür bezahlen. Ich meinte, ich würde es mir überlegen. Dann stand ich auf, um Türkontrolle zu machen, und siehe da: Am Ende des Ganges war noch eine offen, und da stand auch schon die Tasche, auf die ich gehofft hatte. Ich wühlte sie durch und fand eine Geldbörse mit 320 Mark drin plus Fahrkarten und Briefmarken! Ich schnappte mir noch den Stempel vom Tisch und verschwand auf dem Klo, steckte mir alles in die Unterhose. Plötzlich kam eine Frau in die Toilette und verlangte, dass ich die Tür aufma-

che; die Bullen habe sie auch schon gerufen. Die ließen auch nicht lange auf sich warten und filzten mir meine Beute aus der Unterhose. Ich weiß nicht mehr genau, ob sie mich mitnahmen, denn ein kleines Bild ist vorhanden, dass ich vor der beklauten Frau sitze und sie mir meinen Scheck gibt.
Eine weitere Anzeige zog ich mir am 8. März zu, als ich wieder voll auf Rohypnol durch die Gegend streunte. Es war schon dunkel, und gegenüber vom Restaurant beim Kaufhof stand ein Jeep. Und wie es diese Jeeps so an sich haben, war er nur zugeknöpft. Ich sah mich kurz um, aber niemand beachtete mich, dann riss ich die Druckknöpfe auf. Ich holte das Autoradio raus und fand noch ein Snoopy-Stofftier, Lederhandschuhe und einen Werkzeugkoffer. Ich nahm alles mit und ging wie beflügelt direkt zum Raschplatz. Dort war aber absolut tote Hose, weil kurz vorher Razzia gewesen war, wie ich später erfuhr. In der Passarelle traf ich zwei Ausländer, die ich vom Sehen kannte. Sie sahen sich das Radio an, da es aber einen Code hatte, verloren sie das Interesse. Den Werkzeugkasten kauften sie mir für 20 Mark ab. Ich ging wieder Richtung Raschplatz, es war nichts los, niemand da! So kam es, dass ich dummerweise den falschen Typen meine Beute anbot. Es waren zwei Zivi-Bullen. Sie fragten, woher ich das Zeug hätte. Ich erzählte ihnen, ich hätte die Sachen von einem unbekannten Türken für 20 Mark bekommen. Sie glaubten mir, nahmen meine Personalien auf und ließen mich gehen.

Teddy F. vom Bahnhof Zoo

Anfang März lernte ich auf dem Platz Teddy kennen, er kam aus Berlin und fuhr auf Michaela ab, sie aber nicht auf ihn. Er hatte auch keine Wohnung und hielt sich meist draußen auf. Er war um die 30 und seit Jahren drauf, dafür sah er aber noch ganz fit aus, vielleicht kam er auch gerade aus irgendeiner Therapie.

Teddy nahm mich mit zu zwei Typen, bei denen wir schlafen konnten. Ob es Kumpels von ihm waren oder er sie erst kurz kannte, weiß ich nicht. Sie wohnten in einem Randbezirk von Hannover in einer kleinen Wohnung. Als wir dort ankamen, saßen sie vorm Fernseher und tranken. Ich war ziemlich dicht von den Codein-Zäpfchen, die Mama mir gegeben hatte. Sie hießen Spasmo-Cibalgin, und ein Zäpfchen enthielt 40 mg Codeinphosphat. Mama meinte: »Steck dir die bloß nicht in den Hintern! Brich sie durch und schluck sie, das geht besser, sonst brennt dir noch das Arschloch!« So machte ich es, und es wirkte.
Ich saß auf dem Boden, an die Wand gelehnt, und wartete die Zeit ab. Die Freundin von einem der Typen war auch da, sie sah nett aus, nicht so eine Tusse. Aber sie sagte so gut wie gar nichts, wahrscheinlich war sie auch ein wenig verstört vom Leben. Die Typen schickten Teddy Bier holen. Als er weg war, machten die beiden üble Sprüche über ihn und fragten mich: »Woher kennst du den denn? Warum läufst du denn mit dem rum, ist doch voll der Hänger!« Ich sagte, dass ich ihn noch nicht so lange kennen würde und deshalb nicht wüsste, ob er ein Hänger sei. Teddy kam mit dem Bier wieder und setzte sich zu mir auf den Boden. Und auf einmal wurde alles anders …
Teddy bekam plötzlich eine Ohrfeige, sie schmissen ihn in die Ecke und fesselten ihn mit einem Gürtel. Mit einem anderen Gürtel peitschten sie ihn aus und traten ihn. Dazu lachten sie dreckig und tranken ab und zu einen Schluck Bier. Sie sahen immer wieder zu uns Mädchen rüber und sagten: »Hier, Mädels! Da könnt ihr sehen, was das für ein Hänger ist – guckt genau hin!« Ich machte die Augen zu, weil ich diese Demütigung für Teddy nicht ertragen konnte. Das andere Mädchen legte sich irgendwann auf ein Bett, sie sah in die andere Richtung und überlegte wohl genau wie ich, wie wir jetzt am besten hier rauskämen.
Sie schlugen und demütigten Teddy eine ganze Zeit lang. Aber es kam noch ekliger. Sie holten einen Penner vom Spielplatz

vorm Haus, sie hatten ihn mit dem Versprechen überredet, dass er so viel trinken könne, wie er wolle. Es war ein echter Berber, einer, der sich wirklich wochenlang nicht gewaschen hatte. Aber trotzdem fiel mir etwas Sympathisches an ihm auf: Er war nicht link in den Augen, er war schüchtern und konnte es wohl nicht fassen, dass ihn jemand zu sich in die Wohnung holte. Wir begrüßten uns leise, als er ins Zimmer kam, dann sah er Teddy. Er war an den Stuhl gefesselt worden, weil er sich kaum noch aufrecht halten konnte. Sein Gesicht war schon angeschwollen und voller Blut. Die beiden Typen zwangen ihn, dem Penner einen guten Abend zu wünschen. Blut floss aus seinem Mund, als er ihn öffnete, um ein gurgelndes »Guten Abend« herauszubringen. Teddy sah kurz zu mir – Hoffnungslosigkeit im Blick. Ich sah ihm breit und mitfühlend in die Augen.

Einer der Typen machte Teddy vom Stuhl los und schmiss ihn vor die Füße des Penners, der inzwischen auf einem anderen Stuhl saß und Schnaps aus der Flasche trank. Die Typen befahlen dem Penner, sich die Hose herunterzuziehen. Er verstand erst gar nicht und machte auch keine Anstalten, seine dreckige Hose runterzuziehen. Der eine Typ drohte ihm: »Du siehst gleich genauso aus wie unser guter Kumpel hier, wenn du nicht sofort deine Dreckschleuder fallen lässt!« Teddy kniete absolut gedemütigt vor dem Penner. Der stand zögernd auf und öffnete seine Hose, er zog seine dreckige Unterhose runter, und sein höchst unsauberer und unbenutzter Schwanz kam zum Vorschein. Die Typen bellten Teddy an: »Los, du Arsch! Blas ihm einen! Der Junge hat's schwer nötig! Und gib dir Mühe – wehe, er kommt nicht, dann kriegst du noch was in die Fresse!« Und Teddy nahm den alten ungepflegten Pennerschwanz und steckte ihn in seinen übelst geschundenen Mund, der blutend und aufgebläht in seinem Gesicht saß. Er saugte und rieb dran – dann sah ich weg. Das Mädchen sah auch nicht hin. Die Typen standen pervers geifernd davor und trieben Teddy an. Der Penner sah unbeholfen zu ihm runter und war peinlich berührt – er wusste wahrscheinlich gar nicht mehr, wie es war, ihn hochzukriegen und zu kommen! Nebenbei schüttete er sich verlegenen Blickes den Schnaps rein. Teddy muss die Fresse unendlich weh getan haben, er tat mir Leid, und ich wollte hier weg! Sie sollten ihn endlich in Ruhe lassen, hatten die denn ihren Verstand verloren?

Teddy brachte den Penner nicht zum Orgasmus. Als es den Typen langweilig wurde, rissen sie ihn weg und fesselten ihn wieder, dann legten sie ihn in eine Ecke. Die beiden waren ziemlich breit und setzten sich auf den Boden, um ein Bier zu trinken, darüber schliefen sie ein. Ich saß schon die ganze Zeit auf einem Sofa und sah mir die Sache nur noch mit halbem Auge an, ich sackte immer mehr weg, ich war so breit von den Zäpfchen. Irgendwann schlief ich einfach ein. Es war auch ganz ruhig in der Wohnung geworden. Ich wollte nicht ohne Teddy hier abhauen, ihn nicht im Stich lassen. Ich traute mich nicht, ihn loszubinden. Vielleicht taten die Typen ja nur so, als ob sie schliefen, wer weiß, wie irre die waren ... Das Mädchen auf dem Bett neben mir schlief auch ein.

Als ich gegen halb zehn aufwachte, war es noch ruhig. Ich bemerkte nicht gleich, dass Teddy weg war, er hatte in einer Ecke gelegen, die ich vom Sofa aus nicht einsehen konnte. Ich traute mich auch nicht nachzusehen, ich musste mich erst mal wappnen für das, was mich erwartete. Ich drückte zehn Spasmo-Cibalgin in meine Hand, zerbrach sie in Hälften und spülte sie mit abgestandenem Bier runter. Dann sah ich, dass die Balkontür aufstand – der Penner war über den Balkon abgehauen! Ich hatte immer noch Angst, um die Ecke zu gucken; die Typen lagen vor der Tür zum Flur. Alles war still, das Codein fing an, mich zu betäuben. Gegen zehn Uhr klingelte es an der Tür. Einer der beiden Typen wachte auf und öffnete nichts ahnend – herein kamen ein paar Bullen! Ich war glücklich, sie zu sehen. Sie nahmen die beiden sofort in Handschellen und führten sie ab.

Das Mädchen und ich mussten auch mit aufs Revier wegen der Zeugenaussage. Dort blieb ich bis etwa fünf Uhr, weil ich ständig kotzen musste. Es kam von den Zäpfchen und auch davon, dass ich nicht richtig aß, und weil mir beim Erzählen alles hochkam. Der Bulle dachte erst, ich verarsche ihn, aber als ich ihm fast auf seine Schreibmaschine kotzte, holte er mir brav eine Tüte und ein Glas Wasser. Ab und zu durfte ich auch aufs Klo, um mir den Mund auszuwaschen. Der Bulle war froh, als er mich los war. – Die Bullen waren von Teddy geschickt worden; der Penner hatte ihm bei der Flucht über den Balkon geholfen.
Teddy sah ich am nächsten Tag am Platz wieder, er sah noch verbeulter aus, als ich ihn in Erinnerung hatte, sein Kopf war fast doppelt so groß und schillerte in allen Farben! Er tat mir Leid, aber ich fragte ihn trotzdem ein wenig pikiert, zu was für Typen er mich da mitgenommen hatte. Er sagte, er habe es nur gut gemeint und hätte nie gedacht, dass die so abfahren. Wir trafen Mama, sie war bestürzt über Teddys Aussehen und bot ihm an, er könne mit in Laatzen schlafen.
So war es wieder fast wie früher, ich passte mit aufs Kind auf, während Mama klauend durch die Stadt zog, mit meinen Kumpels! Während ich auf sie wartete, war ich meist ganz schön affig, denn das Zeug wurde ja erst geholt. So vergriff ich mich in meiner Gier an der großen Pattextube, und diesmal kickte es – anders als damals, als ich es mit Celina versucht hatte. Wenn Mama und Teddy wiederkamen, wurde erst mal konsumiert. Bulle holte sich die Duschbürste – die brauchte er, um sich kräftig zu schubbern, wenn er das Gift im Körper hatte. Manchmal rieb er sich auch an der Schrankwand, das ganze Teil erzitterte unter seinem Gewicht, er hatte dabei den Kopf in den Nacken geworfen und die Augen genüsslich geschlossen. Ich brauchte keine Duschbürste, mir reichte die Drahtbürste für die Haare, damit ging das Schubbern wirklich gut, manchmal wollte Bulle sie auch haben! Mama grinste nur über unsere Rituale und schubberte sich dabei die Nase wund.

Einmal rief Mama mich ins Klo. Sie hatte sich eine Pumpe fertig gemacht und zog das eine Augenlid runter. Sie meinte, dass ich mir das mal angucken solle, damit ich nicht weiter so eine Scheiße mache – und dann spritzte sie sich unter den Augapfel! Ich war erschrocken und erstaunt – über ihre »Lehrmethoden« und auch darüber, dass es auch unter dem Auge ging. Ich wand mich einigermaßen angewidert ab und ging in mein früheres Zimmer, dort kochte ich mir selbst was auf und spritzte es mir in den Arm. Mit ihrer Aktion hatte sie mich schocken wollen – aber es hielt mich von nichts ab, es bestärkte nur meinen Ekel aufs Leben.

Mama war so dicht wie immer, einmal ging sie in mein Zimmer und wollte irgendwas holen. Ich saß mit Bulle im Wohnzimmer und sah fern. Nach einer halben Stunde fiel uns auf, dass Mama schon lange nichts mehr gesagt hatte. Ich ging rüber und fand sie auf Knien vor dem Bett, ihr Oberkörper hing im Bettkasten, sie hatte echte Schwierigkeiten hochzukommen. Mit verzerrtem Gesicht versuchte sie gegen die Schwerkraft zu stemmen. Ich holte Bulle, er ging zu ihr und sagte: »Mensch, was machste denn da schon wieder, Muttern?« – Am 10. März war wieder Razzia bei Mama und Bulle, sie fanden: 1 Briefchen mit weißem Pulver, 1 Dose Tranxilium, 1 Dose Vitamin-C-Pulver und 1 Schlagstock.

Die Behörden wollten wissen, wo ich gemeldet war. Ich ging in die Bachstraße, wo sie mir bescheinigten, dass ich mich dort aufhalte. Schlafen tat ich da selten. Schlafmäßig war sowieso alles durcheinander. Wenn ich keine Lust auf Laatzen hatte und Michaela nicht traf, schlief ich gar nicht und setzte mich mit übrig gebliebenen Leuten in die Passarelle. Einmal schlief ich in der Haltestelle Kröpcke. Ich wollte erst zu Papa, wenn er zur Arbeit war, damit ich da meine Ruhe hatte.

Ich traf Melanie wieder, und sie nahm mich mit zu einer ihrer Freundinnen in irgendein Dorf, sie wollte da in einen Laden,

der ganz toll sein sollte. Der Laden stellte sich als Dulli-Disco heraus, nur Milchgesichter unterwegs. Ich hatte keine Lust, einem dieser Bubis seine 20 Mark aus der Tasche zu ziehen, so freundete ich mich mit dem Gedanken an, mir ein bisschen Hartalk einzuflößen, damit mich mein latenter Affe in Ruhe ließ. Ich ließ mir Weinbrand mitbringen, und als ich das Glas mit der braunen Flüssigkeit in der Hand hielt, kam mir die Idee, dass ich mir mein Getränk ja auch spritzen könnte. Ich verschwand aufs Klo und zog mir den puren Weinbrand in meine Pumpe und band mir den Arm ab. Ich fing an, in meinen Venen zu suchen, da rüttelte Melanie an der Tür – sie wollte mit ins Klo. Ich sagte, dass ich jetzt nicht aufmachen könnte, da wurde sie noch misstrauischer und guckte über die Klotür. Im letzten Moment wollte ich die Pumpe verstecken, aber sie hatte sie schon gesehen. Sie kam über die Tür geklettert, riss mir die Pumpe aus der Hand und schmiss sie weg! Ich ließ sie machen, stand bedröppelt und traurig vor ihr, sagte nur, dass ich mal versuchen wollte, wie Weinbrand so direkt wirkt – wie gut, dass Melanie es verhindert hat, denn sonst hätte ich wahrscheinlich heute eine Vollklatsche!
Wir gingen zu ihrer Freundin. Dort legten wir uns gleich schlafen, wir teilten uns ein Bett mit einer anderen Frau. Ich schlief unruhig an der Bettkante, es war kalt, ich hatte wenig Decke, ein Fenster stand irgendwo offen. Ich träumte:
Melanie und ich spielen in einem Film mit: »Der Schlächter von Hannover«, gedreht wird an der U-Bahn am Aegi. Der Schlächter ist braun mit langem schwarzem Haar. Plötzlich hört der Film auf, und alles ist ganz normal. Wir gehen runter zur U-Bahn, dort steht ein Bahnwaggon, in dem man Klamotten batiken kann. Am Ende des Wagens ist ein dunkler Vorhang, dahinter steht eine Badewanne. Die blonde Frau hinter der Theke gibt uns Pullover und Farben. Ich will einen Pullover in die Badewanne legen – und drin sitzt nackt der Schlächter und grinst mich an! Im nächsten Moment bewirft er mich

mit spitzen Messern. Ich schreie auf und renne raus, ohne Schuhe. Ich renne durch die U-Bahn-Station – so viele Menschen! Ich renne zu den Rolltreppen, es sind total viele, fünf nebeneinander, sie fahren schnell rauf und runter, alles ist hell und verglast. Ich renne und springe auf den Rolltreppen hin und her, will den Schlächter verwirren. Eine U-Bahn kommt, und ich springe rein. Melanie ist plötzlich wieder da. Wir stehen an den Klapptüren. Ich gucke mir die Menschen an, sie sehen irgendwie alle gleich aus. Da sehe ich, wie der Schlächter vom anderen Ende der Bahn aus auf mich zukommt! Ich stehe wie gelähmt und bin froh, dass er sich setzt. Er grinst mir zu, sagt: »Komm mal her, ich will dir was geben!« Ich sehe einige spitze Messer in seiner Jacke. Ich glaube nicht mehr, dass er mich umbringen will, lache und strecke die Hand aus ... er rammt mir ein Messer voll in den Unterleib! Ich falle zurück, Melanie vor die Füße, der Schlächter lacht. Ich stelle mich tot, keiner hilft mir. Es blutet. Irgendwann sehe ich zur Seite, und der Schlächter ist weg. Wir steigen aus, mein Bauch tut weh, das Messer habe ich noch. Ich sehe eine Leuchtreklame: »Der Schlächter von Hannover«.
Als ich erwachte, tat mir die linke Seite des Unterleibs weh. Wir blieben noch eine Weile bei Melanies Freundin, sie machte eine Doors-Platte an – ich lieh sie mir bis zum heutigen Tag aus: »Waiting for The Sun«.

Am 15. März hatte ich eine Verhandlung wegen der Diebstähle vom 22. und 24. November und 7. Dezember 1988 und vom 4. Januar 1989. Ich ging mit Mama hin, und weil ich voll geständig war und angab, unter Tabletteneinfluss gestanden zu haben, wurde mir nur »aufgetragen«, freiwillig eine Therapie zu machen. Im Verhandlungsprotokoll stand: »Man merkt es der Angeklagten deutlich an, dass sie dringend einer Therapie bedarf.«
Am 24. und 31. März wurde ich wieder beim Schwarzfahren erwischt. Es war nicht so, dass es mich besonders gestört hätte –

ich fuhr immer ganz entspannt mit der Bahn, es war mir egal, wenn die Kontros kamen. Sie würden eh nichts von mir bekommen, nie!

Dead Sergio

Am 4. April wurde Teddy verhaftet. Er schrieb mir ins Café Connection, dass Mama seine Sachen nicht rausrücken wolle, und bat mich, dass ich mich mal drum kümmere. Ich sprach Mama darauf an. Sie meinte nur, dass sie seine Westernstiefel schon vertickt hätte. Wir waren kräftig dabei, vorm Connection ihre Rohypnol zu verticken, ich saß auf der Mauer und wartete, dass sie fertig war und mir auch ein paar Pillen gab. Irgendwann kam sie hektisch rüber und gab mir einen Riegel Rohypnol. Und dann, im Weggehen, sagte sie noch den üblen Satz: »Ich habe die Cousine von Sergio getroffen, und sie meinte, dass er tot sei.« Ich sah sie an – fassungslos. Sie meinte noch so was wie: »Das hat doch so kommen müssen – der wollte doch gar nicht aufhören!«

Sergio war tot, unbeweglich, kalt, starr, blau, tot … tot. Ich ließ Mama stehen. Ich musste Genaueres erfahren. Von den Telefonzellen am Raschplatz rief ich Sergios Cousine an. Sie war ziemlich fertig und sagte, er habe sich am 18. April in Turin den goldenen Schuss gesetzt. Ob es ein Unfall war oder nicht, konnte keiner sagen.

Ich hatte das Gefühl, dass ich jetzt ein Recht darauf hatte zu ballern. Ich ging gleich los und besorgte mir was. Jagger nahm mich mit auf sein Stammdrücker-Klo am Welfenplatz. Voller Genuss jagte ich mir die Nadel in den Arm – im Gedenken an Sergio, meine erste große Liebe. Eine Liebe, die kein Ende hatte und auch keinen richtigen Anfang. Eine Liebe, die keine war. Eine Liebe, die durch die Droge gemacht – und durch die Droge beendet wurde.

Da ich nun erst so richtig loslegen wollte mit Ballern, brauchte ich mehr Geld. Ich ging verstärkt klauen, meist klappte es ganz gut, die Rohypnol machten mich dreist. Manchmal, wenn ich breit genug war, ging ich klauend die Passarelle entlang; ich klaute Gorilla-Stofftiere mit Boxhandschuhen, Hexen auf Besen, Sonnenbrillen, Flaggen und ohne Ende Postkarten! Wenn ich von meinem Rundgang wieder am Platz ankam, verteilte ich die Sachen unter den Junkies – manche freuten sich wie kleine Kinder! Mit Jagger war in dieser Zeit ein paar Tage Pause. Er fuhr auf irgend so eine Tina ab, die sich bald darauf den Gnadenschuss verpasste. Er hatte immer gesagt, dass sie voll der Rock 'n' Roller sei – na ja, dann ist sie ja auch den richtigen Rock-'n'-Roll-Tod gestorben!

Die Gasknarren-Aktion

Ein paar Tage hing ich wieder mit Marcus rum. Irgendwoher hatte er eine Gasknarre. Das war der Auslöser dafür, dass er mit nach Laatzen kam, denn Bulle hatte Interesse an dem Ding. Mama und Bulle wussten aber auch, dass Marcus bald seinen Sozi-Scheck kriegte mit über 400 Mark drauf, deshalb schmierten sie ihm Honig ums Maul. Als er den Scheck hatte, gingen Bulle und ich mit ihm zu Realkauf und luden den Wagen voll, mit allem, was wir brauchten und wollten, es war ja nicht unser Geld! Marcus bezahlte um die 300 Mark, so war er für diesen Monat schon fast wieder pleite. Bulle beschwichtigte ihn mit Hinweis auf Mamas kommende Klautouren – Junkie-Gefasel.

An diesem Abend ging Bulle weg, die Knarre verticken, das Geld wollte er dann Marcus geben. Mitten in der Nacht hörte ich, wie unsere Wohnungstür aufgeschlossen wurde. Ich hoffte, dass er nicht allzu besoffen war. Plötzlich wurde meine Tür aufgerissen, und Bulle schoss zwei Mal rein! Er machte die Tür schnell wieder zu, lachte laut und ging ins Wohnzimmer. Ich sprang zum Fenster und riss es auf. Marcus lag verstört im Bett,

seine Augen waren unnatürlich geweitet vor Schock. Ich ging ins Wohnzimmer, um die allgemeine Stimmung aufzufangen, abzuchecken, ob ich mich schnell verpissen sollte oder wieder hinlegen konnte, wenn das Gas abgezogen war ... Bulle sagte: »Na, ist doch nicht so schlimm mit dem Gas, oder? Hab doch nur Spaß gemacht!« Ich wollte ihm sagen, dass ich es voll Scheiße fand, aber Mama unterbrach mich sofort, sie wollte auf keinen Fall Streit haben. Ich ging wieder rüber, es war mir auch egal, ich wollte pennen.
Am nächsten Tag schmiss Bulle Marcus raus, die Gasknarre behielt er. Bulle meinte zu mir, der Typ sei voll bescheuert und ohne Geld unerträglich! Ja, so waren sie, meine komischen Eltern, abgebrüht und skrupellos – davon schnitt ich mir im Laufe der Zeit ein paar Scheibchen ab.
Marcus kam kurz darauf in den Knast, wahrscheinlich ist er beim Klauen erwischt worden. Ich war wieder mit Jagger zusammen, und wir schliefen manchmal in offenen Kellern in der List. Wir legten uns auf den kalten Steinfußboden und deckten uns mit Prospekten oder Zeitungen zu, wie die Penner! In der Morgendämmerung schlichen wir auf Hinterhöfen rum und spähten auf die Balkone. Manchmal hatten wir Glück und konnten etwas holen, was wir zu Geld machen konnten, z.B. leere Bierkästen.
Bei Papa schlief ich in dieser Zeit so ziemlich das letzte Mal. Ich war schon eingeschlafen, als er nachts vom Saufen wiederkam. Er legte sich zu mir aufs Bett und grabbelte zu mir rüber – nichts Schlimmes, denn dazu kam es gar nicht! Ich ranzte ihn gleich an, dass er mich in Ruhe lassen solle, ich sei doch seine Tochter! »Ja, deswegen«, hörte ich ihn nuscheln. Ich schob ihn weg, er war besoffen und schlief gleich ein. Ein anderes Mal wachte ich davon auf, dass er sich die Innenseiten meiner Arme ansah: Was ich da gemacht hätte? Ich sagte verschlafen und abgebrüht: »Ach, da habe ich mich gestoßen ...« Er ließ meine Arme los und schüttelte traurig den Kopf. Er muss gewusst ha-

ben, dass es Einstichpunkte waren, mit bunten Teichen drum herum …

Die letzte Sequenz in der Bachstraße

In der Bachstraße ritt mich dann mal wieder der Teufel. Denn wie es der Zufall so wollte, saß ich eines Abends – voll auf Rohypnol – genau auf dem Stuhl, an dem die Jacke eines Betreuers hing. Und wie ich es mir angewöhnt hatte, machte ich auch hier Taschenkontrolle. Plötzlich hielt ich 300 Mark in der Hand – na so was! Ich steckte sie mir irgendwohin und ging kurz darauf aufs Klo. Dort verbunkerte ich das Geld unter einer losen Kachel. Gut gelaunt ging ich schlafen, ich wusste, dass der nächste Tag gerettet war.

Dieser Tag begann aber erst mal damit, dass wir alle gefilzt wurden. Sie filzten alles durch, und einer verdächtigte den anderen. Ich war schon vorher auf dem Klo gewesen, hatte mir aber überlegt, die Kohle erst zum Schluss mitzunehmen. Da ich schon wieder recht affig war, war es auch nicht schwer, das Unschuldslamm zu spielen – ich reichte ihnen bereitwillig meine Sachen und stellte mich der Körperfilzung. Es waren aber auch ein paar echt abgefuckte Exemplare unter den Junkies dabei, deshalb traute man mir diese Aktion gar nicht zu; die Betreuer hatten ihre Sinne mehr bei diesen Kandidaten des Todes. Als sie uns alle durchhatten, durften wir gehen. Ich meinte, dass ich noch mal schnell aufs Klo müsste – das Klo war schon abgefilzt, es gab keine Einwände. Ich klaubte das Geld unter der Kachel vor und steckte es mir in den Schlüpfer – wie gut, denn einer der Betreuer wollte doch tatsächlich noch mal in meine Taschen gucken! Ich ließ es unschuldig lächelnd über mich ergehen – er zuckte enttäuscht mit den Schultern.

So ging ich davon mit seinem Reichtum, um mir was »Gutes« anzutun. Draußen wartete Ute, eine abgewrackte Junkiebraut, die ich locker von der Scene kannte. Wir gingen zur Bahn, und sie laberte die ganze Zeit über das verschwundene Geld und wer es bloß haben könnte ... Als wir in der City waren, sagte ich, dass ich ihr was ausgeben könnte, ich hätte die 300 Mark! Sie war völlig aus dem Häuschen – habe ich schon erwähnt, dass sie auch völlig zahnlos war? Sie sah einfach zum Fürchten aus, in ihrer zahnlosen/schamlosen Freude – ich musste sie ruhig stellen, bevor sie sich noch an mich hängte. Dieser Tag ging bestimmt noch gut zu Ende, denn ich erinnere mich an nichts mehr. In der Bachstraße habe ich mich nie mehr blicken lassen.

Mit Jagger landete ich mal bei einem Studenten in der List. Da übernachteten noch andere Typen. Wir machten es uns bequem, und irgendwie passierte es, dass wir zusammen schliefen – vor all diesen Typen. Sie taten allerdings so, als ob sie es nicht merken würden, und lagen kichernd unter ihren Decken. Ich dachte abfällig über diese »Kinder« und bewegte meinen Unterleib. Eine andere Penngelegenheit bekamen wir auf dem Raschplatz. Ein Typ fragte uns, ob wir ein Piece klarmachen könnten, Jagger nahm das in die Hand, und ich wartete mit ihm. Er hieß Ulf, war etwas dicklich, gemütlich und hatte etwas Optimistisches an sich – so etwas sieht man als Fixer nicht alle Tage. Als er mitbekam, dass wir nirgends pennen konnten, bot er uns an, mit zu ihm zu kommen. Als Jagger mit dem Piece ankam, dachte er gleich weiter und meinte, dass wir bei Ulf doch auch unseren Affen durchziehen könnten! Ich zuckte innerlich zusammen – hatte ich überhaupt vor aufzuhören? Ulf wohnte in einem Dachgeschoss in Ricklingen, es war gemütlich und verkifft eingerichtet. Er kochte Tee und rollte eine Tüte, es war alles so unschuldig, was er da tat, wir beobachteten ihn amüsiert und gingen nacheinander aufs Klo, um uns unseren letzten Rest wegzumachen, bevor wir uns dem Affen stellten ...
Am nächsten Morgen erwachte ich mit einem verschwitzten Jagger neben mir auf einem ausgeklappten Sesselelement. Ich konnte zwar schon einige Zerrungen spüren, aber ich sah erst

mal darüber hinweg – die körperlichen Zerrungen wogen nicht so schwer wie die inneren, denn die schrien nach Droge, nach einem warmen, sicheren Gefühl, nach Ruhe in einem selbst. Wir lagen vier Tage bei Ulf auf dem Sesselelement, schwitzten und stöhnten. Zu dem Heroinentzug kam auch der Pillenentzug – und der zerrte mehr in den Knochen! Der Shoreentzug äußerte sich immer gleich: wie eine schwere Grippe mit dem Affen im Kopf, dem allgegenwärtigen quälenden Suchtgedanken. Ulf sagte uns dann, dass er seine Ruhe brauche, und wir fuhren wieder nach Hannover – natürlich gleich auf den Raschplatz.

Ich traf ein paar alte »Freunde« aus Laatzen auf der Scene, meine ersten Kifferkollegen waren nun auch alle drauf. Mario, diese Mistsau, Willy Berlin und ein paar andere, die heute tot oder am Ende sind. Ich hängte mich an sie, wenn sie aufs Parkdeck gingen, dort machte ich mir auch gerne mal was weg, wenn die Sonne auf mich schien und die Wolken vorbeizogen – ja, das barg eine kaputte Romantik in sich, die mich schon lange gefangen genommen hatte. Die alten Kollegen waren allerdings erst im »Vorstadium« – sie rauchten es noch und gaben mir immer ein paar Züge ab. Mario stand das schlechte Gewissen wegen der Vergewaltigung ins Gesicht geschrieben – natürlich gab er mir Shore ab! Und dass er immer beschissener aussah, brachte mir volle Genugtuung.
Eine kleine Schlusssequenz zu der Fast-Vergewaltigung vom letzten November: Eines sonnigen Tages ging ich mit Jagger zum Platz, plötzlich sah ich eine Frau, die mir mit wehendem Haar entgegenlief. Ich wollte ihr ausweichen, aber sie rannte direkt auf mich zu. Es war Claudia, und im nächsten Moment riss sie mich um und keifte: »Du hast unsere Familie zerstört!« Aber die Rettung war nicht weit, denn der Übeltäter kam herbeigeeilt – Freddy. Er zerrte Claudia mit sich und meinte, dass sie hier doch keinen Aufstand machen solle; zu mir drehte er sich noch

mal um und sagte irgendwas Beschwichtigendes. Ich war froh, dass sie mich nicht groß lädiert hatte.
Am 29. April wurde ich zwei Mal erwischt, beim Kaufhof und bei Horten, schon wieder zwei Läden, in denen ich Hausverbot hatte. Mama konnte mich fast nirgendwohin mehr zum Zocken mitnehmen, so wartete ich draußen mit den von ihr geklauten Sachen. Später gingen wir dann zum Steintor, und sie ließ mich vor dem Drink out am Marschstall warten. Hier »arbeitete« Michaela, die jetzt mit Gerdchen liiert war. Ich hatte sie aus den Augen verloren – nun wusste ich, wo sie abgeblieben war. Als ich einmal im Drink out auf Michaela wartete, meinte Gerdchen, ich würde in dieser Aufmachung die Kunden verschrecken. Er meinte mein angepunktes, abgewracktes Äußeres. Ich sah nicht ein, mir was anderes anzuziehen, und verschwand aus dem Laden.

Es war ein sonniger Sonntag, als ich am Bahnhof vorbeiging, um zu sehen, wer da so abhing. Ich hatte an diesem Tag ein seltsames Gefühl in mir – ein Gefühl von Veränderung. Auf der Bahnhofstreppe saß Jagger und nölte affig rum. Ich grinste nur, obwohl ich selbst nichts drin hatte. Die Sonne schien, und ich wollte mal wieder an etwas anderes denken, mal wieder was anderes machen! Ein Typ vom Christen-Bauwagen kam vorbei und begrüßte uns. Er fragte, wie es mir ginge und was ich machte. Ich meinte, dass ich nichts vorhätte, und er bot mir an, mit zu ihm und seiner Familie zu fahren. Das machte ich – Jagger ließ ich da sitzen; ich war nicht mehr in ihn verliebt, und er ging mir auf die Nerven mit der ewig gleichen Leier. Als wir bei dem Typ zu Hause ankamen, liefen zwei Kinder auf uns zu, seine Frau begrüßte mich, als ob wir uns schon ewig kennen würden, und machte Essen. Ja, so sind sie, manche Christen. Ich hörte mir im Wohnzimmer eine Bob-Dylan-Platte an und stellte mir vor, wie es wäre, wenn ich hier wohnen würde, wenn bei mir alles geregelt wäre und die Lebensangst nicht mehr so groß. Hier war es hell, sauber, und das Gefühl von »alles in Ordnung« herrschte vor. Nach dem Essen ging ich schon wieder; vielleicht konnte ich dieses »alles in Ordnung«-Gefühl nicht mehr ertragen. Vielleicht konnte ich aber auch ihre Sätze und Fragen nicht ertragen; sie waren einfach zu liebenswürdig, zu verständnisvoll, zu einsichtig.

Ich verschwand aus ihrer heilen Welt in meine kaputte und wollte nun doch ein bisschen Shore im Blut haben. Ich ging zum Platz und teilte mir ein Päckchen mit einem Typen, an dessen Namen ich mich nicht erinnere. Er wollte es sich zu Hause wegmachen. Ich fuhr mit ihm nach Linden, dort wohnte er mit seiner schwangeren Freundin, die nicht drauf war und es gar nicht mochte, dass wir uns auf dem Klo was wegmachten – wir taten es trotzdem. Der Typ fragte sie, ob sie was dagegen hätte, wenn ich für eine Nacht dort schlafen würde. Hatte sie nicht, und es wurden vier Nächte draus – denn ich zog da meinen Shore-Affen durch. So hatte mich mein Gefühl von Veränderung doch nicht getäuscht!

In diesen vier Tagen war ich meist mit der Frau zusammen – ihr Typ war zu einem Pink-Floyd-Konzert gefahren –, sie kochte uns was, nachdem wir zusammen einkaufen waren, und sie ließ mich in Ruhe, wenn ich es brauchte. Sie war echt nett, so der mütterliche Typ – oder strahlte das nur ihr dicker Bauch aus? Wir sahen uns im TV »Das Jahr des Drachens« an. In dem Zimmer, in dem ich schlief oder affig vor mich hin schwitzte, standen ein paar Bücher. Das Einzige, das ich während meines Aufenthaltes dort las, hieß »Beiß nicht in die Sonne«. Es war ein Science-Fiction-Roman, in dem alle unsterblich auf einem bunten Planeten lebten und irgendwelche planetarischen Drogen hatten; es hat mich total fasziniert. Der Affe war auf jeden Fall nicht so, wie es in Filmen immer dargestellt wird – er zerrte schon ganz gut an mir, aber ich lag nicht schreiend in der Gegend rum und hatte wilde Zuckungen. Ich ließ es still und masochistisch über mich ergehen – ich wusste, dass dies die Konsequenzen des Daseins sind, das ich mir ausgewählt – oder vorgekaut bekommen hatte. Ich nahm es hin und versuchte mich auf das Buch zu konzentrieren, in dessen Welt ich verschwand: bunt und unsterblich!

Kokain

Ich rief bei Mama an, um ihr einigermaßen stolz zu erzählen, dass ich seit vier Tagen nichts genommen hatte. Sie war kurz angebunden, weil sie in die Stadt wollte, wir wollten uns dort an der U-Bahn beim Steintor treffen. Sie war schon wieder total hektisch, drückte mir ein Päckchen und eine Pumpe in die Hand und wollte schon nach unten zur Bahn laufen, als ich meinte: »Ich hab dir doch gesagt, dass ich seit vier Tagen nichts mehr genommen habe!« Darauf sie: »Aber es ist ja auch kein braunes, das ist weißes! Ach ja, du darfst es auch nicht aufkochen«, und schon war sie weg. Hatte sie überhaupt registriert, was ich ihr gesagt hatte? Oder hatte sie Angst, dass ich mich von ihr abnabeln könnte, wenn ich mit Drogen aufhörte? Wie auch immer, ich fuhr nach Linden zurück, aber bei der netten Frau, wo ich meinen Affen durchgezogen hatte, wollte ich mir das Zeug nicht wegmachen, das wäre mir so vorgekommen, als hätte ich den Ort entheiligt.
Passenderweise ging ich ins Café Fiasko, setzte mich dort unauffällig an die Theke und bestellte mir einen Orangensaft. An der Theke saßen zwei Gäste, die sich mit der Bedienung unterhielten, sie kannten sich. Neben der Tür standen zwei Typen am Spielautomaten – so weit war nicht viel los, ich konnte also aufs Klo gehen und die neue Droge ausprobieren, die für mich vorher nie interessant gewesen war. In der Toilette, einem großen hellen Raum, legte ich den Löffel auf den Klodeckel, zog Wasser in die Spritze, vermischte es mit einem Häufchen der unbekannten Substanz und zog es auf. Dann machte ich es mir auf dem Klodeckel bequem und stach mir die Nadel in die Vene –

die nächste Sequenz, an die ich mich erinnere: Ich halte die Spritze in der linken Hand, und vor mir auf dem Boden und an den Kacheln sind überall Blutspritzer! Panik durchzuckte mich, als die Türklinke von außen runtergedrückt wurde: »Ist hier besetzt?« – »Ja, bin sofort fertig!«, kam es aus meinem Mund, während ich panisch meine Utensilien zusammenraffte und das Blut um mich herum wegwischte – wo war das denn alles hergekommen? Hatte ich mit der Pumpe so rumgewedelt? Ich konnte mich gar nicht erinnern, dass ich mir die Spritze überhaupt aus dem Arm gezogen hatte … Mein Herz klopfte wie wild – sie durften nicht einen einzigen verdammten Blutstropfen von mir finden! Aber dann hatte ich es erledigt; soweit ich sehen konnte, war das Blut weg. Ich warf einen kurzen Blick in den Spiegel, und harte Gesichtszüge sahen mich an. Dann ging ich raus und setzte mich zu meinem Orangensaft an die Theke.

Ich starrte vor mich hin und versuchte nachzufühlen, was ich mir da eben durch die Blutbahn gejagt hatte … Plötzlich hörte ich eine Frauenstimme in meinem linken Ohr – sie klang kalt und erwachsen, einschmeichelnd und auch ein bisschen rauchig: »Kooookaaiiiin … Kooookaaaaiiiiiiiiin …« Ich erstarrte, fragte mich, ob doch jemand meine Aktion mitgekriegt hatte, sah in die Richtung, aus der die Stimme gekommen war – aber da war niemand! Ich trank schnell meinen Orangensaft aus, bezahlte und verließ den Laden. Bis heute war ich da nicht wieder drin.

Bei der Frau setzte ich mich in »mein« Zimmer und sah mich lange im Spiegel an. Ich machte mir Gedanken, sie flossen gerade so gut … Ich dachte darüber nach, dass ich den Shore-Affen deswegen durchgezogen hatte, weil ich mich von dieser verschlafenen Heroin-Welt lösen wollte. Ich wollte nun wieder wach sein – aber natürlich nicht ohne Törn. Ich musste mir was überlegen und freundete mich ziemlich schnell mit der »neuen« Droge an. Beim zweiten Druck merkte ich auch erst den Kick, auf den ich von nun an so scharf war: Es war eine Kopfexplosion, ein Ganzkörperorgasmus! Diesen zweiten Druck setzte ich mir im Zimmer bei der Frau – es war plötzlich egal geworden, ob irgendwas entheiligt wurde. Nun war ich »infiziert« und verliebte mich im Eiltempo in meine neue Droge! Sie machte mich stark, meine Augen schön und schwarz, und ich war taub innen drin – nichts tangierte mich, ich fühlte mich sicher mit Kokain im Blut. Nun musste ich erst mal mehr davon bekommen – ich fuhr nach Laatzen, um die Lage zu checken.

Zusammenfassende Auflistung einiger Vorladungen

Für Mama gab es am 25. Mai ein Diebstahlprotokoll und am 1. Juni eine Vorladung wegen mehrerer Diebstähle. Am 19. Mai wurde ich dabei erwischt, wie ich mir ein 50er-Päckchen Shore bei einem Schwarzen kaufte; es war im Georgengarten, wohin sich die gesamte Raschplatzszene verlagert hatte. Am 26. Mai bekam ich eine Vorladung und am 2. Juni eine Anklageschrift wegen der Klauerei im Baukasten. Bulle bekam am 5. Juni sein Urteil über eine Hehlereisache von 1986, er erhielt Bewährung. Mama wurde weiterhin mit Mahnungen zugeschissen, fast täglich meldete sich eine Firma per Post bei ihr. Am 7. Juni war es die Post selbst, die Schadensersatz für ein verloren gegangenes Telefon mit Gebührenzähler forderte; Mama hatte es wahrscheinlich gegen Droge eingetauscht. Am 8. Juni meldete sich der Kaufhof bei ihr und am 21. Juni Rossmann. Am 27. Juni meldete sich der Deutsche Inkassodienst, der die Zahlungsverweigerung nicht länger hinnehmen wollte. Ich bekam im Juni auch noch drei Vorladungen – so hatte die Justiz ganz gut zu tun mit unserem Familienclan. Wobei ich sagen muss, dass die paar Anzeigen nichts wogen gegen die vielen Male, in denen man nicht erwischt wurde. Denn eigentlich klappte die Zockerei immer, außer man war zu dicht und damit zu dreist. Oder man hatte einfach Pech, weil man schon zu oft im selben Laden war, oder aber ein Privatdetektiv war anwesend, der einen kannte – und dann war man entweder schlau und steckte nichts ein oder zu dicht und ging in die Falle. Ja, die Zockerei war ein Sport für sich – Gewinn und Verlust gleichermaßen miteingeplant.

Mama hatte fünf Ärzte, von denen sie pro Woche jeweils eine Packung Rohypnol und Remmies (Remedan C mit 30 mg Codein) bekam. Inzwischen war ich Rohypnol-mäßig so hoch dosiert, dass ich locker 20 Stück über den Tag verteilt aß. Wenn ich mit nach Laatzen fuhr, linkten wir immer noch Bulle mit seiner Dosierung. Wenn Mama in der Küche die Vorbereitungen für unser Familienritual traf, zog sie schwarzen Tee oder Apfelsaft in seine Pumpe, ich bekam dann noch von seiner Portion. Bulle saß immer auf dem Sofa und wartete, dass Mama vom Klo kam und ihm den Druck setzte; vorher sei sie ihm zu hektisch, da hätte er Angst, meinte er. Aber nun war ich ja auch noch da, und mit der Zeit sind in dieser Hinsicht wirklich alle Grenzen gefallen: Ich setzte Bulle seinen Druck, um dann auch in Ruhe aufs Klo zu können und es mir in den Kopf zu schießen. Bulle meinte, ich machte es gut – so sanft ginge ich mit der Nadel rein, nicht so wie Mama … Das war ja schon fast eine sexuelle Anspielung!
Dazu schrieb ich einen Text: »›Komm, baby shooting star, mach's mir klar! Ja, die Vene ist gut, die rollt auch nicht!‹ – ›Halt still!‹ Und sanft bohrte sich die Nadel in die benutzte Vene seines tätowierten Unterarms, Blut schoss sofort in die Gun, vermischte sich – Blutsturm. ›So, rein damit!‹ – ›Langsam …‹ Noch mal aufziehen und eine Blutladung hinterher. Er bog den Kopf nach hinten, der Gürtel hing lässig um seinen Arm, schloss die Augen … Ich ging die Gun sauber machen, und schon schrie Mama vom Klo: ›Hilf mir!‹ Genervt ging ich zu ihr. Mit blutversauten Armen und einer Pumpe voll Blut hing sie jämmerlich heulend auf dem Klodeckel. ›Ich treff nicht mehr, geht nicht …‹, heulte sie, ›schnell, es gerinnt!‹ Ich band ihr einen ihrer mehrfarbig verbeulten Reißverschlussarme ab – oh, ich kann

euch sagen: Es war nicht leicht zu treffen in diesen Armen. Dünne verkrustete Venen reckten sich mir kaum entgegen; ich stach hindurch, ich stach daneben – aber dann konnte ich's ihr geben: ihr Leben!«
Jetzt fing die Zeit an, in der ich mir eine Überdosis nach der anderen setzte. Ich erinnere mich nur an wenige, aber es wurden einige in den nächsten Wochen. Ich hatte schon lange nichts anderes mehr im Sinn: so breit wie möglich, und wenn tot – auch egal!

This could be the last time

Eines Abends ließ Mama mich mal wieder an der Ecke beim Drink out warten. Nach einiger Zeit kam sie wieder und fragte mich, ob ich mal mit Bärchen mitgehen wollte; er wolle auch nichts machen, würde aber gut bezahlen. Ich sah sie entgeistert an, sie schaute erwartungsvoll zurück. Ich sah auf den Boden und meinte: »Wenn er nichts Übles von mir will und es für dich auch o.k. ist …« Im Drink out stellte sie mich Bärchen vor. Er trug seinen Namen nicht zu Unrecht, er war groß und dick, aber nicht unsymphatisch oder eklig, deswegen stieg ich auch mit ihm ins Auto. Mama fuhr nach Laatzen und überließ mich mir selbst; wir hatten ausgemacht, dass ich später nachkomme. Bärchen fuhr durch die Gegend, fragte mich alles Mögliche und erzählte, er sei Antialkoholiker und seit neuestem Buddhist. Das beruhigte mich ein bisschen. Wir fuhren auf einen Parkplatz und gingen auf die Rückbank. Das Einzige, was er wollte: mich zwischen den Beinen berühren. Ich ließ es geschehen. Er fragte, ob es mir gefiele, ich log ihn an und sagte ja. Er war bald mit mir fertig, ich brauchte ihn nicht anzufassen. Dann gab er mir 200 Mark und fuhr mich nach Laatzen. Als er mich rausließ, sagte er noch, er käme alle paar Wochen vorbei, wenn er in der Stadt sei.
Ich saß in meinem alten Zimmer und konnte meinen plötzlichen Reichtum noch gar nicht fassen. Ohne große Anstren-

gung und ohne wen abzuziehen hatte ich nun Geld! Mama kam rein und fragte: »Na, wie war es?« Ich war nicht so gut auf sie zu sprechen und sagte nur: »Es ging, war nicht so schlimm.« – »Und wie viel hat er dir gegeben?« – »200 Mark.« – »Was? Was hast du denn machen müssen?« – »Nichts.« – »Nichts?« – »Nein, er wollte mich nur ein bisschen anfassen, sonst nichts.« Damit gab sie sich einigermaßen zufrieden, sie saß im Bademantel auf meiner Bettkante und rauchte, dabei sah sie ein wenig ernüchtert aus, vielleicht war in den beiden letzten Stunden eine ihrer Drogen schwächer geworden, und sie kam wieder ein wenig durch. Denn als sie mir an diesem Abend meinen ersten Freier besorgt hatte, hatte sie einen total kalten Suchtblick draufgehabt, nur die Kohle im Kopf – auch wenn das Frischfleisch der Tochter dafür herhalten musste. Sie lieh sich direkt was von meinem Geld für das Rezept morgen früh.

Von nun an, Ende Mai 1989, »durfte« ich auch im Drink out verkehren. Mein Glück war, dass Gerdchen Angst vor Bulle hatte. Die beiden hatten zusammen im Knast gesessen, und immer wenn Gerdchen an Bulles Zelle vorbeikam, trat der ihm einen Fußball an den Kopf oder beschimpfte ihn als Kinderficker, weil Gerdchen sich im Knast gleich sein Jungchen zum Hinten-rein-Rammen gegriffen hatte. Aber das interessierte mich nicht weiter, solange er mich in Ruhe ließ und mich zu nichts zwang. Mich interessierte nur, dass er mit Koks dealte. So hing ich fast den gesamten Juni in diesem dunklen Laden an der Bar ab und animierte die Freier zum Trinken. Das Drink out war ein kleiner Laden; links neben der Tür hing ein Fernseher, der von der Straße aus nicht zu sehen war. Auf dem Bildschirm liefen immer von Gerdchen selbst gedrehte »Filmchen«, wie er das nannte. Es waren immer sehr junge Mädchen, die sich allein oder zu zweit auf seinem Bett in den Dessous räkelten, die Mama oder andere Junkies für ihn geklaut hatten. Weil Mama da auch verkehrte, war es schon wieder fast eine familiäre Atmosphäre, wenn man mal von den Freiern absah.

So tigerte ich nun in meinem Stadtdreieck umher: vom Raschplatz übern Bahnhof zum Steintor – in beliebiger Reihenfolge. Es gab überall was auszuchecken, überall wen zu treffen. Michaela sah ich nun wieder öfter, sie räkelte sich auch auf dem Bildschirm oder ging in den Keller, die Freier befriedigen. Auf Michaela fuhren alle ab – sie war die perfekte Kindpuppenfrau. Gerdchen schickte mich erst mal zum Friseur, danach ging ich dann auch mal in den Keller, Geld verdienen ... Ich saß immer schon mittags in der Bar und wartete auf Typen, die sich mit mir die Mittagspause versüßen wollten. Gerdchens Läden waren bekannt dafür, dass er immer Minderjährige dahatte. Ich mit meinen 17 Jahren ging auch noch locker für 15 durch, was ich gut fand, denn ich brauchte viel Geld für viel Koks! Und da ich auch noch direkt an der Quelle saß, fand ich alles schon wieder ganz gut geregelt. Ich ging zwar nicht gerne mit den Typen mit, aber wenn ich dann die Scheine in der Hand hatte und mir mein geliebtes Koks kaufen konnte, war alles vergessen, zumal ich auch immer – wie sollte es auch anders gewesen sein – ganz schön dicht war! Meine Tage gestalteten sich nun also völlig anders, plötzlich musste ich nicht mehr erst schlauchen, um mir ein paar Rohypnol kaufen zu können. Ich war auch nicht mehr auf Mama angewiesen – ich hatte nun mein eigenes Kapital.

Manchmal konnte ich bei Matthias pennen, ich kannte ihn vom Platz. Wir waren einmal im Bett, aber ich bin dabei eingeschlafen, so dicht war ich, danach waren wir gute Drogenkollegen. Bei Matthias setzte ich mir am 9. Juni die vierte Überdosis, denn auch wenn ich schon voll auf Koks war, war ich der Shore auch nicht untreu geworden. Es war Samstagabend, und ich fuhr mit Lucky und Matthias zu ihm. Dort angekommen, wollte ich mir allein im Schlafzimmer einen wegmachen – des Rituals wegen. Ich ging rüber, schloss die Tür und schoss mir den braunen Saft in den Kopf. Dazu hörte ich den »Fisherman's Blues« von den Waterboys. Ich interpretierte den Text wahrscheinlich völ-

lig falsch, wenn ich dachte, dass mit »light in my head – you in my arms« gemeint sei, die Spritze sei in seinem Arm und schieße ihm das Licht in den Kopf!
Ich schoss mir an diesem Abend aber kein Licht in den Kopf, sondern die absolute Schwärze! Als ich erwachte, war es morgens. Ich war nicht besonders verwundert darüber, wahrscheinlich war ich voll breit eingeschlafen. Ich suchte mein Päckchen und fand es leer! Daneben ein Zettel, dass Matthias es sich weggemacht hatte, nach dem ganzen Stress letzte Nacht. Ich rüttelte ihn wach, und er erzählte mir zerknautscht, er und Lucky hätten ganz schön zu tun gehabt, mich zurückzuholen. Sie hätten meine Venen kaum getroffen (die kleinen zierlichen), und ich sah in meinen Armbeugen die Einstichlöcher, mit bunten Teichen drum. Matthias meinte, Lucky habe mich mit schon blau angelaufenem Gesicht gefunden. Ich war fasziniert: »Blau? Echt?«, aber Matthias fand das alles gar nicht faszinierend, er nölte rum, dass es voll Scheiße gewesen wäre, wenn ich in seiner Wohnung abgekratzt wäre; er sei doch nur ein heimlicher Junkie! Er sah wirklich ziemlich seriös aus für seine jungen Jahre.
Mir war das alles egal, hatte mir eigentlich in Ruhe meine restliche Shore wegmachen wollen, schließlich war es Sonntag, und da war es für einen Junkie nicht so einfach, schnell an Geld zu kommen. Ich überlegte fieberhaft, und mir fiel ein Freier am Klagesmarkt ein; ich fuhr einfach zu ihm, ich brauchte Geld! Der Arsch bemerkte natürlich meine Notsituation und gab mir für die Nummer nur 40 Mark – mehr hätte er nicht im Haus. Nun, weil Sonntag war, glaubte ich ihm und war froh, überhaupt ein bisschen Knete für ein bisschen Gift zu haben.
Aber manchmal hatte man ja auch Glück als Junkie. Ich hatte mir gerade ein gutes Päckchen geholt und knüddelte es – mit der Intuition eines Süchtigen – erst mal in ein Taschentuch. Auf dem Welfenplatz standen plötzlich zwei Polizisten vor mir und sagten, sie hätten beobachtet, wie ich Heroin gekauft hätte. Auf dem Revier schnaubte ich pro forma in mein Taschentuch, dann

knüddelte ich es noch mehr zusammen und schmiss es in den Papierkorb. Ich sollte mich ausziehen, sie sahen mir sogar hinten rein – und fanden natürlich nichts. Sie standen vor einem Rätsel, und ich durfte mich wieder anziehen. Ich fragte – unschuldig die Nase hochziehend –, ob ich mein altes Taschentuch noch mal benutzen dürfe. Die Politesse erlaubte es mir, leicht angenervt von ihrer misslungenen Aktion, und ging aus dem Raum. Ich langte in den Papierkorb – eine Art Blitz schoss mir durch den Arm: Er war in Vorfreude ausgebrochen!

Jagger hing sich in dieser Zeit gern an mich und schnorrte mich nach Drogen an, manchmal tauchte er im Drink out auf – meistens breit, deshalb musste er auch immer schnell wieder gehen. Eines Mittags sind wir zum hohen Ufer und haben uns – mit den Nanas im Blick – einen Koksdruck weggemacht. Jagger ist daraufhin auf die Bäume rauf und war völlig außer sich – so lustig hatte ich ihn noch nie gesehen! Er spackte einige Zeit ab, und dann trennten sich unsere Wege; er ging zum Bahnhof, und ich verschwand wieder in meiner »Barwelt«. Ich hatte ein reges Sexualleben bekommen – in allen Facetten –, nur war ich so selten dabei anwesend!

In dieser Scene lernte ich Zynia kennen. Sie war schon etwas abgetakelt, mit blondem auftoupiertem Haar, sie ging schon länger anschaffen. Bei ihr schlief ich öfters, wenn sie früh genug Geld erfickt hatte und wir uns auf der Scene trafen oder auf dem Strich. Bei ihr versuchte ich zum ersten und einzigen Mal, mir in die Füße zu ballern. Sie tat es schon die ganze Zeit, weil ihre Adern total vernarbt waren. Ich schaffte es nicht – meine Füße stellten sich voll empfindlich an. So stocherte ich mir weiter in meinen Ärmchen rum. Wenn ich genug Koks hatte, setzte ich mir ungefähr alle zehn Minuten einen Druck. Der Kick war ja immer so schnell vorbei! Gerdchen hatte total was dagegen, dass ich mir bei ihm was wegmachte. So war das eine heimliche Aktion bei ihm auf dem Klo. Ich hatte auch einen ungünstigen

Gürtel, er bestand aus einer Reihe von Totenköpfen, die klackerten, wenn man den Rest ganz durchzog. So eignete ich mir eine supergeräuschlose Art an – ich wäre still vor mich hin gestorben, wenn ich gestorben wäre.

In Laatzen kam jetzt noch eine andere Variante hinzu. Es war gegen Abend, als ich dort ankam, um da zu pennen. Mama und Bulle wussten noch nichts von meinem Kokainteil, oder das Ausmaß war ihnen nicht klar. Ich brachte immer noch – des Familienfriedens wegen – einen Brocken Hasch mit und warf ihn auf den Wohnzimmertisch. Bulle freute sich und baute uns ein paar Wasserpfeifen. Ich ging derweil aufs Klo und jagte mir ein paar Koksabfahrten ins Hirn – heimlich natürlich, weil ich ihnen nichts von meinem »Zauberpulver« abgeben wollte. Nachdem ich mich so richtig durchgeschüttelt und noch ein paar gekifft hatte, verschwand ich in meinem alten Zimmer.
Und an diesem Abend kam Bulle hinterher. Er setzte sich auf den Bettrand und streichelte durch die Decke mein Bein. Er war so seltsam soft drauf und meinte, dass ich keine Angst haben brauchte, er würde mir nicht wehtun. In mir arbeitete es panisch – ich wollte nicht von ihm angefasst werden! Ich redete recht cool auf ihn ein, das kam durch die Droge, und fragte ihn, was denn wäre, wenn Mama gleich aufwachte oder Yvonne ins Zimmer käme. Er streichelte mich inzwischen unter der Decke, und ich hielt meine Beine zusammengepresst. Er meinte, dass Mama fest schlafen würde. Aber genau in diesem Moment röchelte sie aus dem Wohnzimmer zu uns rüber – und wir wussten, dass sie manchmal ganz schnell wieder wach war, wenn sie erst mal röchelte. So nahm er endlich seine Hand unter der Decke weg und ging rüber, nachdem er mir mit seinen dicken Lippen noch einen Kuss auf den Mund gepresst hatte. Er wollte gleich wiederkommen. Ich war geschockt. Wem sollte ich noch trauen, sie wollten doch nur zwischen meine Beine – waren sie denn alle verrückt geworden?

Ich überlegte mir, besser bei Yvonne im Zimmer zu schlafen – da würde er es nicht wagen, mir zu nahe zu kommen. Ich schnappte mir ein ausklappbares Sesselelement und schlich in das Zimmer von Yvonne. Ich hörte, wie Bulle die Tür meines Ex-Zimmers aufmachte, um mich noch mal zu begrabbeln. Er rief flüsternd meinen Namen – ich lag bei Yvonne neben der Tür und gab ihm ein Zeichen. Er fragte mich tatsächlich, warum ich denn da liegen würde. Ich meinte, dass ich meine Ruhe haben wollte, und er verpisste sich ins Wohnzimmer. Plötzlich hörte ich die flüsternde Stimme meiner süßen, fast dreijährigen Schwester: »Nana, Naana!« Sie lugte durch die Gitterstäbe und lächelte erwartungsvoll rüber. Ich sagte ihr, dass ich heute bei ihr schlafen würde. Sie freute sich und wollte rumalbern – eine Abwechslung in ihrem komischen Kinderleben! Ich nahm sie in den Arm, streichelte ihr über den Kopf und sagte ihr, dass wir jetzt lieber Bubu machen würden. Ich legte sie hin und deckte sie zu, dann hauchte ich ihr ein paar Küsse aufs Gesicht. Sie sah mich verträumt durch die Gitterstäbe an, und ich winkte ihr von meiner Schlafstelle aus zu.
Ich hatte ein schweres Gefühl in mir. Ich wollte nicht, dass dieser Typ seinen Schwanz in mich steckte; mir war klar, dass er mich irgendwann dazu zwingen würde. Weil ich bei Gerdchen »arbeitete«, schien er sich für berechtigt zu halten, auch mal von mir zu naschen. Ich war nun richtig vogelfrei, zum Abschuss freigegeben – so fühlte ich mich zumindest. Ich schlief öfter bei Zynia oder bei einem Freier in der Südstadt, er arbeitete im Georgxx am Aegi. Morgens sollte ich immer vor ihm aus dem Haus gehen, damit mich niemand mit ihm sah, nachdem er mich die halbe Nacht bearbeitet hatte. Bei ihm konnte ich aber auch einfach nur fernsehen, bevor er mich poppen wollte, und er hatte viele Süßigkeiten im Haus; ich stopfte meinen Rucksack immer voll, wenn ich morgens ging. Er wollte auch keine perversen Sachen – die normale Nummer eben. Ich war aber nachts meist so fertig, dass ich nur noch fähig war, dazuliegen und still-

zuhalten. Er fragte mich, ob ich denn keinen Spaß am Sex hätte. Ich sah ihn verständnislos an: Was'n für'n Sex!?

Nordstadt-Krankenhaus

Das Spritzen-Spiel forderte langsam seinen Tribut, mir wuchs ein Abszess auf dem rechten Unterarm, er sah aus wie ein Ei. In diesen Tagen lernte ich den angepunkten Ebbi auf der Bahnhofstreppe kennen. Er schlief gerade im Sprengel in einem noch nicht fertigen Trakt, einer riesigen Halle ohne Fensterscheiben, nur ein paar gammelige Matratzen lagen da rum. Ich übernachtete zweimal dort. In der ersten Nacht knutschte Ebbi mich die ganze Zeit ab, und ich glaube, wir schliefen auch zusammen. Er war ziemlich verliebt in mich, während ich kaum Empfindungen hatte, außer Sympathie und Sucht. Ich bemerkte den roten Strich noch nicht, der sich von meinem Unterarm aus nach oben bewegte.
Am Bahnhof lernten wir Pierre kennen, er war Fremdenlegionär und hing gerade in Hannover rum, ein etwas älterer schnauzbärtiger, tätowierter Kanten, der total lieb war. Er war so korrekt, dass wir ihm den Legionär kaum abnahmen, aber er zeigte uns einige Papiere und erzählte krude Storys, so glaubten wir ihm. Er redete viel mit mir oder versuchte es zumindest, wenn ich allzu uneinsichtig oder zu dicht war, um etwas aufzunehmen.
Am Abend des 20. Juni kam Pierre mit ins Sprengel, er hatte auch keinen Pennplatz. Ich war total breit und setzte mich auf einen Tisch. Das Ei auf meinem Arm drückte schmerzhaft, ich zog meine Lederjacke aus. Pierre sah meinen Arm und erschrak: »Mädchen! Du hast eine Blutvergiftung, der Strich ist schon ganz schön weit oben. Du musst sofort zum Arzt, sonst bist du morgen früh dran verreckt!« Gelangweilt sah ich auf meinen Arm runter, es fühlte sich nicht so schlimm an. Ich sagte, ich würde mich morgen darum kümmern, und wollte mich schlafen legen. Ich wusste gar nicht, wie mir geschah – denn plötzlich

hakten mich Ebbi und Pierre zu beiden Seiten unter und trugen mich aus dem Sprengel! Meine Beine berührten kaum den Boden, so gelangte ich ins Nordstadtkrankenhaus um die Ecke.
In der superhellen Notaufnahme zeigte ich meinen Arm und setzte mich auf einen der unbequemen Stühle. Ich nickte gleich ein. Als der Arzt kam, lag ich bei Ebbi im Arm, und Pierre verabschiedete sich – er wollte nun etwas schlafen und morgen wiederkommen. Ich legte mich auf eine Bahre, und der Arzt schob mich in den OP. Der Doc hatte gut zu tun mit meiner Betäubung. Er jagte mir sechs Spritzen in die rechte Achsel – nach jeder fragte er: »Und? Merken Sie noch was?« Ich musste es immer bejahen, es wurde einfach nicht taub. Er wollte mich aufgrund meiner eigenen hohen Dosierung im Körper nicht unter Vollnarkose setzen, weil er echt Angst hatte, dass ich ihm für immer wegschlafe. Aber nach der sechsten Achsel-Injektion blieb ihm nichts anderes übrig, als mich ganz auszuschalten. Ich hatte ihm schon die ganze Zeit gesagt, dass er mich einfach unter Vollnarkose setzten solle, denn ich sei einiges gewöhnt und es würde bestimmt nichts passieren. So tat er es, und alles wurde endlich schwarz um mich herum.
Als ich am nächsten Morgen in einem sauberen Leichenhemdchen erwachte, war auf meinem Unterarm ein fünf Zentimeter großes klaffendes Loch. Offenes Fleisch und helle kleine Plocken waren zu sehen. Die Ader, die mir beim Ballern immer weggerollt war – eine so genannte Rollvene –, war auch gut sichtbar. Fasziniert und angeekelt sah ich mir das Malheur an. Eine Schwester kam rein und meinte, dass die Wunde von innen nach außen zuwachsen würde, deshalb würde es nicht genäht; ansonsten hätten sie eine Tasse Eiter aus meinem Arm geholt. »Echt? Eine ganze Tasse? Was für eine Tasse denn – eher ein Becher oder eine Kaffeetasse?!« Sie sah mich verständnislos an und sagte: »Eine normale Tasse eben!«
Nun lag ich also im Krankenhaus, hatte endlich mal wieder ein Bett, was zu essen, und Ebbi und Pierre kamen auch ständig

vorbei und brachten mir Süßes und was zu lesen, aber langweilig war mir trotzdem. Die beiden bestanden darauf, dass ich einige Tage im Krankenhaus bleibe, damit ich mich mal wieder auskuriere. Sie hatten allerdings meinen Suchtgrad unterschätzt. Sie brachten mal was zu kiffen mit, aber das war zu wenig für den gierigen Dämon in mir. Deshalb musste ich auch erst mal der neuen Oma, die in mein Zimmer geschoben wurde, die Schlaftabletten klauen, während sie schlief. Es waren Aponal, und sie hauten nicht so rein, wie ich es gewohnt war. Aber ich konnte gut einen Tag vor mich hindämmern. Abends schlich ich mich durchs Krankenhaus, auf der Suche nach einem offenen Giftschrank oder so. Ich kam am Schwesternzimmer vorbei, rief hinein – niemand da – und suchte mit einem schnellen Junkieblick den Raum ab. In einer Tasche waren 100 Mark. Ich griff sie mir und versteckte sie an einem neutralen Ort. Am nächsten Morgen wurde ich natürlich gleich verdächtigt. Ich stritt alles ab, schrieb sogar noch einen Brief, in dem ich meine Unschuld beteuerte. Aber sie meinten, ich müsse gehen – den Arm könne ich auch bei meinem Hausarzt behandeln lassen!

Mamas Geburtstag

Es war Freitag, der 23. Juni, und somit der 35. Geburtstag meiner lieben Mama. Ich traute mich nicht nach Laatzen, wegen Bulle, ich rief dort an, um die Lage zu checken. Mama meinte, dass Bulle weg sei, aber ansonsten gute Laune habe. Also klingelte ich am späten Nachmittag bei ihr – erst nach einiger Zeit kam ihre verwaschene Stimme durch die Sprechanlage, und sie drückte auf den Summer. Ich fuhr mit dem altbekannten Fahrstuhl in den sechsten Stock, die Wohnungstür war angelehnt, kein Geräusch war zu hören. Ich ging in den Flur – und sah, wie Mama total dicht im Küchentürrahmen hing! Sie hatte mal wieder die Fragezeichenhaltung angenommen: Der Kopf lehnte

am Rahmen, das Gesicht hing runter, den Hintern presste sie nach hinten, während die Knie und die Arme versuchten, am Vorderrahmen Halt zu finden – es sah echt unmöglich aus, wie sie da im Zeitlupentempo in sich zusammensackte. Ich war wütend über ihren Anblick, es war gleichzeitig eine traurige Wut.
Ich stellte sie wieder auf die Beine, nahm sie in den Arm und wünschte ihr einen »herzlichen Glückwunsch«. Das Erste, was sie sagte oder besser lallte, war: »Iichh habb noch Koka … abber Bulle hat's veersteckttt … sonst würd ich dir was … ausgeben …«, und da nickte sie auch schon wieder weg. Ein Stich durchzuckte mich – auch weil sie gleich wieder mit Droge ankam; es war mein trotziger Suchtstich. Ich hatte spezielle Antennen entwickelt, was die Drogenfahndung in unserer Wohnung anging. Denn kaum hatte sie den Satz zu Ende gesprochen, fiel mein Blick auch schon auf die helle Wohnzimmerschrankwand – direkt auf den Messingbecher in der oberen Etage! Ich legte Mama aufs Bett, stieg auf den Schubladenvorsprung, griff mir den Messingbecher – dort lag das Päckchen griffbereit! Ich ging in die Küche, um uns was fertig zu machen, streckte das Päckchen und legte es wieder in die Schale. Danach setzte ich ihr den Druck, während sie im Bett lag; dann machte ich mir was weg. Ich wurde unruhig, wollte nicht mit meiner superbreiten Mutter auf Bulle warten, außerdem tat meine Wunde weh. Ich ging noch ins Laatzener Krankenhaus, saß einige Zeit dämmernd in der Notaufnahme und ließ diese sterile Ruhe auf mich wirken. Nachdem der Arzt meinen Arm neu verbunden hatte, verließ ich mit gemischten Gefühlen das Krankenhaus, in dem ich geboren worden war; es war dunkel geworden, und ich steuerte auf die Hochhausfronten zu.
Bulle war wirklich guter Laune, nahm mich in den Arm und merkte nicht, dass ich sein Koka im Blut hatte. Wir saßen zusammen und rauchten viel, er hatte auch noch ein Piece mitgebracht. Mama erwischte eine fitte Phase und wollte nun Cornflakes essen. Ich machte sie ihr und brachte sie ihr ans Bett,

sie winkelte die Knie an und stopfte sich ein Kopfkissen als Stütze vor den Bauch. Ich setzte mich wieder zur Wasserpfeife, und Bulle sah sich meinen Arm an, er schüttelte bedauernd den Kopf. Er fragte, ob Mama ihn schon gesehen hätte. Er rief in ihren Dämmerzustand: »Ey, Muttern! Guck dir das mal an, was deine Tochter für eine fiese offene Wunde hat!« Sie war schon wieder weggesackt, die Cornflakes waren über die Decke geschwappt. Ich wollte ihr den Teller wegnehmen, da wurde sie plötzlich wieder ganz munter: Sie protestierte mit halb offenen Augen: »Ich will noch Cornflakes essen!« In diesem Zustand war es mit ihr wie mit einem Kleinkind. Bulle stellte mir die gestopfte Wasserpfeife hin: »Hier, Fliegenpilz, rauch erst mal einen.« Ich tat es nur zu gern – und hatte an diesem Abend auch keine Angst, dass Bulle noch mal versucht, mich anzupacken. Ich schloss zum Schlafen trotzdem die Tür ab.
Am nächsten Vormittag guckte Mama sich meine Wunde genauer an – und schien fast erleichtert. Vielleicht dachte sie, dass mich das nun wieder auf den Boden holen würde. Aber ich hörte trotzdem nicht auf zu drücken – der andere Arm war ja auch noch da.

Ich war bei Melanie und erzählte ihr unzusammenhängend von den Ereignissen der letzten Zeit. Sie sah mich traurig an und ließ mir Badewasser ein. Es war schön vertraut bei ihr, diese Wohnung in der Kronsbergstraße kannte ich schon seit Jahren – da musste ich mir gleich mal einen schönen Druck setzen, damit ich es auch so richtig genießen konnte! Wie böse von mir. Für die arme Melanie war es zu viel, als sie ins Bad kam und mich in der Wanne sah, um mich herum meine geliebten Blutstropfen, die Pumpe am Wannenrand und den Kopf entspannt zurückgelehnt. Sie dachte wohl im ersten Moment, ich sei hinüber – dabei genoss ich es gerade so richtig.
Eine andere Spritzen-Situation: Ich ging mal wieder zum Raschplatzklo; als ich die Tür zu den Toiletten öffnete, hörte ich Stim-

mengewirr – ich drehte mich um und sah eine Busladung Omis die Treppe runterkommen. Ich dachte mir nichts dabei und ging aufs Klo, um mir richtig viel wegzumachen; ich wollte es drauf ankommen lassen, ausprobieren, ob ich mich selbst erledigen kann. Als ich gerade die richtige Vene ausfindig gemacht hatte, hörte ich, wie die Horde Omis reinkam. Ich traf die Vene und drückte ab – es schoss mir direkt in die Rübe und mich vom Klo. Ich spürte den Aufprall – mein Kopf schlug neben der Tür auf, mein Arm flog zur Seite. Lächelnd glitt ich ins Delirium … Mein Dämmerzustand wurde unterbrochen vom Gekreische der Omis: »Huhh, da liegt ein Arm!« – »Da ist wer gestorben, Hilfe!« Ich gab mich wieder der Schwärze hin … Die nächste kurze Wachphase erwischte ich, als ich hörte, wie die Klotür aufgeschlossen wurde und Sanitäter mich auf eine Bahre legten. Die Omas waren voll entrüstet und taten das auch kund: » … und dann sah ich den Arm da liegen. Hier unter der Tür hat er rausgeguckt – Sie haben es ja auch gesehn!« Ich versuchte zu grinsen, die Sanis trugen mich raus und fuhren mich ins Clementinen-Krankenhaus. Dort hatte ich es dann erst mal gemütlich und genoss mein Breit-Sein, sofern ich nicht einfach nur schlief.

Die Kack-Aktion im Drogenladen

Michaela und ich hingen so rum. Wir langweilten uns bei Gerdchen im Laden. Es war das große Sommerloch – viele Freier waren im Urlaub und die Dealer wohl auch. Wir streunten durch die City und gingen zum Drogenladen – vielleicht war dort wer mit Droge auf der Tasche. Vor dem Laden saßen vier Leute in der Sonne, sie sahen alle nicht nach Droge aus. Ein großer brauner Hund lief da auch rum. Sie fragten, was wir wollten – und ich erkundigte mich nach einigen Leuten, die im Drogenladen gearbeitet hatten, es waren wohl die richtigen Namen, denn sie ließen uns in Ruhe. Wir setzten uns auf das Sofa am Eingang

und überlegten, was wir nun machten – denn hier war für unsere Interessenlage tote Hose.
Wir wurden affig, der Darm fing an zu drücken – Michaela erwähnte es, und wir suchten das Klo auf, es war auf dem Hof hinter der Küche, und es war nur eins! Ich ließ Michaela den Vortritt, mit der Ansage, dass sie sich beeilen sollte. Als sie drin war, rief sie sofort, es sei kein Klopapier da und ich solle mal gucken, ob ich welches fände. Ich fand nur Werbeprospekte und brachte sie ihr, mir sicherte ich auch gleich welche. Michaela ließ sich ganz schön Zeit; als ich zum dritten Mal bei ihr vor der Tür stand mit zusammengekniffenen Arschbacken, war sie immer noch nicht fertig! Ich konnte kaum noch gehen – so penetrant drückte mich der Darm! Weil der Hof ziemlich gut einzusehen war, wackelte ich mit zusammengepresster Rosette in die Küche zurück. Dort unternahm ich alle konzentrierten Anstrengungen, damit es mir nicht gleich braun und stinkig am Bein runterlief ... Aber es half alles nichts – mir blieb nur noch die Möglichkeit, mir die Hose vom Arsch zu reißen und vor den Kühlschrank zu scheißen! Ich presste alles aus mir raus – im Eiltempo –, denn jeden Moment konnte jemand in der Küche auftauchen. Mit den Werbeprospekten wischte ich mir den Hintern ab und versteckte sie im Mülleimer. Den fetten Dünnschisshucken ließ ich da liegen – ich musste fast kotzen von dem Geruch. Ich hatte erst ein paar Prospekte darauf legen wollen, aber da ich die Aktion auf den Hund schieben wollte, verwarf ich diesen Gedanken ganz schnell.
Völlig erleichtert saß ich auf dem Sofa und wartete darauf, dass Michaela endlich vom Klo kam, bevor der Hucken entdeckt wurde. Der Hund kam rein, vielleicht wurde er vom Geruch angezogen, denn er ging zielstrebig in die Küche. Kurz darauf marschierte ein Typ hinterher. Meine Rechnung ging auf: Ich hörte, wie der Typ den Hund zusammenschiss. Und da kam auch endlich Michaela. Sie meinte, der Hund habe wohl in die Küche gekackt. Ich tat unbeteiligt und fragte sie, ob wir nicht

mal gehen sollten. Als wir um die Ecke waren, konnte ich nicht mehr an mich halten, ich gnickerte haltlos vor mich hin. Peinlich war mir die Sache schon, aber dann erzählte ich ihr, dass ich im Drogenladen vor den Kühlschrank gekackt hatte, und im nächsten Moment lagen wir vor Lachen auf dem Bürgersteig, und Michaela bekam keine Luft mehr. Als mir Michaela aber erzählte, dass sie Gerdchen immer ins Maul scheißen muss, blieb mir auch die Luft weg!

Gerdchen flog für zwei Wochen in Urlaub, er konnte es sich ja leisten, er verdiente ja ganz gut an uns Suchthühnern. Michaela flog nicht mit, sie hatten sich gestritten, und Gerdchen spielte seine Macht aus, indem er ein anderes Huhn mitnahm. Wir blieben trotzdem im Laden, Gerdchens Exfrau stand hinter der Theke. Bärchen holte mich ab, wir fuhren zu seinem Haus am Rande von Hannover. Dort ließ er mir ein Bad ein, kam zwischendurch kurz rein, um mich abzuseifen und anzusehen. Schlafen wollte er nicht mit mir und anfassen sollte ich ihn auch nicht - aber worauf er wirklich stand, das sollte ich an diesem Tag erfahren. Nach dem Baden ging's ins Schlafzimmer, Bärchen meinte, dass ich mich ganz entspannt aufs Bett legen soll. Einen Moment später spürte ich, wie er mich unten anfasste und meinen Bauch streichelte. Plötzlich sagte er: »Nun habe ich schon zwei Finger drin!«, und nach einiger Zeit: »So! Jetzt habe ich meine ganze Hand drin!« Ich sah ungläubig auf mich runter, sah, dass seine Hand verschwunden war - in mir. Er hockte vor mir wie ein Rohrarbeiter, der die undichte Stelle gefunden hat. Mir kam der Gedanke, dass er nun nach meinen Eingeweiden greifen, sie mir rausreißen konnte, wenn er es wollte. Ich achtete darauf, das mir mein Gesicht nicht entgleiste, damit er nicht böse wurde und mir tatsächlich was antat. Er machte auch eine Bemerkung in diese Richtung, dass er nun alles in der Hand habe, oder so ähnlich. Aber er blieb geschmeidig und zog seine Faust kurz darauf wieder raus. Dann wollte er, dass ich mein teures Dreieck von ihm rasieren lasse. Da er mir noch zwei Hunderter mehr anbot, war ich einverstanden, egal, ob es später beim Nachwachsen juckte.

Ich meldete mich bei Michaela an, weil ich ohne Wohnsitz nicht gut dastand. Wir hatten am 18. Juli Verhandlung. Mama war dabei, sie gab mir zur Beruhigung Rohypnol. Ich bekam zur Auflage, an einer offenen Gruppe teilzunehmen. Das Ding nannte sich BAF (Bildung, Arbeit, Freizeit) und war bei der Vahrenwalder Straße, da, wo mein seriöser Drogenkollege Matthias auch wohnte. Ich ging einmal zu der Gruppe, und das war's dann auch. Dort sollte man basteln und seine Freizeit sinnvoll gestalten – dass dies so gar nicht mein Film war, kann man sich ja denken.
Guido und Lennard fingen an, mit mir Formulare auszufüllen, wenn ich im Connection war. Es ging um eine Therapie, zu der ich keine Lust hatte und in der ich auch keinen Sinn sah. Aber damit sie mich nicht weiter nervten, gab ich ihnen Antworten auf ihre Fragen. Ich lief weiterhin degeneriert durch die Gegend und lag auf der Lauer nach einem Freier, nach einer Gelegenheit was zu klauen oder sonstwie abzuziehen. Wenn ich dann wieder genügend Geld für Koks hatte, streifte ich aus lauter Langeweile durch die Gegend und testete Toiletten! Es war eine risikoreiche Sache; ich ging gern auch mal in etwas bessere Restaurants mit meinem weißen Hemd, auf dem alte Blutflecken zu sehen waren. Das Hemd trug ich aus einem schalen Protest heraus – ich legte Wert drauf, dass ich als Junkie erkannt wurde. Auf anderen Touren, wenn ich noch nicht genug Koka hatte, um neue Toiletten zu testen, lief mir auch immer mal ein Freier in die Arme – mir wurde immer mehr bewusst, dass die ganze Welt nur aus Freiern bestand! Manche versuchten sich zu tarnen, aber wenn sie dich erkannt hatten, dann wollen sie ihn auch unbedingt haben – den verbotenen Beischlaf, den sie sich kaufen dürfen und konsumieren können wie ihren Sonntagsbraten.

Bei Hässlichen stieg ich nicht ein. Aber die »normal« Aussehenden sind ja manchmal noch schlimmer – wie ich eines Tages mal wieder erfahren sollte. Es war ein langweiliger Nachmittag am Steintor, in der Bar war nichts los, ich ging raus, und an der Ecke hielt auch direkt ein weißer Firmenbulli. Ein weißhaariger Typ saß drin, er war etwas ungeduldig, als ich am Fenster meine Vereinbarungen treffen wollte. Ich stieg also gleich ein, und er fuhr los. Eine halbe Stunde später waren wir in einem Ackerrandgebiet, er fuhr in eine Baumzone und stieg aus, ich sollte auch aussteigen. Er öffnete die hintere Schiebetür und sagte, dass ich mich umdrehen solle. Ich sah ihn fragend an und sagte, dass ich anal nicht mache – da packte er mich und drehte mich um! Er riss mir Hose und Schlüpfer runter und zog meine Arschbacken auseinander. Dann steckte er seinen dämlichen Schwanz in meine Rosette und sagte noch: »Ich weiß doch, dass ihr das alle nur wollt, ihr Scheißnutten!« Er hielt mein Becken fest und »erstach« mich mit seinem Schwanz. Zum Glück brauchte er nicht lange, bis seine Nille so weit gereizt war, dass sie ihren Sud ausrotzte, ich fühlte es an meinen Arschbacken. Er klatschte mir noch mal kräftig auf den Hintern und wischte sich den Schwanz ab. Im Befehlston sagte er, ich solle mich ins Auto setzen. Er fuhr mich wieder in die Innenstadt, dort schmiss er mich raus, ohne mir Geld gegeben zu haben. Ich kochte vor Wut, und meine Rosette brannte. Glücklicherweise musste ich wegen meiner geringen Nahrungsaufnahme nur alle paar Tage richtig aufs Klo, ich beschloss, noch weniger zu essen, damit ich nicht kacken musste.
Gerdchen bekam eines Samstagmittags einen Anruf von einem Kunden, der sich die Mädchen immer nach Hause kommen ließ. Er fragte, ob ich Zeit hätte und dass ich bei dem ne gute Mark machen könnte. Ich willigte ein und fragte Michaela, ob sie den kannte. Sie bejahte es angewidert, und ich erschrak. Sie beruhigte mich aber gleich und gab mir noch alle Pillen mit, die sie hatte, es waren drei verschiedene Sorten von Schlaftabletten.

Ich warf sie alle ein und stieg in das Taxi, das Gerdchen mir rief. Wir hielten vor dem Appartementhaus in der Goethestraße. Als mir ein absolut hässlicher Typ die Tür öffnete, wäre ich am liebsten direkt wieder abgehauen! Bevor ich aber den Gedanken zu Ende denken konnte, packte er mich schon und zog mich in seine Ein-Zimmer-Wohnung. Es war eingerichtet wie bei Opa – der Fernseher lief auch. Er zog rote Vorhänge auseinander, und dahinter befand sich eine Bettnische. Ich setzte mich auf einen Sessel und steckte mir eine Zigarette an, überlegte angestrengt, wie ich da rauskam, ohne mit diesem Typen intim werden zu müssen. Er platzte in meine Gedanken, indem er anfing, an mir rumzumachen. Ich wehrte mich, da wurde er grob und sagte, dass er mich gut bezahlen würde. Zu meinem Glück taten die Schlaftabletten ihre Wirkung – alles wurde immer nebliger um mich herum. Ich merkte noch, wie er mich in die Bettnische trug. Nachdem er mich zwei Stunden übers ganze Bett gerammelt hatte, rief er mir ein Taxi. Er bezahlte wirklich gut, aber das konnte meinen Ekel auch nicht mehr vertreiben.
In der Bar fragte ich Gerdchen wütend, was das für ein ekliger Typ war! Er grinste nur blöd und meinte: »Ach, so schlimm ist der doch gar nicht. Michaela war auch schon da – ne, Micha?« Sie sah ihn angewidert an, dann ging sie mit mir aufs Klo, dort gab sie mir was von ihrem Koks ab. Gerdchen kam hinterher und schüttete mir noch eine gute Menge aus seinem Päckchen in meins – unter der Bedingung, dass ich es mir nicht auf seinem Klo wegspritzte. Ich wollte sowieso duschen, da war sein Barklo gar nicht nötig. Er brachte mich zu seiner Wohnung; ich musste ihm versichern, dass ich keine Pumpe bei mir hatte. Natürlich hatte ich noch eine in einem Geheimfach meines Rucksacks. Ich setzte mich auf seinen Klodeckel und machte mir meine Dröhnung weg – um die Ekligkeit des Daseins zu verdrängen, um diesen hässlichen Typen zu vergessen und was es sonst noch zu vergessen gab. Nach dem Duschen sah ich mich im Spiegel und bemerkte, dass ich inzwischen so dünne Beine

hatte wie Keith Richards. Ich fand es toll und liebte mein Koks, das mir endlich meinen Traumkörper verschafft hatte!
Am 25. Juli musste ich wieder den Rettungsdienst in Anspruch nehmen. Keine Ahnung, wo sie mich fanden, es muss irgendwo in der City gewesen sein, wo ich umgekippt war. Im Clementinen-Krankenhaus kam ich zu mir, alles ging schwer – das Gucken und auch jeder einzelne Gedanke. Eine Schwester kam rein, verschwommen sah ich sie an meinem Bett stehen. Ich flüsterte ihr zu, dass sie mir ein Stück Papier und einen Stift holen solle. Ich setzte mich aufrecht und schrieb ein paar Zeilen an Mama: dass es mir Leid tut, dass ich schon wieder hier bin, dass es diesmal nicht absichtlich war und dass ich mich so einsam fühle. Des Weiteren hatte ich die fixe Idee, zu Rainer nach Lingen zu fahren und dort abzukicken. Rainer hatte sich im Connection gemeldet, er sei aus dem Knast raus und wohne jetzt bei seiner Mutter, da könne ich ihn besuchen. Das Denken und Schreiben strengte ziemlich an, ich nickte auch schon wieder ab und konnte den Stift kaum noch halten – ich fühlte mich, als ob ich es bald geschafft hätte.
Als ich aufwachte, kam Mama gerade ins Zimmer, sie sah den Brief und sagte: »Ich weiß.« Dann nahm sie mich mit, ich trottete benommen hinter ihr her. Wir gingen zum Raschplatz. Da konnte ich mir einige Storys anhören, wie ich wo gelegen hatte, als sie mich fanden. Einige dachten, ich sei draufgegangen, und taten erfreut, dass ich noch unter den Lebenden war – dabei freuten sie sich aber nur, weil es sie nicht selbst getroffen hatte, oder?

Die letzten beiden Male wurde ich am 9. August beim Klauen erwischt. Das Geschäft mit den Freiern war mir immer widerlicher, so versuchte ich mal wieder zu zocken. Ich kam fast nirgends mehr rein, deshalb ging ich mal zu Seppälä – ich wurde direkt erwischt, schon wegen meines Outfits hatten die mich gleich im Auge. Frustriert lief ich weiter durch die City, kaufte mir zwischendurch Rohypnol und versuchte weiter zu zocken. Das zweite Mal war im Bahnhof bei fuchs, dort hatte ich nur ein paar billige Ohrringe eingesteckt, sie gefielen mir gerade so gut. An diesem Tag muss noch eine andere Aktion mit den Bullen passiert sein, denn ich schrieb am 10. August Mama ein paar Zeilen, unter anderem, dass ich gestern drei Mal bei den Bullen war und dass ich spätestens übermorgen zu Rainer nach Lingen fahre! Aus übermorgen wurde dann doch erst der 17. August. In der Zwischenzeit setzte ich mir noch drei Überdosen, mit denen ich im Clementinen-Krankenhaus landete. Ich erinnere mich kaum an diese Tage, auch weiß ich nicht, wie ich nach Lingen kam – als ob ich mich dort hingebeamt hätte. Es musste also unbedingt was geändert werden – ich merkte, dass ich es nicht schaffte, mich zu töten. Die Dosis war zu gering, oder mein Körper war zu stabil – es funktionierte nicht! Ich konnte kaum noch Geld anschaffen, so fertig fühlte ich mich. Eine Zeit lang hatte ich sogar Mädchen am Bahnhof angequatscht und dann bei Gerdchen für Koks abgeliefert. Klauen konnte ich eh vergessen, weil auch meine Aufmerksamkeit nachließ. Zweimal hatte ich auch Raschplatzverbot, aber weil meine Mutter da war, wurde es wieder aufgehoben. Einmal war ich so abgebrüht, eine Frau zu beklauen, die gerade auf dem Raschplatzklo abnickte. Irgendwer lief rum und wollte Salz für sie besorgen, es war nicht sicher, ob sie überleben würde – mir war es egal. Ich wühlte ihre Taschen durch, fand aber nichts Brauchbares. (Sie starb übrigens nicht.)

Lingen

Rainers Mutter wohnte in einer Reihenhaussiedlung, es war bieder eingerichtet, sie selbst sah ein bisschen verhärmt aus. Rainer hatte sein Zimmer unter dem Dach, es war noch sein Jugendzimmer. In den zwei Wochen dosierte ich mich von Rohypnol runter. Rainer war auch pulverclean und wollte nicht mehr so abstürzen. Aber der Törn durfte doch nicht fehlen. Wir klauten in den ersten Tagen Alkohol, die großen Jägermeister-Flaschen.

Im Altersheim versuchten wir Tabletten zu klauen, das lief aber nicht. In der Drogenberatungsstelle konnte ich den Leuten 20 Mark rausleiern, wir setzten sie um in ein Privatrezept. Wir hatten also immer noch das Übliche zu tun, es hatte sich kaum was geändert, nur die Umgebung war eine andre, und es gab keine Scene und keine Shore.

An meinem 18. Geburtstag fuhr ich zurück nach Hannover. Rainer blieb noch in Lingen, wollte aber nachkommen. Seine Mutter hatte mir 50 Mark geschenkt. Mein erster Weg führte auf den Raschplatz, ich kaufte mir ein Päckchen Heroin zum Geburtstag und ging aufs Raschplatzklo. Ich wählte das hinterste, es war mit entrolltem Klopapier verstopft. Ich hatte gerade das Päckchen auf, als plötzlich voll die Hektik abging – die Bullen öffneten die Türen mir ihren Universalschlüsseln. Ich schaffte es nicht mehr, das Päckchen loszuwerden. Als der Bulle sich meinen Perso anguckte und sah, dass ich Geburtstag hatte, sagte er nur: »Na los, verschwinde. Aber wehe, wir packen dich heute noch mal!« Ich war auf dreierlei Weise erleichtert: Ich hatte keine Drogen mehr und kein Geld – aber auch keine weitere Anzeige am Arsch!

Ich ging zum Steintor, Gerdchen schenkte mir eine Tonne Chips und eine Zweiliterflasche Champagner. Geld lieh er mir auch, was mit Koks war, weiß ich nicht mehr. Das Einzige, was mir von meinem 18. Geburtstag noch im Gedächtnis blieb, ist, dass ich mit meiner Chipstonne und der Champagnerflasche im Arm am Raschplatz auf dem Steinhügel schlafe – voll mit Rohypnol.

Einmal war mir alles mal wieder so egal, dass ich mir in der U-Bahn unten im Aegi was wegmachte. Ich war gerade fertig, als eine Bahn hielt, Leute stiegen aus, gingen an mir vorbei, eine Oma schüttelte erschrocken den Kopf. An die Woche bis zum 8. September kann ich mich kaum erinnern. Aber an diesem Freitag, den 8., geschah noch eine letzte komische Aktion, bevor dieses Leben beendet wurde.

Ich saß auf dem Bordstein, es rauschte alles durcheinander durch mich, ich wollte nur mal kurz verweilen. Plötzlich hielt ein Bulli, der Typ fragte, ob ich mitkommen wolle. Ich dachte mir nichts, stieg ein, und er fuhr los. Er fuhr aber nicht um die Ecke, sondern bis nach Holzminden, in eine Schrebergartensiedlung. In seinem Häuschen setzte ich mich in einen Sessel, und mein Kopf fiel nach vorn, ich wollte schlafen. Der Typ wollte mich aber nicht schlafen lassen. Ich schreckte auf, als er mich hochhob und auf ein Bett legte. Als er anfing, mich zu bearbeiten, sackte ich weg. Als ich wieder durchkam, schien die Sonne – ich lag nackt in einem dreckigen Zimmer auf einem Bett voller Klamotten. Der Typ kochte Instantkaffee und meinte, dass wir weiterfahren und ich für ihn auf einem Campingplatz eine gute Mark machen werde. Ich hatte Angst, dass er Gewalt anwendete, wenn ich mich weigerte, und ließ mir nichts anmerken. Ich spielte mit. Er sah nicht aus wie ein Schläger, eher wie ein Abdreher, so einer wie Zappel. Er hatte blonde kurze Haare und einen Schnauzbart, war schlank, mit einem hageren Gesicht. Gut sah er nicht aus.
Nachdem er seinen Kaffee getrunken hatte, fing er an, seinen Bulli mit Dingen voll zu laden, die »wir« auf dem Campingplatz brauchen würden. Ich ging alle Fluchtmöglichkeiten durch und entschied mich, es woanders zu versuchen. Diese Gartenkolonie war dermaßen ausgestorben, dass ich es wichtiger fand, erst mal unter Menschen zu kommen. Unterwegs erzählte ich ihm, dass ich einen Labello bräuchte, weil meine Lippen rissig seien. Er sah mich skeptisch an, hielt aber bei einer Apotheke und ließ mich hineingehen. Ich sagte der Apothekerin, dass ich gegen meinen Willen festgehalten würde und dass sie die Polizei rufen solle – »Ach ja, und dann brauche ich noch einen Labello!« Sie sah mich nur stumpf an, gab mir den Labello und kassierte. Sie hatte überhaupt nichts gesagt! Wir wurde klar, dass ich nur ganz allein aus dieser Sache rauskommen würde – mir würde niemand aus der Bevölkerung helfen, so wie ich aussah …

Nach einiger Zeit kamen wir in Salzgitter auf dem Campingplatz an. Wir gingen in einen Campingwagen, und er setzte erst mal Wasser für neuen Instantkaffee auf. Dabei bemerkte ich, dass die Milch fehlte. Ich schlug vor, welche von der Tanke in der Nähe zu holen. Er war schon dabei, die Sachen hin und her zu räumen, und war misstrauisch, aber ich beruhigte ihn; ohne meinen Rucksack würde ich nirgendwohin gehen, und außerdem fände ich es hier ganz nett. Er wusste nicht, dass ich es irgendwie geschafft hatte, meinen Rucksack hinter den Vorderreifen des Bullis zu stellen – sodass er ihn nicht sehen konnte. Er wühlte gerade im Bulli, als ich mir den Rucksack schnappte. Ich presste ihn vor den Bauch und ging langsam mit stocksteifen Beinen über den Platz, jede Sekunde erwartete ich, dass er mich von hinten packte und zusammenschlug ... Als ich außer Sichtweite war, fing ich an zu rennen.
Zum Bahnhof fragte ich mich durch. Nach einigen zähen Minuten auf dem Bahnsteig kam auch endlich ein Zug, ich stieg ein, ohne zu wissen, wohin er fuhr – Hauptsache, weg! Als der Schaffner kam, sah ich ihn nur genervt an. Ich sagte ihm gleich, dass ich keine Fahrkarte habe und auch kein Geld, und gab ihm die Adresse von Papa. Er war von der netten Sorte und machte keinen Stress. An der nächsten Station stieg ich aus, ich war in Braunschweig, wo ich auf den Zug nach Hannover wartete.
Auf dem Raschplatz traf ich Mama, sie hatte kaum Zeit, und ich erzählte ihr schnell, dass ich entführt worden sei und dass sie froh sein könne, dass ich überhaupt noch lebe! Sie bat mich – doch, sie hat wirklich gebettelt –, doch heute Nacht nach Hause zu kommen! Sie hätte auch eine Überraschung für mich. Ich fuhr nach Laatzen, nachdem ich noch ein Rauchpiece aufgetrieben hatte, und dort saß meine Überraschung: Es war Rainer, er hatte sich in Laatzen eingenistet. Ich war nicht so direkt erfreut, schon weil ich ein starkes Bedürfnis nach Ruhe hatte. Bulle wollte alles über den Typen vom Campingplatz wissen, wie er

aussah usw., und ich erzählte alles. Mama machte uns das Bett in meinem alten Zimmer fertig.
Ich war echt müde und wollte nur noch schlafen – aber Rainer fing an, an mir rumzufummeln. Genervt drehte ich mich weg. Er war direkt eingeschnappt! Davon wurde ich noch genervter. Es wäre um einiges einfühlsamer gewesen, wenn er mich nur in den Arm genommen hätte – auch wenn ich in dieser Nacht überhaupt keinen Bock auf irgendeine Berührung hatte! Aber dass er mir gleich zwischen die Beine ging, fand ich so widerlich! Hatte er nicht zugehört, wo ich gerade herkam? Dass ich es nur meinem irgendwie doch wachsamen Verstand zu verdanken hatte, dass ich nun nicht auf einem Campingplatz die Lippen spitzen und die Beine spreizen musste?
Am nächsten Tag fuhr ich mit Rainer in die City, auf der Rückfahrt wurden wir beim Schwarzfahren erwischt. Der Kontrolleur rief die Bullen, weil ich keinen Perso bei mir hatte. Wir wurden auf die Wache Peiner Straße gebracht. Dort mussten wir eine Urinprobe abgeben, dann ließen sie uns gehen. Und das wundert mich etwas, denn ich habe im Nachhinein erfahren, dass ich seit dem 31. August einen aktiven Haftbefehl draußen hatte, falls ich nicht zum besagten Datum bei den Bullen erschienen war! Und an diesem Tag war ich noch in Lingen. Ich erinnere mich nicht mehr, ob Mama mir das erzählt hatte, aber auf der Vorladung steht mit ihrer Schrift: »4.9. – 9 Uhr dagewesen«. Davon habe ich keinen Schimmer, ich kann in der Zeit nicht auf dieser Welt gewesen sein.
Mama war auch relativ aus dem Häuschen, sie war erstaunt, dass die Bullen mich wieder hatten gehen lassen. Das deutete ich alles gar nicht so, ich dachte, sie sei einfach nur froh, dass ich wieder zu Hause war. An diesem Sonntagabend lag ich bei Mama im Bett und kuschelte mich an sie, ich fühlte mich zum ersten Mal seit langer Zeit wieder einigermaßen geborgen. Bulle saß auf dem Sofa und klebte Fotos in ein Album. Neben ihm saß missmutig Rainer, er schielte ab und zu genervt zu uns rüber,

wollte am liebsten, dass ich in seinen Armen liege. Irgendwann gingen wir rüber, und ich hatte immer noch keinen Bock auf Berührung. Genervt lag er neben mir, der kleine Egoistling, ich wälzte mich von einer Seite auf die andere und erwartete den Morgen, damit ich endlich aufstehen konnte.
Gegen halb sieben kam Mama rein und sagte, dass der Kaffee gleich fertig sei. Wir wollten gleich zum Arzt nach Herrenhausen und Pillen holen. Auf der Fahrt an diesem 11. September sagte Mama einen Satz, der mir in den folgenden Jahren im Gedächtnis geblieben ist; sie saß vor mir, sah mich an: »Wenn du so weitermachst, sehen wir uns bald im Knast wieder.« – »Wieso? Meinste, die verhaften dich?«, fragte ich zurück. »Nein, aber dich.« Ich lachte sie an: »Ach Quatsch! Der Richter liebt mich doch!«, und machte mir keine weiteren Gedanken darüber. Wegen dieses Dialoges denke ich, dass ich von dem Haftbefehl nichts gewusst habe; ich war zwar kamikazemäßig unterwegs, aber so was wie einen aktiven Haftbefehl hätte selbst ich mir gemerkt.
Ich wartete beim Arzt vor der Tür, es dauerte nicht lange, da kam Mama mit dem Rezept wedelnd wieder. Wir steuerten die nächste Apotheke an, und sie gab mir vier Rohypnol. Ich nahm alle auf einmal. Sie meinte, ich hätte mir die eigentlich einteilen sollen! Ich hatte gar nicht weiter drüber nachgedacht, es war ein reiner Reflex, alle auf einmal zu nehmen.
Wir fuhren zum Raschplatz. Mama holte ein Päckchen für uns. Rainer kam des Weges. Auf dem Klo machte Mama jedem eine Spritze fertig, und er setzte ihr den Druck; ich ging nach nebenan. Danach gingen wir durch die Passarelle. Ich klaute im Vorbeigehen zwei Paar Hosenträger und zwei Sonnenbrillen. Mama klaute Parfüm für die Nutten. Ich wartete wie immer draußen. Wir kamen oben beim C&A an, und sie gab mir zwei prallgefüllte Tüten. Ich setzte mich auf eine Bank in die Sonne. In mir arbeitete die altbekannte Gier. Gegenüber war Jeans & Co – ich hatte schon einen Jackenständer erspäht. Die Welt um mich ver-

schwand, ich steuerte wie paralysiert auf den Ständer zu, nahm mir zwei Jacken und ging ganze drei Schritte! Denn plötzlich packte mich eine Hand im Nacken und zerrte mich in den Laden, eine Treppe runter, in ein Büro. Dort wurden die Bullen gerufen, während der Typ meine Jacke durchforstete. Er fand eine Spritze, und das gab ihm die volle Befriedigung. Ich schaltete ab, die Pillen forderten ihren Tribut.
Die nächste Sequenz war, dass ein großer dicker Bulle mich mitnehmen wollte. Ich boxte ihn in den Bauch, aber er lachte nur, er war wohl von der gemütlichen Sorte. Er bugsierte mich in den Streifenwagen, eine kleine Menschenmenge hatte sich versammelt, Mama stand da auch, aber sie wollte wohl wegen der geklauten Sachen erst mal nicht in Erscheinung treten.

Knast

Ich wurde in den Bunker in der Hardenberger gebracht. Das Fenster lag so weit oben, dass ich Mühe hatte dranzukommen. Ich konnte nur einen kurzen Blick auf den öden Hof werfen, dann verließen mich auch schon die Kräfte. Ich legte mich auf die Pritsche und machte mir keine richtigen Sorgen - ich war breit und müde. Nach einiger Zeit ging die Tür auf, und Mama kam rein. Ich dachte, sie holte mich ab, aber sie meinte, dass sie nicht wisse, wie lange ich noch dableiben müsse, aber es könne bestimmt nicht lange dauern. Wir verabredeten uns um ein Uhr im Connection. Sie gab mir noch einen Kuss, und weg war sie.
Mittags bekam ich einen Blechnapf mit Gemüseeintopf reingereicht. Ich fragte, wann ich wieder gehen könne, aber niemand wusste Bescheid. Ich schlief ein und wurde zum Abendbrot wieder wach. Hatten die mich hier vergessen? Die Wärterin meinte, dass ich auf jeden Fall die Nacht hierbleiben müsse. Ich war zum Glück noch ganz benommen von den Pillen, ich hatte keine Probleme, mich wieder schlafen zu legen.

Am nächsten Morgen wurde ich in ein Büro geführt. Ich dachte, dass ich nun endlich abhauen könnte. Aber der Typ meinte nur, das sei im Moment nicht möglich. Dann wurde ich zurück in die Zelle gebracht. Ich nahm mir Zeitschriften aus dem Vorraum mit, damit vertrieb ich mir die Zeit, bis wieder irgendwas Aufregendes passierte ... Mittags bekam ich noch mal Blechnapfessen und die Information, dass ich bald abgeholt werde.
Sie brachten mich in die Schulenburger Landstraße in Haus 5. Langsam dämmerte mir, dass ich hier nicht einfach so wieder rauskam, aber mir dämmerte nicht, warum. Ich wusste wirklich nicht, warum die so einen Aufstand machten – was hatte ich denn groß verbrochen? Ich konnte mich an nichts erinnern. Ich wurde von allen Seiten fotografiert und auch sonst ganz genau unter die Lupe genommen. Dann führte man mich in die Zelle. Das Erste, was mir auffiel, waren die Fenster: Sie hatten keine Gitterstäbe, so wie man es aus Filmen kennt. Es waren Backsteine, die ein Gitter bildeten, sie waren weiß. Die Sonne schien gerade durch. Ich ging einen Schritt hinein, die Tür fiel hinter mir zu, und ich war allein. Ich setzte mich auf den Stuhl und starrte betäubt vor mich hin. Ich sah zum Fenster – ich wollte draußen sein, bei Mama, mir in der Sonne was wegmachen und es voll und ganz genießen, vielleicht dabei draufgehen ...
Ich nahm meinen regenbogenfarbenen Hosenträger und ging zum Fenster, band das eine Ende um die Backsteine, knotete mir das andere straff um den Hals und ließ mich hängen – im wahrsten Sinne des Wortes! Ich hatte einfach keine Lust mehr, mich den Anforderungen des Lebens zu stellen. Sollten sie doch sehen, was sie davon hatten, wenn die mich einfach wegsperrten – dann war ich nämlich ganz schnell tot! Aber so weit kam es nicht – plötzlich wurde die Tür aufgesperrt, und die Wachtel war mit drei Schritten bei mir und riss mir die Hosenträger vom Hals! Ich setzte mich röchelnd auf den Stuhl und sah sie nicht an. Hinter ihr kam eine Frau zum Vorschein, ihretwegen hatte mich die Wachtel beim Selbstmord gestört. Es war

Brenda, und sie sollte mit auf die Zelle. Die Wachtel nahm mir alles ab, womit ich mich hätte umbringen können, und ließ uns allein.
Brenda war 31 und noch ziemlich dicht, sie nickte vor sich hin, während sie versuchte zu erzählen, weshalb sie drin war. Ich für meinen Teil wusste es immer noch nicht. Am nächsten Tag fing Brenda an, affig zu werden. Ich hatte keine körperlichen Beschwerden, außer ein paar Beulen, die an meinen Armen sprießten. Bei mir ging es erst mal mehr im Kopf ab. Ja, Brenda und ihr Affe – es wurde die nächsten vier Tage echt eklig. Deshalb hatte ich gar keine Zeit, mich auf eigene körperliche Beschwerden zu konzentrieren, denn die »Gute« war ganz schön einnehmend. Mit leidendem Gesicht lag sie im Bett und stöhnte vor sich hin. Am ersten Tag war die Scheißerei noch nicht so schlimm, aber dann ging es plötzlich voll ab! Gebückt wankte sie zum Klo und schiss sich alles aus dem Leib. Aber das hielt nicht lange an, dass sie zum Klo ging, denn bald darauf konnte sie nicht mehr an sich halten und schiss sich in die Hose, schiss sich ins Bett. Zum Glück lag ich oben. Brenda sah mit ihren 31 Jahren schon wie über 40 aus. Ihre Gesichtszüge waren in den Jahren des Draufseins völlig entgleist, die Sucht hatte sich in sie reingebrannt. Es ekelte mich an, sie ekelte mich an – aber ich musste mich zusammenreißen auf den paar Quadratmetern.
Beim ersten Aufschluss sah ich einige bekannte Gesichter wieder. Von einigen war erzählt worden, dass sie über den Jordan gegangen wären – dabei waren sie im Knast! Manche Frauen kamen strahlend auf mich zu und schwärmten von meiner Mutter, und andere beschwerten sich erst mal bei mir über sie. Ich hörte mir alles an und zuckte mit den Schultern; ich hatte mit den Abziehereien nichts zu tun.
Die erste Woche verging, ohne dass mir jemand mal gesagt hätte, weshalb ich saß. Mama besuchte mich für eine halbe Stunde, mehr Zeit bekam man nicht in U-Haft. Wir waren beide ziemlich betrübt, als wir uns gegenübersaßen, sie erzählte ein biss-

chen von draußen, es stachelte meine Sehnsucht an. Drogen hat sie mir an diesem Tag nicht mitgebracht, aber eine Swatch-Uhr, die sie mir mit fliegenden Händen um den Arm band. Dann zog sie mir Süßigkeiten aus dem Knastautomaten. Ich verschlang alles auf dem Etagenbett sitzend und las dabei Zeitschriften. In solch einem Moment fühlte ich mich fast normal.
Aber mit der Uhr hätte es fast noch Ärger gegeben, nur der Dummheit der Wachtel ist es zu verdanken, dass ich nicht beim »Schmuggeln« erwischt wurde. Denn nach jedem Besuch wurde man gefilzt, und als sie die Uhr bemerkte, wurde sie zum Glück unsicher und ließ es durchgehen. Ich brauchte aber keine Uhr, ich tauschte sie gegen eine rosafarbene fusselige Jogginghose. Ich besaß nur die Sachen, die ich anhatte, als ich verhaftet wurde. Es war ein milder Tag gewesen, und ich hatte mein schwarzes Jackett an, auf das ich hinten mit Kreide draufgeschrieben hatte: »Kill me!« Nun hatte ich endlich eine Gammelhose, denn was anderes läuft im Knast nicht ab.

Am 20. September bekam ich die erste Hauspost von Teddy. Teddy schrieb, dass er wegen der Verhandlung gegen die perversen Typen in Hannover sei: »Lass das Drücken, denn im Endeffekt bringt diese Droge nichts! Bei mir ist es egal, denn ich bin schon 16 Jahre drauf, aber du kannst es schaffen mit dem Absprung. Halt die Ohren steif – keep the fire burning. Dein Teddy F. vom Bahnhof Zoo.«
Von Mama bekam ich auch ein paar Karten, die Post ging komplett über den Richter, deshalb bekam ich alles auf einmal. Den Richter sah ich in der ersten Woche auch schon, es war meine erste Haftprüfung, obwohl man Haftprüfungen normalerweise erst nach ein paar Wochen bewilligt kriegt und das auch nur alle zwei Monate. Die Haftprüfung war im Gericht, und ich hatte die vage Hoffnung, dass er mich rauslässt. Die Sonne schien in sein Büro, ich konnte zum Bahnhof gucken. Als er mich fragte, warum ich raus will, sagte ich: Wegen der Sonne und weil es mir

im Knast nicht gefällt – im Hinterkopf hatte ich aber eine riesengroße Spritze hängen ... Das muss der Richter mir angesehen haben, denn er meinte, dass ich mir noch mal ein paar gute Gründe überlegen sollte, und dann könnte ich ja noch mal eine Haftprüfung beantragen.
Am 21. September kamen Guido und Lennard vorbei. Sie hatten als Drogenberater unbegrenztes Besuchsrecht, ihre Visite ging also nicht von meiner privaten Besuchszeit ab. Ich musste ganz schön mit den Tränen kämpfen, als sie vor mir saßen und mich fragten, wie es mir ginge. Auch sie zogen mir aus dem Knastautomaten jede Menge Süßigkeiten. Des Weiteren setzten sie alle Hebel in Bewegung, damit ich schnell aus dem Knast und in Therapie kam. In der Knastbücherei grüßte mich ein Beamter von Zappel, er saß auch hier, und ich ließ ihn zurückgrüßen.
Am selben Tag schrieb ich Mama, auch wenn mein rechter Arm inzwischen schon ganz schöne Sperenzchen machte. Er wurde immer dicker in der Armbeuge, ich konnte ihn kaum noch gerade ausstrecken, es tat weh. Ich schrieb an »Zuhause«: »Ich habe leider eben erst Eure Karten bekommen, von Teddy auch. Heute waren Guido und Lennard hier. Der Arztbericht ist auch weg, ich muss nur noch eine Bewerbung schreiben, dann bekomme ich Antwort. Ihr müsst mir mal schreiben, wo Erle, Helge usw. sitzen. Morgen muss ich ins Krankenhaus, ich hab zwei Abszesse in der Armbeuge und kann meinen Arm nicht mehr bewegen. Insgesamt hab ich jetzt sechs Abszesse bekommen. Ich bin fest davon überzeugt, dass das vom Seelischen herkommt, denn ich drück hier ja nicht. Körperlich und materiell geht's mir bis jetzt ganz gut, außer dass ich ein Kilo zugenommen habe und aussehe wie ein Hamster. Ich will zu Euch, auch wenn zehn Spargels bei Euch pennen. Ich habe Sehnsucht nach Euch, ich halt das gar nicht aus hier, habe auch schon daran gedacht, mich aufzuhängen ... Der Richter meinte bei der Haftprüfung, dass ich nahtlos von hier in die Therapie soll ... Ich will aber vorher

noch zu Euch, unbedingt! Können wir das nicht irgendwie machen? Ich hau doch sonst wieder ab von der Therapie, ich kenn mich doch! Ich habe Euch auch als meinen Wohnort angegeben. Ich will hier weg, Mama!!! Meine Klamotten sind immer noch nicht hier. Sag mal Gerdchen, dass er Michaela vorbeischicken soll (verstehst Du?)! Ich liebe Euch! Grüß mal Papa von mir.«

Mama besuchte mich und war total dicht, sie nickte voll ab, stieß mit der Stirn schon auf die Tischplatte. Ich sprach sie die ganze Zeit an, damit sie wieder aufwachte. Mit verwaschener Stimme sagte sie: »Ich habe dir ein paar Rohypnol mitgebracht, aber ich habe sie im Schließfach gelassen ...« Ich scheuerte ihr eine – von der Ohrfeige wurde sie ein bisschen munter. Sie sah mich breit und entgeistert an. Ich funkelte sie an, sagte, dass sie hier nicht so abhängen soll und mir nicht sagen soll, dass sie Drogen für mich hat und sie dann draußen lässt! Ich war total wütend und verletzt über ihre Art, hier so breit aufzulaufen und meine Gier wieder anzustacheln. Als sie ging, war ich fast froh, wieder in meine Zelle zu kommen.

Der Arm entwickelte sich unübersehbar zu einem Elefantenarm. Brenda musste mir beim An- und Ausziehen helfen. Aber trotzdem kam ich am nächsten Tag noch nicht ins Krankenhaus, denn ich hatte eine Vorladung zum Termin gegen den Schwarzen, von dem ich im Sommer was gekauft hatte; das fanden sie wichtiger, mich da erst mal hinzuschicken. Ich fuhr in meiner rosa Fusselhose zum Gericht, meine Haare waren fettig, ich konnte mich wegen dem Arm kaum sauber machen. Aber es war mir egal, wie ich aussah – sollte es auch, denn die Verhandlung war öffentlich, und der Saal war voll mit sauberen heilen Studenten und einer ganzen Menge Schwarzer. Trotz meiner aggressiven Schmerzen wurde ich in Handschellen gehalten. Ich spürte, was sie dachten: Was ich doch für eine miese abgewrackte Braut sei, dass ich mir noch nicht mal die Haare waschen konnte; und bestimmt kicherten sie über meine rosa Hose. Ich kam mir vor wie in einem schlechten Traum. Ich antwortete trotzig auf die Fragen, und dann konnte ich mich wieder in mein neues Zuhause fahren lassen.

Ich drängte darauf, noch am Freitag ins Krankenhaus zu kommen; die Schmerzen waren unerträglich. Am nächsten Morgen war ich reichlich schwach auf den Beinen, und sie brachten mich zum Stationsarzt, er sah den roten Strich zuerst, er ging schon den Oberarm hoch. Ich hatte mal wieder eine Blutvergiftung, die zweite in einem Vierteljahr. Endlich brachten sie mich ins Krankenhaus in die Nordstadt. Dort kam ich nicht gleich unters Messer, erst musste ich ausnüchtern.

Am nächsten Morgen schoben sie mich in den grellen Saal und schossen mich mit der Vollnarkose in altvertraute Regionen. Auf die Vollnarkose waren einige Frauen im Knast schon neidisch gewesen: mal wieder richtig weggeschossen sein ... Als ich erwachte, wusste ich nicht, wo ich war. Mein Bett stand an der Wand, und ich hatte Heißhunger auf Käsekuchen. Als sie mir das Essen brachten, war ich noch ganz schön breit. Es war aber leider kein Käsekuchen. Der Rest des Tages verlief im Dämmer.

Am Sonntag blieb ich noch im Krankenhaus, am Montag kam ich wieder nach Haus 5. Wie der Tag verlief, schrieb ich Mama in meinem letzten Brief: »Die Gerichtshilfe war heute da, und der Staatsanwalt hat angerufen. Ich habe 29 (!) Anzeigen. 12 von der Üstra!! Unglaublich. Ich kann mich an die meisten (fast alle) Diebstähle gar nicht erinnern (Rohypnol!). Ich hoffe, es geht Dir gut, ich mache mir ziemlich Sorgen um Dich! Ich war von Samstag bis heute im Nordstadtkrankenhaus. Notfall! Ich hätte schon spätestens Freitag hingemusst, aber die haben mich hier vergessen ... Übel! Jetzt habe ich eine sieben Zentimeter lange und vier Zentimeter breite offene Wunde im rechten Arm, bis zum Knochen. Ich muss jeden Morgen ins Nordstadt zur Gymnastik. Was für eine Aktion! Als ich im Krankenhaus war, haben mich die Beamten immer ans Bett gefesselt, obwohl ich total matschig im Kopf war von der Vollnarkose und überhaupt nicht weglaufen wollte oder konnte … Ich habe viel geweint, mehr als im Knast. Ich bereue jede scheiß Rohypnol! Ich bekomm hier echt ne Knastmacke! Ich weiß überhaupt nicht, was mit Euch ist, das macht mich ganz fertig … Wie geht es meiner süßen Yvonne? Ich brauche noch einen neuen Ausweis, an dem Tag, an dem ich verhaftet wurde, wollte ich das noch machen … Ach Scheiße! Ich hoffe wirklich, ich sehe Euch bald wieder.«

Mama schrieb mir eine große Klappkarte: »Mein geliebtes Muckelchen! Hier ist alles beim Alten, hab Melanie getroffen, ich soll dich ganz doll grüßen, und sie wird Dir schreiben. Freitag bin ich umgefallen, mein Kreislauf hat nicht mitgemacht. Mitten im Kaufhaus bin ich umgefallen, zum Glück war noch alles da, Geld usw. Hab jetzt immer bei mir im Ausweis eine Notiz, wer benachrichtigt werden soll, denn der Dicke hat sich ganz schön Sorgen gemacht. Vielleicht bringe ich Yvonne mal mit, aber ich glaube, dann flippt sie total aus. Wenn sie Sachen von Dir sieht, sagt sie gleich: Nana! Die vermisst Dich auch, so wie wir. Wir haben Dich zwar nicht oft gesehen, aber ich wusste immer, wo du steckst. Hoffentlich klappt das mit der Therapie; ich glaube fest daran, dass Du es schaffst. Du bist noch so jung und kannst was aus deinem Leben machen. Es liegt nur an einem selber, ob man es schafft. Es hört sich vielleicht ›fromm‹ an, so ein Spruch gerade von mir. Wär ich so alt wie du, würde ich alles anders machen. Dass ich Dich bekommen hab, war wohl mit das Beste in meinem Leben. Muckel, mach Dir bitte keine Sorgen um mich (Aids), ich werd bestimmt noch 100 Jahre alt. O.k., sei lieb gegrüßt und geküsst von deiner Mama & Yvonne. Viele Grüße auch von Spargel, Uwe, Mario, Willi, Deinem Vater & Günther.«
Unten hatte Bulle noch was draufgeschrieben, u.a., ob er mal mit zu Besuch kommen könne, und dass er mich vermisst und traurig ist, dass ich hier drin bin.

Ja, was war eigentlich mit meiner Sucht? Als der Arm nicht mehr so wehtat, erwachte das alte Verlangen wieder, am meisten hatte ich Bock auf einen schönen angenehmen Koksdruck! Wenn ich es innerlich fast nicht mehr aushalten konnte, legte ich mich aufs Bett und imaginierte mir die ganze Session. Ich stellte mir jedes kleinste Detail vor: wie ich das Koks bei Gerdchen kaufe, wie ich – mit Vorfreude im Blut – zum Klo gehe, die Tür abschließe, meinen Totenkopfgürtel abmache, ihn in die richtige Schlaufe bringe. Wie ich das Klackern der Köpfe und das Ablegen des Löffels höre, und auch wie es sich anhört, wenn man leise das Päckchen auffaltet: Es raschelt leicht, und man muss es vorsichtig behandeln, sonst verschüttet man was. In Gedanken klappte ich mein Messerchen aus und schaufelte mir ein bisschen Koks auf den Löffel, dann zog ich Wasser auf und spritzte es sanft auf den weißen Pulverberg, vermischte es mit der Kanüle. Ich zog es durch einen Wattefilter in die Spritze und steckte die Nadel drauf. Dann nahm ich die Spritze quer in den Mund – so wie Romantiker eine Rose in den Mund nehmen. Ich legte mir den Gürtel um den Arm und zog ihn zu. Meine Venen reckten sich mir entgegen, und die Nadel glitt mühelos in sie rein – ich stach zielsicher zu, und die reine Flüssigkeit vermischte sich mit meinem gierigen Blut. Dann drückte ich ab …
Bei diesen Imaginationsspielchen spürte ich jeden Schritt, als ob es geschehen würde, ich spürte auch den Kokskick – natürlich nicht so wie in Wirklichkeit, aber es gab mir eine gewisse Sicherheit, mich jederzeit in einen bestimmten Zustand bringen zu können, vorausgesetzt, die Konzentration klappte.
Ich versuchte auch ein Spielchen mit der Knastärztin. Ich wollte ihr ein paar Pillen rausleiern, aber die, die sie mir gab, waren solche schwachen Teile, dass mir die ganze Aktion zu aufwendig war, um es noch mal zu probieren.

Irgendwie hatte ich immer was zu tun. Ich bekam schon wieder Besuch von den Bullen. Sie fragten mich wegen Gerdchen und

seinem Laden aus. Ich tat doof und unschuldig, wollte gar nichts gewusst haben; und außerdem sei ich ja mehr auf Heroin und Schlaftabletten, sagte ich, denn sie wollten Keller- und Koksgeständnisse! Ich glaubte, ich wäre sie los, aber am nächsten Tag kamen sie wieder und legten mir einige Fakten vor, die ich natürlich erst abstritt. Ich wollte es mir mit Gerdchen auf keinen Fall verscherzen, denn er war meine erste Hoffnung auf Droge, sobald ich wieder draußen war. Deshalb gab ich auch nur begrenzt die Dinge zu. Ich gab zu, dass ich vielleicht so fünfmal bei Gerdchen ein 50er-Päckchen geholt hätte, und von dem Keller hätte ich nicht richtig gewusst, ich sei da auch nie drin gewesen. Das stellte sie zufrieden, und sie ließen mich in Ruhe. Wenn die gewusst hätten, dass ich an guten Tagen um die 5 Gramm bei Gerdchen gekauft hatte und genau wusste, was es mit dem Keller auf sich hatte.
Mama erzählte mir dann, dass Gerdchen vor ein paar Tagen verhaftet worden sei. Damit waren meine Koksphantasien erst mal aufgelöst – mein Dealer war weg, das hätte viel Stress bedeutet, wenn ich erst mal draußen wäre. Aber bevor diese Gedanken zu mir durchdrangen, musste ich erst zwei Mal aus dem Fenster schreien: »Kookaaaiin, Kooookaaaiiiinn!« Dann riss ich mich zusammen und konzentrierte mich auf die Sachen, die dawaren. Mama brachte mir ein paar Mal Hasch mit, sie hatte es im Mund und schob es mir rüber, wenn sie mich zur Begrüßung küsste. Das fand ich sehr praktisch, denn mit einem Piece ließ es sich ganz gut ertragen. Ich sagte ihr aber, dass sie mir keine Pillen reinschmuggeln sollte – ich stellte mir nur meinen kamikazemäßigen und kleptomanischen Zustand vor und hatte schon keine Lust mehr. Mama schrieb mir auf einer Karte einen Satz, der mir komischerweise viel Mut machte: »Auch diese Zeit hat mal ein Ende.« Da wurde mir erst bewusst, dass ich hier nicht für immer drin war, dass sie mich irgendwann wieder rauslassen mussten!

Am 30. September antwortete Zappel auf einen Brief von mir und schrieb u.a.: »Bernd hat dich gesehen und sagte mir, dass Du hier bist. Ich habe jetzt noch 30 Monate, ca. vier Jahre hatte ich so mit allem. Aber beim Zusammenzug sind sie neun Monate runtergegangen. Meine Mutter und Kersten kommen regelmäßig zu Besuch. Sabine und Sylvia haben wenig Zeit. Ich werde sie von Dir grüßen. In welche Therapie willst Du gehen? Erle sitzt in Haus 2, ich seh ihn selten. Helge wird Dir auch gleich noch was schreiben. So Minna, lass Dir die Zeit nicht zu lang werden. Kommst Du sonst gut klar, oder brauchst du irgendwas? Melde dich! Dein Zappel!« Helge, ein Typ, den ich früher ziemlich oft sah, schrieb auch noch was dazu, es war fast rührend, wie sie mir alle Mut machten, wo sie doch alle selbst voll kaputt waren.
Ach ja – kaputt! Die Wunde in meinem Arm musste noch jeden Morgen gebadet werden. Der Stationsarzt kannte natürlich auch Zappel und sprach mich auf ihn an. Irgendwie kam im Gespräch raus, dass Bulle mein Stiefvater war – da kriegte er sich gar nicht mehr ein und erzählte mir immer eine Story von Bulle, wenn ich meinen Arm badete.

Der Arzt fand, dass meine Wunde nur langsam verheilte, und veranlasste daraufhin einen Aidstest bei mir. Ich machte mir nicht so viele Gedanken, ob ich positiv oder negativ war. Ich konnte mir vorstellen, dass ich damals bei der Insulinspritze, die Mama im Bad benutzt hatte, eventuell doch einen Rest übersehen haben könnte. Aber ich hatte die Spritze total oft durchgespült, außerdem hatte Mama sie nur einmal benutzt. Ein paar Tage später meinte der Arzt, als ich schon auf den Flur rausging: »Ach ja, die Testergebnisse sind da, sie sind negativ.« Das war zwar erfreulich, aber es löste auch keine Euphorie bei mir aus. Erst mit der Zeit wurde mir bewusst, was für ein Glück es war, dass ich mir nichts eingefangen hatte.

Mein Bewusstsein änderte sich, ich kann sagen, dass ich im Knast aufgewacht bin und nun eine Chance erahnte, diesen komischen »Traum« hinter mir zu lassen. Der letzte Brief an Melanie vom 10. Oktober fasste einiges zusammen: »Ich hatte heute meine zweite Haftprüfung, am 19. Oktober habe ich Termin, und dann gehe ich für zwei Wochen nach Langenhagen, von da aus in die Therapie nach Ratingen/Düsseldorf. Ich habe leider nur eine halbe Stunde Besuchszeit in der Woche, da kommt Mama, aber vielleicht könnt Ihr mal zusammen kommen. Hier im Knast sieht man erst mal, wen man als Freunde hat. Ich bin froh, dass es hier keine Drogen gibt, heute bin ich genau vier Wochen hier und die ganze Zeit clean, und das ist auch gut so. Die Therapie will ich auf jeden Fall durchziehen. Ach ja! Ich wollte mich für den Tag entschuldigen, als wir uns sahen und ich so dicht war; plötzlich warst Du weg, das hat mir die ganze Zeit ziemlich Leid getan. Na ja, das wird nun nicht mehr passieren, diese scheiß Rohypnol gibt es ja nicht mehr. Hier im Knast ist es irgendwie scheiße, dass hier so viele Drogenfrauen sitzen, immer dieses Gelaber, total ätzend. Ich geh schon immer in den Fernsehraum. Es gibt hier eine Stunde Auslauf am Tag, um 6 Uhr 15 wird geweckt, und von 17 bis 19 Uhr sind offene Türen, außer am Wochenende, da gibt's von 14 bis 18 Uhr offene Türen. Nur ein kleiner Einblick in das Leben (!) hier. Aber ich komme hier gut zurecht, habe keinen Stress mit den anderen Weibern, und es gibt einiges zu lachen irgendwie. Man gewöhnt sich hier ganz schnell den Galgenhumor an. Pass bitte auf meine Sachen auf, ich wäre Dir ewig dankbar.«

Ja, ich kam im Knast ganz gut zurecht, ich kann sogar sagen: Man gewöhnt sich an alles. Denn als Sabine vom Jugendschutz von ihrem unbegrenzten Besuchsrecht Gebrauch machte, erzählte ich ihr voll fröhlich: »Ach, ich glaube, ich will über Weihnachten nach Vechta, da soll es besser sein!« Sie sah mich erstaunt an und sagte, sie hoffe, dass ich Weihnachten mit meinem Arsch in der Therapie bin!

Mama schrieb mir am 7. Oktober eine Karte, in der kündigte sie sich und Yvonne an; die Kleine habe ich aber nie im Knast gesehen. Weiter erwähnte sie, dass sie sich den linken Fuß verstaucht hätte, weil sie schon wieder gefallen sei. Am 9. Oktober folgte eine weitere Karte, in der sie meinte: »Vielleicht gibt es eine Möglichkeit, dass Du bis zur Therapie nach Hause darfst. Ich glaube fest daran, dass Du mit ein paar Auflagen sowie Stadtverbot und regelmäßiger Blutkontrolle auch zu Hause bleibst.« Vielleicht löste dieser Satz ein gewisses Unbehagen bei mir aus, denn wenn ich mir vorstellte, den ganzen Tag im sechsten Stock in Laatzen zu sitzen, während die sich die Rübe zuknallten – da wurde mir ganz anders. Weiter schrieb sie: »Warum musste es nur so weit kommen? Du weißt, dass ich mir voll die Vorwürfe mache, ich habe zu viel durchgehen lassen. Es muss doch mal besser werden, denn genug Mist haben wir mitgemacht, wenn ich nur an die erste Ehe denke. Im Gegensatz zu früher habe ich jetzt den Himmel auf Erden, ich brauche keine Angst mehr vor Schlägen zu haben usw. Manchmal glaube ich, dass es von da an bergab ging, denn irgendwo hat der Zappel uns ganz schön in den Dreck gezogen. Ach, Muckel, es tut mir alles so Leid, denn es wäre alles nicht so gekommen, wenn ich nicht so labil gewesen wäre.« Die Karte ging in diesem Stil weiter, es klang alles recht traurig; Bulle und Tini hatten auch noch einen Satz dazu geschrieben.
Am Freitag, den 13., schrieb Melanie mir noch mal, und am 15. kam der letzte Brief von Zappel: »Du hast ja am Donnerstag Termin. Falls Du nicht rauskommst, habe ich mit Helge eine Besuchserlaubnis. Ich hoffe, dass sie Dich rauslassen, denn ich glaube, Du bist noch ein bisschen zu jung für den ganzen Kram hier. Nervt doch alles ganz schön ab.« Er erwähnte noch, dass er einen Bewährungswiderruf von 20 Monaten und noch 18 Monate draufbekommen habe. Das war das Letzte, was ich von ihm hörte.

Die Verhandlung

Ich konnte es an diesem Morgen fast nicht glauben, dass ich die letzte Nacht im Knast hinter mir hatte. Ich war misstrauisch, glaubte, dass ihnen vielleicht doch einfallen könnte, mich wieder in den Knast zu bringen. Ich zog einen weiten schwarzen Wollpulli an und eine schwarzrot geringelte Strumpfhose. Als ich ins Gericht ging, war ich wieder bei der dicken Wachtel an die Hand gekettet. Wir kamen in den Flur, und da warteten Sabine, mein Vater (!) und die Rechtsanwältin schon auf mich. Mama kam direkt auf mich zugelaufen – ziemlich dicht und x-beinig, mit offenen Armen. Als sie bei mir war, flüsterte sie mir gleich ins Ohr, dass sie mich hier schon rausbekommt! Sie fragte die Wachtel, ob denn die Handschellen nötig wären, sie bekam zur Antwort, dass dies so Vorschrift sei. Papa meldete sich zu Wort und meinte: »Mensch, machen Sie ihr doch mal die Teile da ab!« Ich bekam von Mama eine Zigarette, da kam Guido um die Ecke gehetzt – er dachte, er sei zu spät. Ein großer grauhaariger Typ mit Robe kam des Weges, und als er Papa sah, meinte er: »Mensch, Addi! Was machst du denn hier? Ach, ist das deine Tochter?« Er schüttelte lachend den Kopf – es war mein Staatsanwalt, und er hatte früher mal Papa verknackt. Richter Zippel meinte noch Jahre später, dass diese Verhandlung filmreif gewesen sei. Wir nahmen alle im Saal Platz, es hatte sich noch meine Gerichtshilfe dazugesellt. Die Schöffen waren jung und kamen mir fast vertraut vor. Die Verhandlung lief so ab, dass der Richter die 29 Anzeigen vorlas und ich nur sagen musste, ob ich mich daran erinnere oder nicht. Insgesamt konnte ich mich nur an drei Sachen erinnern, so fragte der Richter bald in scherzhaftem Ton: »Und, Frau K., was halten Sie hiervon? Können Sie dazu was sagen?« – »Nein, daran erinnere ich mich nicht mehr.« Mama hing derweil fast auf Sabines Schoß mit ihrem Kopf; ich beobachtete das Szenario links neben mir aus den Augenwinkeln. Rechts saß der Richter und machte seine Häkchen, ganze drei an der Zahl. Sabine brachte Mama kurzzeitig in die Senkrechte zurück; sie versuchte die Augen offen zu halten und sah schwammig vor sich hin, fragte sich, wo sie war und wie sie hierher gekommen war – und worum es ging. Einen Augenblick später sank sie zur anderen Seite weg, auf Guidos Schulter! Er machte eine spaßige Geste draus, und ich musste hemmungslos grinsen. Papa rief zum Richter rüber: »Ey! Sprich mal lauter – ich verstehe hier hinten gar nichts!« Papa hatte es inzwischen echt schon mit den Ohren bekommen. Der Richter lächelte nur, war ihm nicht böse und sprach lauter. Der Staatsanwalt bekam denselben Zuruf von Papa, auch er sprach lauter. Alles in allem war die Sitzung recht familiär, es fehlten nur noch Kaffee und Kuchen!

Langenhagen

Guido und Lennard brachten mich dann nach Langenhagen. Es war seltsam, nach über fünf Wochen wieder so ganz normal in einem Auto zu sitzen. Wir hielten bei einem Imbiss, die beiden hatten keine Bedenken, dass ich abhauen würde. Ich wollte auch nicht. Ich wollte sehen, wo sie mich hinbringen und was es mir bringen wird! In Langenhagen gab es mal wieder die absolute Filzungsprozedur, mit in die Rosette gucken und allem. Guido und Lennard verabschiedeten sich und versprachen mir Besuche, und wenn was wäre, sollte ich anrufen. Und weg waren sie. Ich stand auf dem Sprungbrett zu meinem neuen, anderen Leben – aber mir war es noch nicht bewusst. Ich wusste noch gar nichts!
Die zwei Wochen in Langenhagen vergingen, indem viel gespielt wurde und man auch sonst einige Angebote zum Zeitvertreib bekam. Ich ging zur Meditation, wir spielten Minigolf oder waren bowlen. Ich ging noch in den ersten Tagen ins Büro und sagte: »Falls hier mal ein Taxi mit einer blonden dünnen Frau auftaucht – sagt ihr, dass ich nicht da bin!« Ich wollte unbe-

dingt vermeiden, dass Mama mir dazwischenfunkte. Ich wollte sie hier nicht sehen. Ich kann mich nicht mehr an den Abschied im Gericht erinnern, aber ich glaube, sie hoffte, dass ich doch aus dem Auto nach Langenhagen rausspringe und ihr weiterhin als Verbündete zur Seite stehe.

Ich wechselte im letzten Moment meinen Therapieplatz, in der Einrichtung wurden einige Scheiß-Sachen erzählt - aber wenn ich schon so weit gekommen war, warum sollte ich dann in eine Scheiß-Therapie gehen? Ich sagte bei den Stationsfrauen Bescheid, und sie beantragten einen Platz bei der TKN (Therapie-Kette Niedersachsen). Ich hatte mich fast schon eingelebt in Langenhagen, ich fand es dort ganz gemütlich (wenn nur die anderen Junkies nicht gewesen wären ...). Außerdem hatte ich natürlich Angst vor was Neuem - aber da musste ich jetzt durch. Zwei Tage vor dem Ende meiner zwei Wochen bekam ich in Völksen eine Zusage. Am 2. November 1989 wurde ich abgeholt und begann meine Therapie.

Die Therapie dauerte 20 Monate. Im Juli 1991 zog ich in meine erste eigene Wohnung und lernte jede Menge neuer Leute kennen, die alle mit Pulver nichts zu tun hatten. Ich mache heute im Radio die Mondnachrichten und eine Musiksendung, habe einen Freund, einen Hund und zwei Nymphensittiche.

Und die anderen?

Bulle starb am 30. Juni 1990 an einer Überdosis, nachdem Mama ihn verlassen hatte. Hätte ich am Abend des 10. Septembers geahnt, dass dies das letzte Bild von Bulle sein würde: wie er auf dem Sofa sitzt und Fotos einklebt ... Wegen seines Todes verlängerte ich meine Therapie um zwei Monate. Yvonne kam zu Pflegeeltern, bei denen sie aufwächst; sie geht auf eine Waldorfschule. Tini hat geheiratet und sich zweimal vermehrt. Hermann starb im Juli 1991 an einer Überdosis in den Leinewiesen in Laatzen. Biggy, die Frau mit der halben Brust, starb Anfang der 90er an einer Überdosis, die sie sich mit Mario zusammen neben dem Gericht auf dieser Wendeltreppe setzte. Mario starb auch Anfang der 90er an einer Überdosis, als er Ausgang hatte und sich ein ganzes 50er-Päckchen in seinen etwas entwöhnten Körper drückte. Teddy starb ebenfalls an einer Überdosis. Zynia, die etwas abgetakelte Nutte, soll auch eine Überdosis erwischt haben. Von Michaela habe ich, bis auf einen kleinen Brief in den Knast, nur noch gehört, dass sie Anfang der 90er bei Spiegel TV zu sehen war, als Obdachlose in Hamburg, wie sie unter den Brücken lebt. Sie war so hübsch – wie kann es sein, dass sie niemanden mehr fand, bei dem sie wohnen konnte? Ich hoffe, sie lebt noch. Mit Norbert hatte ich bis ca. 1993 noch Kontakt, er landete ständig wieder im Knast. Jagger traf ich in der Therapie wieder, er hangelt sich seit 1990 von einer Therapie zur anderen. Marcus traf ich auch in der Therapie wieder, er kam nach seinem Knastaufenthalt nach Oldenburg. Das Letzte, was ich von ihm hörte, war, dass er wieder rückfällig wurde und sich irgendeinen Dreck gedrückt hat, seitdem sitzt er im Rollstuhl und kann sich kaum noch bewegen. Gerdchen starb Ende September 1995 in Südafrika. Er war in der Bild-Zeitung deswegen. Sie schrieben auch, dass bei ihm früher nur Promis verkehrten, Politiker, Künstler, Fußballer, und dass seine nette Frau Gisela ihm mal ein Messer in den Bauch gerammt hatte, weil sie ihn mit einer anderen im Bett erwischt hatte. Rainer besuchte mich Anfang der 90er mit seiner Freundin, er schenkte mir eine Tavor, die ich die nächsten zwei Jahre aufbewahrte und dann wegschmiss. Erle soll vor einiger Zeit so offene Arme gehabt haben, dass ihm da schon Würmer drin rumkrochen. Von Zappel habe ich nichts mehr gehört, er soll eine Therapie in Lüneburg gemacht haben und davor in Brauel. Matthias, der »seriöse« Junkie, starb Mitte der 90er an einer Überdosis. Charlie traf ich in den nächsten Jahren wieder, er hatte ziemlich abgebaut und sich mit Aids angesteckt, keine Ahnung, ob er noch lebt.

Papa lebt noch, er hat vom Saufen inzwischen Wasser im Bauch, und fast alle Kumpels um ihn herum sind weggestorben – am Alkohol eingegangen. Mama machte auch noch den Versuch einer Therapie. Sie wurde rückfällig und landete in Saarbrücken. Sie starb dort am 6. August 1996.

Nachtrag: Warum bin ich nicht rückfällig geworden?

Die ersten fünf Tage in Völksen sagte ich nicht viel. Mir wurde aber gesagt, dass ich jederzeit wegkönnte, wenn ich merkte, dass die Therapie nichts für mich sei. Ich wurde nicht festgehalten, die letzte Entscheidung lag bei mir, ich musste selber abwägen. Die Leute waren alle total nett, sie sagten, dass ich im humansten Haus der TKN gelandet sei. Später erfuhr ich, dass die anderen sieben Häuser mich von vornherein abgelehnt hatten, weil sie dachten, dass es mit mir nichts mehr wird. Die Völksener Therapeuten trauten sich aber das »Experiment« mit mir zu.
In diesen ersten fünf Tagen ließ ich mir die vergangene Zeit durch den Kopf gehen, stellte mir vor, wie es wäre, wenn ich wieder zurückging: Ich sah Bulle auf dem ewigen Sofa sitzen, sah Mama hektisch durch die Stadt hetzen – und ich sah mich hinter ihr herhasten, immer bereit, den Tod von ihr zu empfangen. Es war kein Ende abzusehen. Ich kritzelte einige Seiten mit meinem Chaos voll, fragte mich, wo ich war, und fand mich in mir selbst schwer zurecht. Ich hatte Angst abzuhauen und hatte Angst, dazubleiben und mich mir selbst zu stellen – nüchtern. Ich entschied mich für mich, als ich die alten Bilder ohne jede Romantik nicht mehr ertragen konnte. Die Therapeuten freuten sich, als ich ihnen meine Entscheidung mitteilte.
Der Therapiealltag bot ein durchgehendes Programm, in dem man für verschiedenste Arbeiten da sein konnte: Küche, Garten, Fotolabor und die Holz- und Fahrradwerkstatt. Es gab ein Stufensystem von A bis Stufe 3 – aber es war keine Hierarchie zu spüren.

Zwischendurch schrieb und malte ich mir das Chaos von der Seele. Paranoia machte sich in mir breit – der Zivi musste ein Rollo an dem Fenster anbringen, an dem ich abends immer vorbeiging, um in mein Dachbodenzimmer zu kommen. Ich hatte Angst, dass Bulle auf dem Hof stehen könnte, mich nach Hause holen wollte – warum auch immer. Dabei war er so ein fauler Sack, er wäre nicht mal in die Nähe gekommen. Aber so weit dachte ich zu der Zeit nicht, ich hatte die abstrusesten Gedanken. Als einmal die Tür zwei Mal zuknallte, bekam ich auch voll die Panikschübe und dachte, dass jemand kommen und mich aus diesem Leben reißen würde. Das war am 1. Dezember, einen Monat, nachdem ich dort angekommen war. An diesem Tag schrieb ich noch: »Blut & Wasser hab ich geschwitzt – manche Nacht. Vor Angst. Vor dem Blut meiner Mutter …« Ich riss die zugeklebten zensierten Stellen in der Zeitung ab, um zu sehen, ob der Tod von Mama dahinter lag. Oder von Jagger, denn um den machte ich mir auch Sorgen, nachdem Sergio mir so schnell weggestorben war. Ich dachte viel an draußen, was die anderen wohl gerade machten, ob sie noch lebten …

Es ging auf Weihnachten zu, und ich erinnerte mich an die letzten Jahre und fand, dass es diesmal nicht schlechter werden konnte, nur ungewohnt nüchtern. Aber das Problem hatten da alle – Silvester war es für manche sogar richtig schlimm.

Ich nahm mir vor, das Jahr 1990 clean zu bleiben und dann weiterzusehen. Ich führte viele Einzelgespräche und fing nach einigen Wochen an, mich natürlich zu freuen; mir war es abhanden gekommen, das freie Lachen, ich hatte eher ein fieses Lachen – über fiese Sachen.

Ich wuchs in die Therapie hinein, mit meiner ganzen Paranoia und innerlichen Panik. Ich arbeitete alles mit den anderen oder mit mir selbst ab und zensierte mir keinen einzigen Gedankengang, egal wie schussgeil er war. Ich wollte diesem Gefühl folgen, ihm auf die Schliche kommen, wissen, warum es mich so in der Hand hatte. Mein ganzes Vorleben kam mir ein wenig bizarr vor, und ich bekam einen gewaltigen Schreck, als ich in den nächsten Monaten nach und nach immer mehr zu mir kam.

Im Juli 1990 ging ich probeweise nach Kayhausen – ich wollte die Stadt wechseln, auch wegen Bulle. Ich wusste noch nicht, dass er schon tot war.
Zehn Monate nach Beginn meiner Therapie sah ich Mama wieder. Sabine vom Jugendschutz erzählte mir, dass sie clean sei. Als wir uns im Jugendschutz trafen, war sie aber schon wieder total dicht; wäre Yvonne nicht dabei gewesen, hätte mein Therapeut Dietrich das Treffen sofort abgebrochen. Yvonne lebte schon seit einigen Wochen im Kinderheim, war nur für diesen Besuch mitgekommen.
Mama fiel ein Päckchen »wie zufällig« aus der Tasche, dann ging sie für einige Zeit aufs Klo; in dieser Zeit spürte ich die alten Wellen – keine Suchtgedanken, nur die Einsicht, dass sich bei ihr nichts geändert hatte, es waren Hasswellen mit traurigen Schaumkronen.
Nach diesem Treffen erzählte Dietrich mir, dass Bulle tot sei. Ich konnte es nicht fassen, dass dieses große Tier sich durch ein bisschen Pulver hatte unterkriegen lassen – und hatte Schuldgefühle. Manchmal dachte ich, dass meine Angstgedanken gegen ihn seinen Tod heraufbeschworen hatten – sonst hätte ich kein neues Leben anfangen können, mit ihm im Nacken ... Mir war auch noch nicht klar, dass Bulle sich wirklich gewünscht hatte, dass ich clean werde, ich habe seine ganze Post erst nach der Therapie gekriegt. Ich dachte immer nur, dass er irgendwann mal vor meiner Tür steht, meinen Freund umhaut und mir zwischen die Beine geht.
Ich verlängerte die Therapie für zwei Monate und wollte nun auch nicht mehr die Stadt wechseln. Alle meinten, dass es in derselben Stadt superschwer sei, clean zu bleiben – man trifft immer wieder alte Leute, ist an alten Plätzen, usw. Aber ich wollte es versuchen.

Ich sorgte dafür, dass Mama in Therapie kam, ich war inzwischen Stufe 3 und konnte selbst verantworten, was ich mir zutraute. Sie lag im Nordstadtkrankenhaus mit ihrer fünften Lungenentzündung, sie phantasierte und sagte, dass sie Bulle und ihre Mutter getroffen hätte und dass sie in Hawaii heiraten würde. Ich besuchte sie täglich und brachte sie am 17. November mit Sabine nach Bremen zur Therapie.

Im Juli 1991 zog ich in meine erste Wohnung und lernte nach und nach viele Leute kennen, die sich nicht mit so einem Dreck beschäftigt hatten, wie ich ihn hinter mir hatte; sie kifften gerade mal. Ich schrieb und zeichnete mir die Finger wund, malte alles ab, was sich seltsam durch meine Seele zog, machte bis jetzt sieben Ausstellungen, verkaufte Bilder und veröffentlichte zwei Hefte mit Texten und Zeichnungen. Nebenbei drehte ich einen Videoclip. Ein Psychiater schrieb mich arbeitsunfähig, so konnte ich mich voll und ganz auf meine kreativen Seiten konzentrieren. Hätte ich dieses Ventil nicht gehabt – vielleicht wäre das ein »Grund« gewesen, wieder mit der Nadel rumzumachen. Aber immer wenn ich besonders schussgeil war, malte ich mich als blutiges Etwas oder mit der Spritze im Arm, das reichte mir dann schon, um mich wieder auf andere Bahnen zu bringen. Ich wollte das alles nicht mehr – ich konnte an jedem Finger einen Toten zählen. Ich hatte bis heute keinen einzigen Grund, wieder damit anzufangen.
Vielleicht bin ich auch deshalb nicht rückfällig geworden, weil ich weiß, dass ich es jeden Tag werden kann, wenn ich will – und dann sage ich mir: Heute nicht! Und wenn eine Stimme fragt: Warum?, sage ich: Darum – vielleicht morgen! Und dann ist sowieso schon wieder was anderes passiert …